シリーズ近江文庫
Ohmi Library

足のむくまま

近江再発見

〈スケッチ〉國松巖太郎〈文〉北脇八千代
kunimatsu gentaro *kitawaki yachiyo*

金勝山 金勝寺

新評論

まえがき

本書は、〈毎日新聞〉の「滋賀版」に二〇〇四年四月から二〇〇六年三月、二〇〇七年四月から二〇〇八年三月まで、足かけ三年、毎週水曜日に連載された「足のむくまま——近江再発見」を、書籍化するにあたって文担当の私が修正を加えたものです。

東京で生まれ育ち、この地の歴史について本当に何も知らなかった私が、よくこの連載を引き受けたと今さらながら感じています。当時、娘にいわれた言葉が昨日のことのように甦ってきます。

「歴史オンチのお母さんに、文章が書けるの？」

そして、そんな私が豊富な知識の國松さんへ質問をして、教えていただく形式で書くことにしました。國松さんは、スケッチだけでなく、とことん調べて私をサポートしてくださいました。この地に生まれ育った方にも、新しくこの地に住んだ方にも分かりやすく、「へえー、そうなの」と読んでいただけるのではと思います。

私と國松さんの出会いについては、この連載を担当され、当時〈毎日新聞〉の大津支局長であった塩田敏夫さんが、同新聞の三月二一日付のコラム「支局長からの手紙」に連載の予告記事を書いていらっしゃるので、それをご紹介します。

それは縁としか言いようがないものでした。（中略）スケッチ担当の國松巌太郎さんと文担当の北脇八千代さんとの出会いです。

國松さんは大津市在住。工業デザイナーとして長年会社勤めをしていました。一昨年春に仕事から離れ、残された人生は自分の好きなことに時間を使うことを心に決めました。それがスケッチだったのです。パソコンや車を使うことは一切やめました。そして、街を歩き、心に残る光景を描き始めたのです。

すると、どうでしょう。時間に追われていたサラリーマン時代には気づかなかったものが次々と見えてきたのです。あっと驚く発見に心躍らせました。例えば、近所の寺の境内にある石碑。刻まれている文字を丹念に書き取り、わからないことは付近の住民から聞き取ったり、図書館で調べます。そうすることで歴史の事実が目の前に現れ、いきいきと語り出すのです。スケッチで楽しむのです。時空を超えて。今、スケッチ帳は33冊になりました。

ある時、國松さんはぶらりと北脇さんが経営する俳句ギャラリー「淡淡美術館」（大津市中央）を訪れました。2階の喫茶店に入り、カウンターに置いてある北脇さんの夫芳也さんの俳句集「ぼんくら俳句帖」を手にします。不思議なことが起きました。今、スケッチしたばかりの場所にぴったりとする句が目に飛び込んできたのです。「初時雨　大津八丁　札の辻」「天智朝　わずか五年や　草燃ゆる」。北脇さんの了解を得て、描いたばかりの絵にこの句を書き込みました。スケッチが命を吹き込まれたようにいきいきとしてきました。これが

2人の出会いでした。
北脇さんは國松さんのスケッチを見せてもらい、その素晴らしさに感動しました。普段見慣れた建物や光景の中に実に深い時間と人々の思いが刻み込まれていたからです。足元にある歴史と文化の豊かさに改めて気づかされた思いがしたそうです。そして、その感動を私に伝えてくれたのです。（後略）

塩田さん、國松さん、私の三人は、毎週木曜日に編集会議を開き、「次はどこにしようか」と取り上げるテーマを決め、あるときは塩田さんの運転で三人一緒に、また國松さんは遠くまで自転車でスケッチに、私は夫の運転や電車であちこちを訪ねました。多くの方に出会い、たくさんのお話をうかがいました。ありがとうございました。弥次喜多道中ならぬ「國北道中」として、楽しんでいただければ幸いです。

このたび、「シリーズ近江文庫」の一冊に加えていただきました「たねや近江文庫」のスタッフのみなさまに深く感謝を申し上げます。また、新聞連載中にはさまざまな形でご支援、励ましをいただいた元毎日新聞社大津支局長の塩田敏夫さん、同じく小林成明さん、「ぜひ本シリーズに」と強くすすめてくださった同元支局長の黒川昭良さん、株式会社新評論の武市一幸さんに心より御礼を申し上げます。

近江には、知られざる宝物がいっぱいあります。本書をお供に、多くの方が訪ねていただければうれしいです。

二〇一一年　早春

北脇八千代

もくじ

大津市

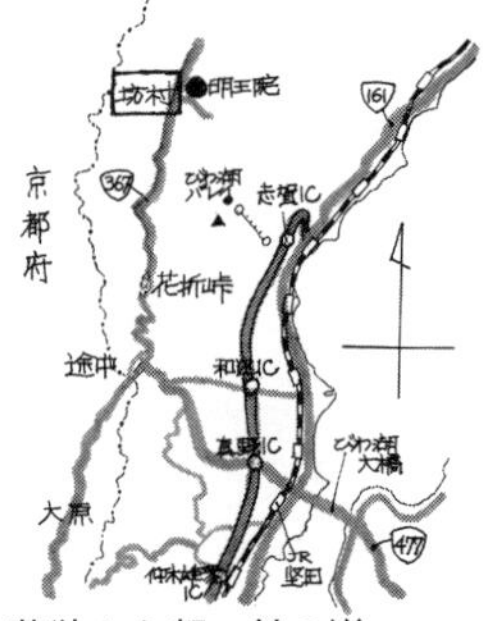

坊村
明王院
京都府
161
志賀IC
花折峠
途中
和邇IC
真野IC
びわ湖大橋
大原
477
JR堅田

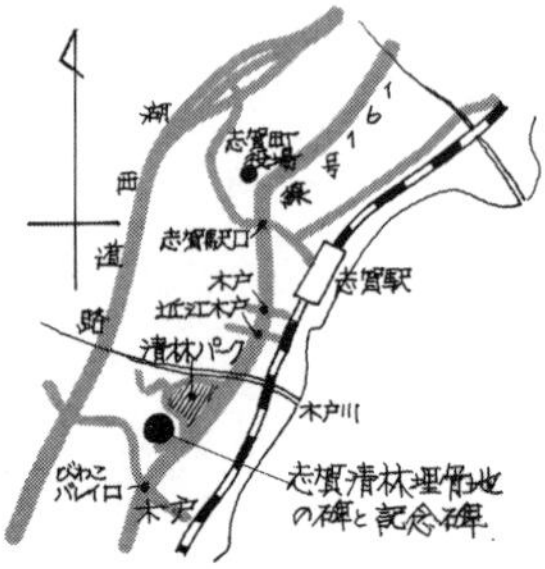

湖西道路
志賀駅口
志賀駅
木戸
近江木戸
清林パーク
木戸川
びわこバレイ口
志賀清林墓所地の碑と記念碑

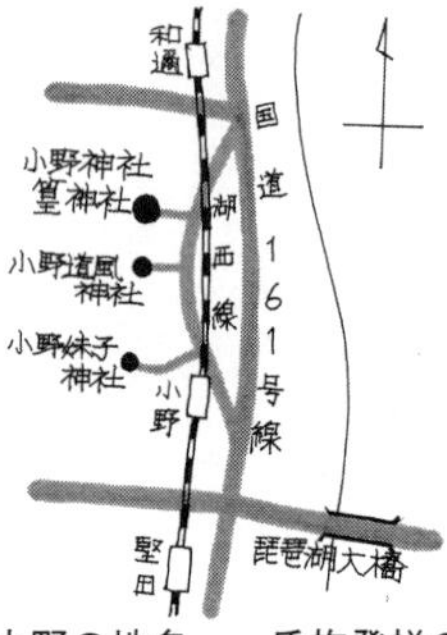

和邇
国道161号線
小野神社
篁神社
湖西線
小野道風神社
小野妹子神社
小野
堅田
琵琶湖大橋

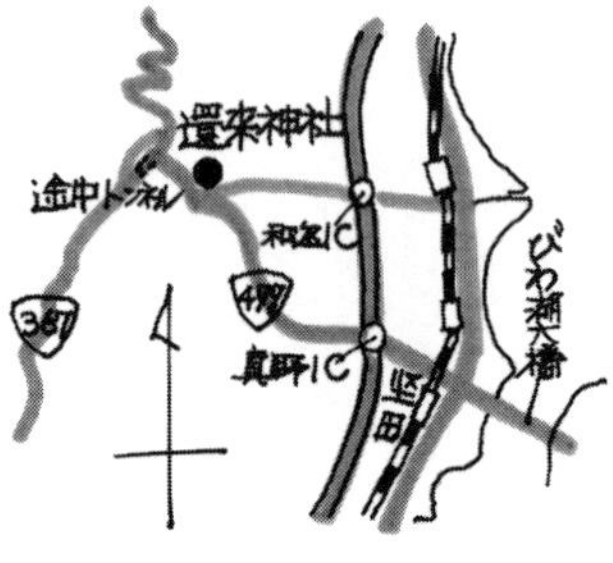

還来神社
途中トンネル
和邇IC
477
367
真野IC
堅田
びわ湖大橋

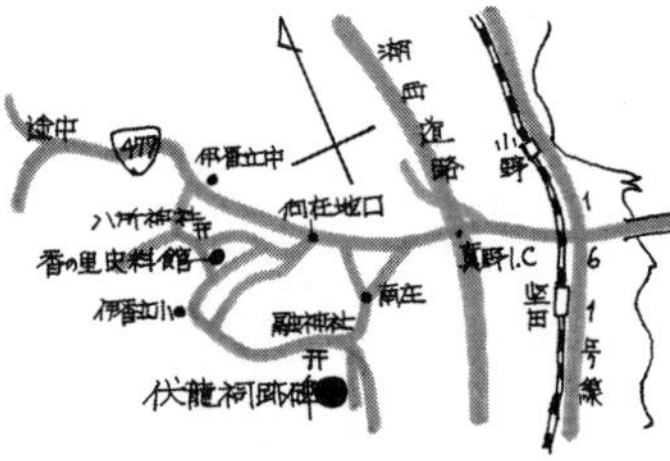

湖西道路
途中
477
伊香立中
真野IC
南庄
伏龍祠跡碑
161号線

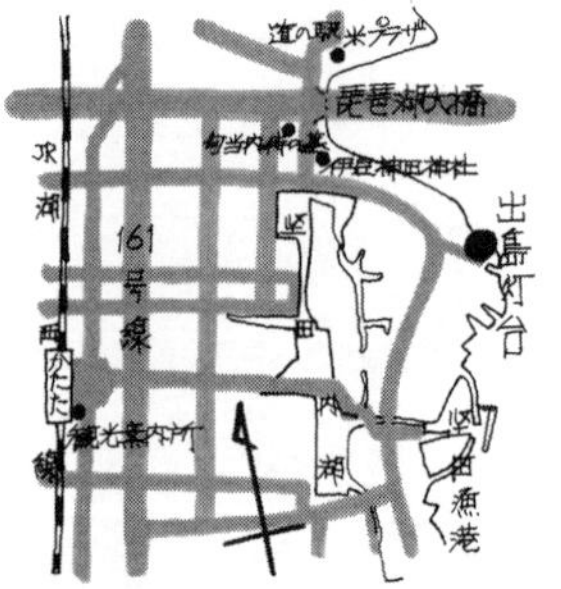

琵琶湖大橋
出島灯台
161号線
JR湖西線
かたた
堅田

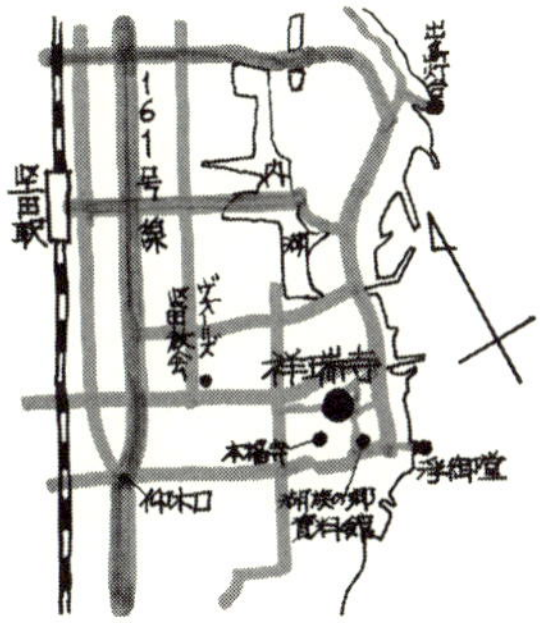
堅田駅
161号線
祥瑞寺
本福寺
浮御堂
仰木口

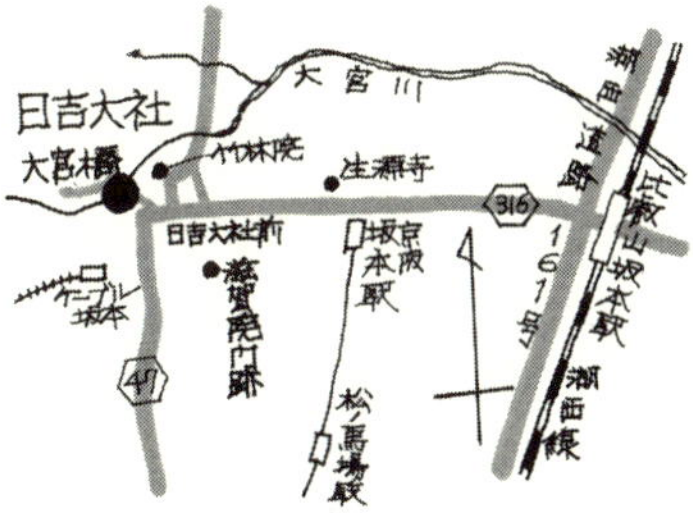
日吉大社
大宮川
大宮橋
竹林院
生源寺
日吉大社前
京阪坂本駅
滋賀院門跡
ケーブル坂本
湖西道路
比叡山坂本駅
161号
湖西線
松ノ馬場駅
316
47

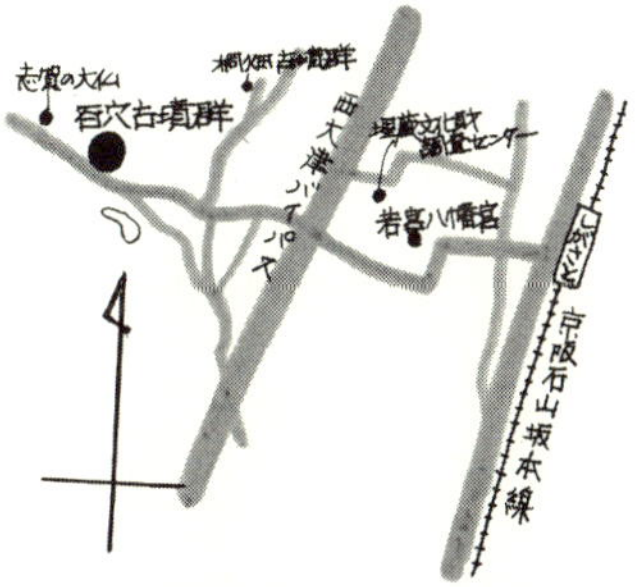
志賀の大仏
百穴古墳群
西大津バイパス
若宮八幡宮
京阪石山坂本線

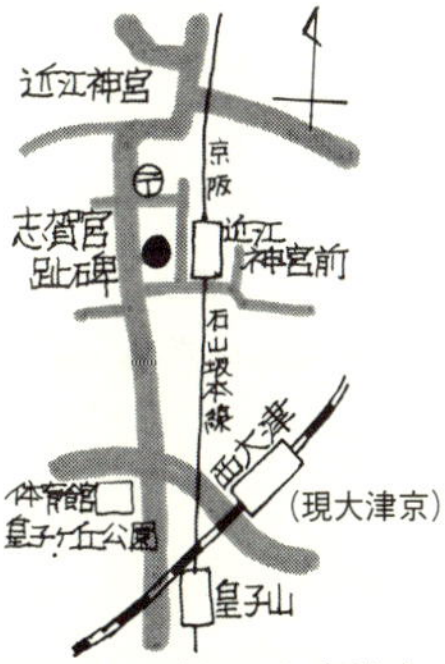
近江神宮
京阪
志賀宮址碑
近江神宮前
石山坂本線
西大津
（現大津京）
体育館
皇子ヶ丘公園
皇子山

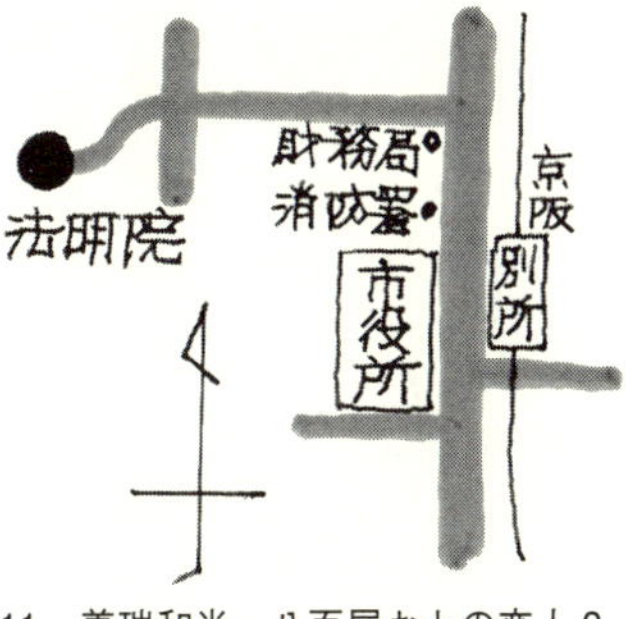
法明院
財務局
消防署
市役所
京阪
別所

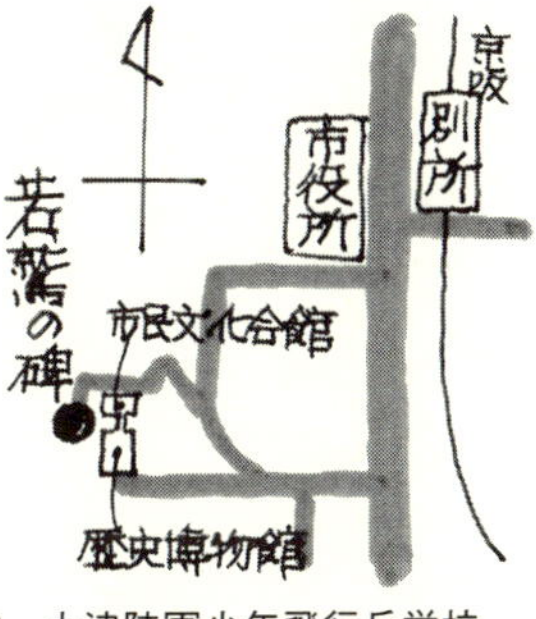
若鷲の碑
市役所
京阪
別所
市民文化会館
歴史博物館

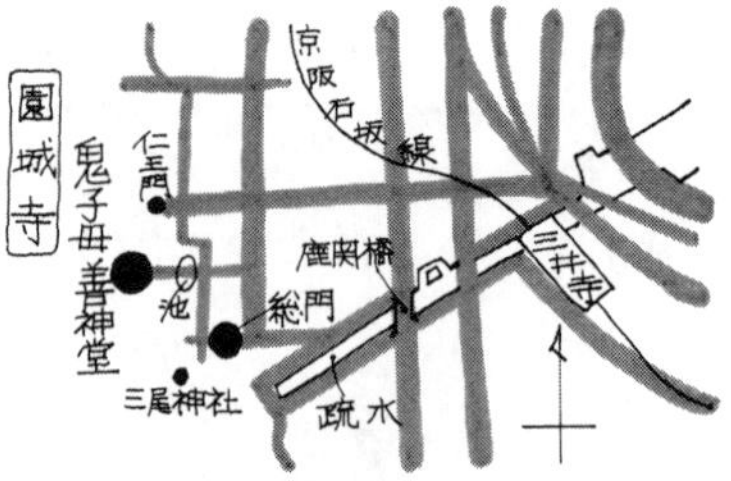
園城寺
京阪石坂線
仁王門
鬼子母善神堂
池
鹿関橋
総門
三井寺
三尾神社
疏水

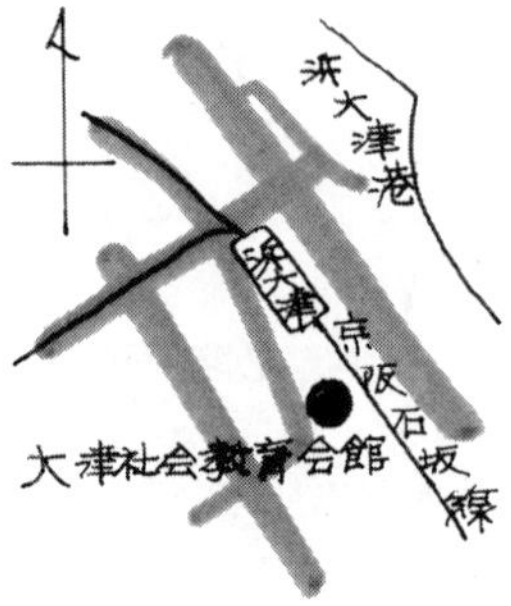
浜大津港
浜大津
京阪石坂線
大津社会教育会館

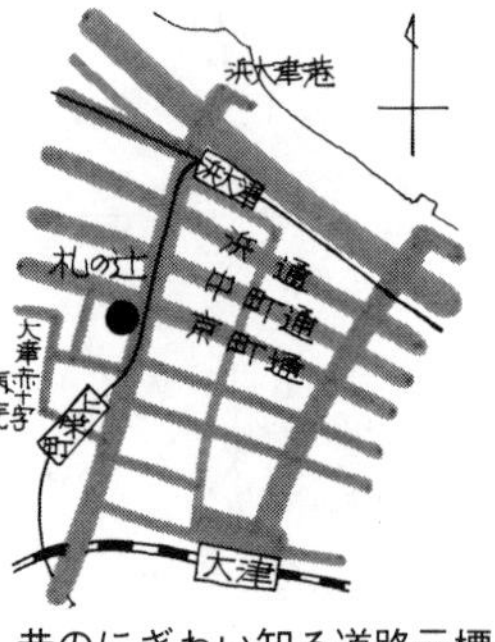
浜大津港
浜大津
札の辻
浜通
中町通
京町通
大津赤十字病院
上栄町
大津

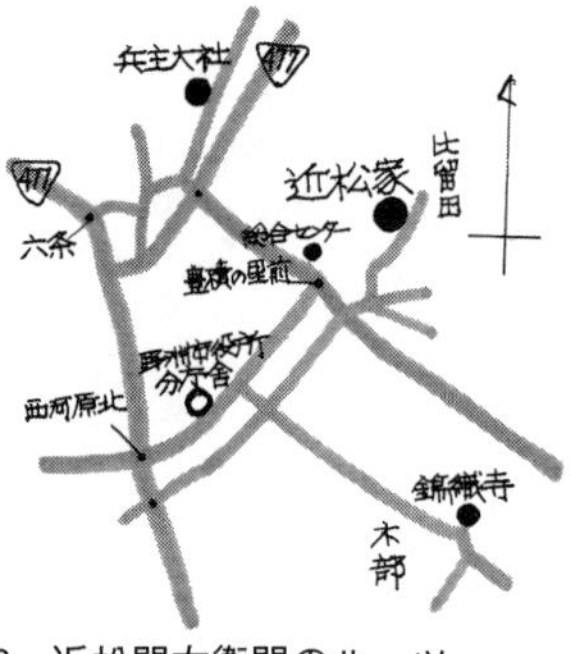
兵主大社
477
477
近松家
比留田
六条
総合センター
野洲市役所分庁舎
西河原北
錦織寺
木部

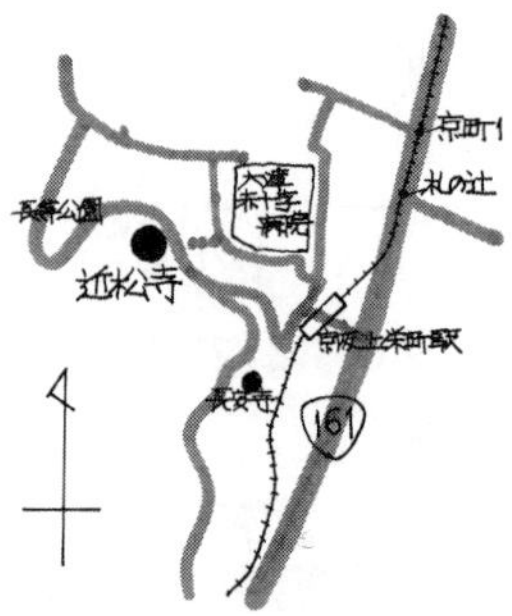
京町1
札の辻
大津赤十字病院
長等公園
近松寺
京阪上栄町駅
長安寺
161

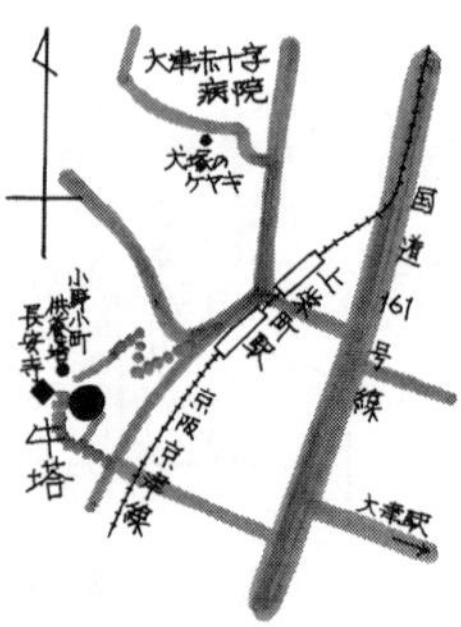
大津赤十字病院
大塚のケヤキ
国道161号線
小野小町供養塔
長安寺
牛塔
京阪京津線
大津駅

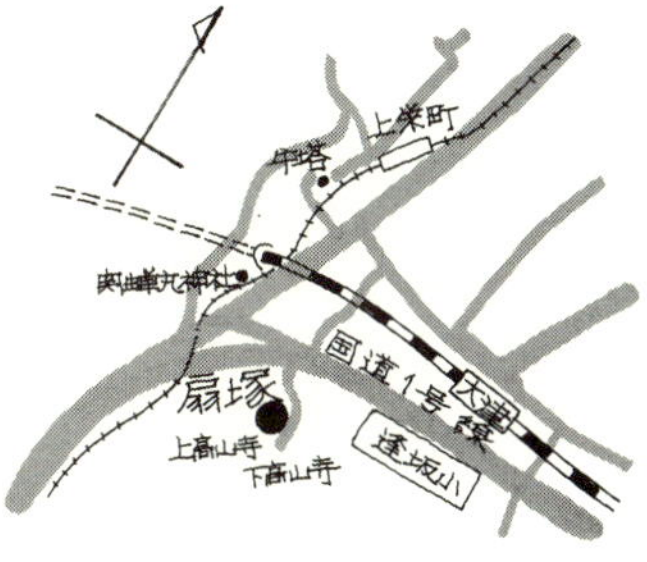
扇塚
国道1号線
上栄町
中塔
上高山寺
下高山寺
逢坂小
大津

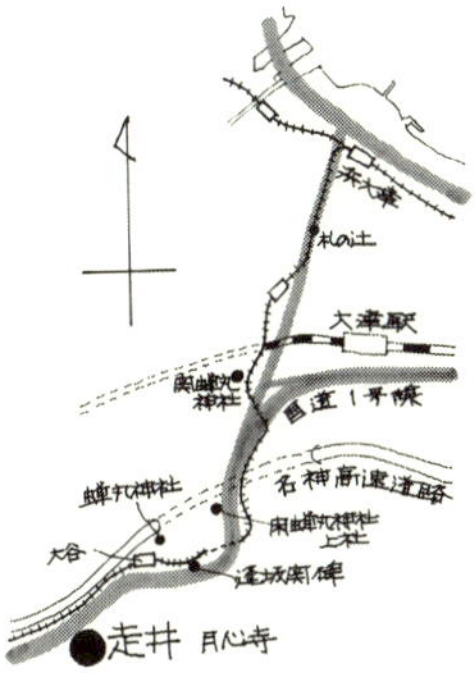
走井
月心寺
大津駅
国道1号線
名神高速道路
大谷
逢坂関碑

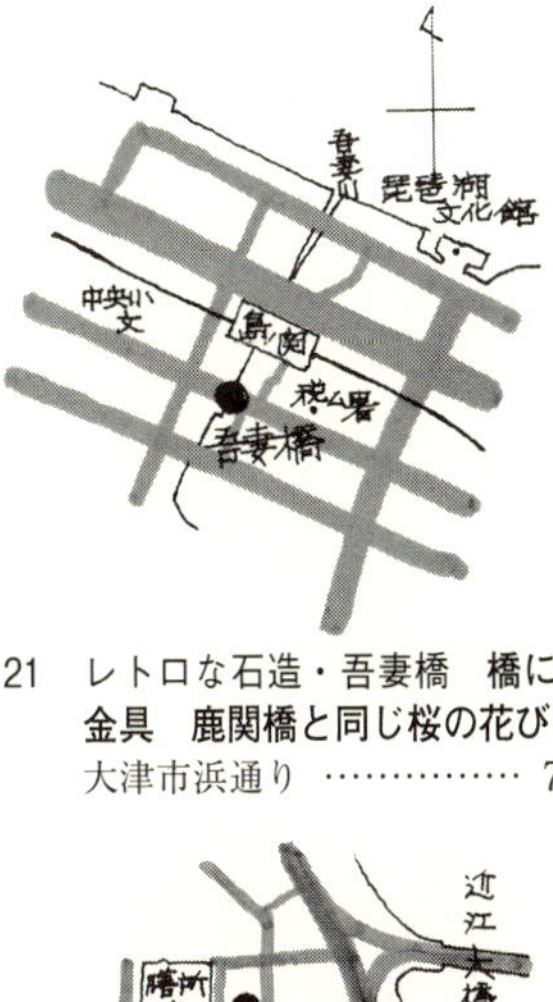
琵琶湖文化館
中央小
吾妻橋
吾妻川

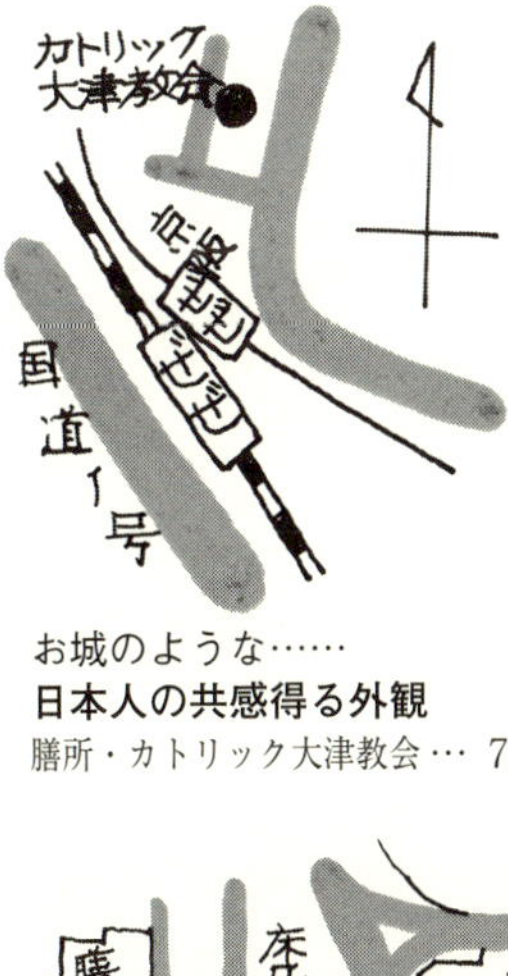
カトリック
大津教会
京阪
国道1号

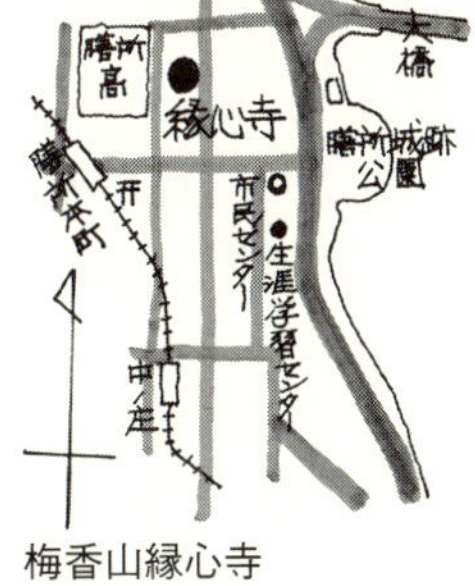
近江大橋
膳所高
縁心寺
膳所城跡公園
膳所本町
市民センター
生涯学習センター
中ノ庄

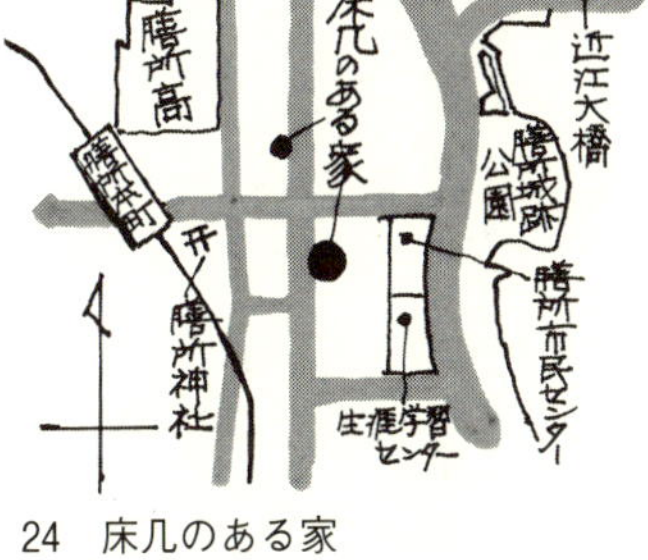
膳所高
床几のある家
近江大橋
膳所城跡公園
膳所本町
膳所神社
膳所市民センター
生涯学習センター

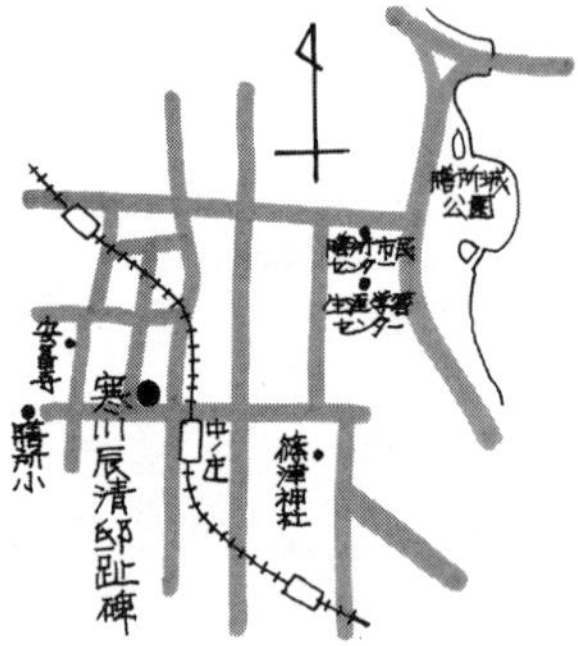
膳所城公園
膳所市民センター
生涯学習センター
安昌寺
膳所小
寒川辰清邸跡碑
中ノ庄
篠津神社

膳所高
近江大橋
膳所城跡公園
膳所本町
市民センター2F
膳所歴史資料室

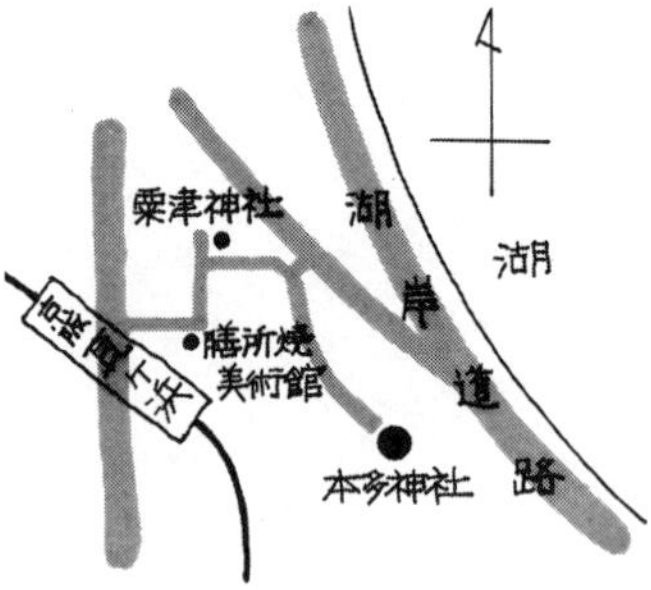
粟津神社
湖岸道路
湖
京阪瓦ケ浜
膳所焼美術館
本多神社

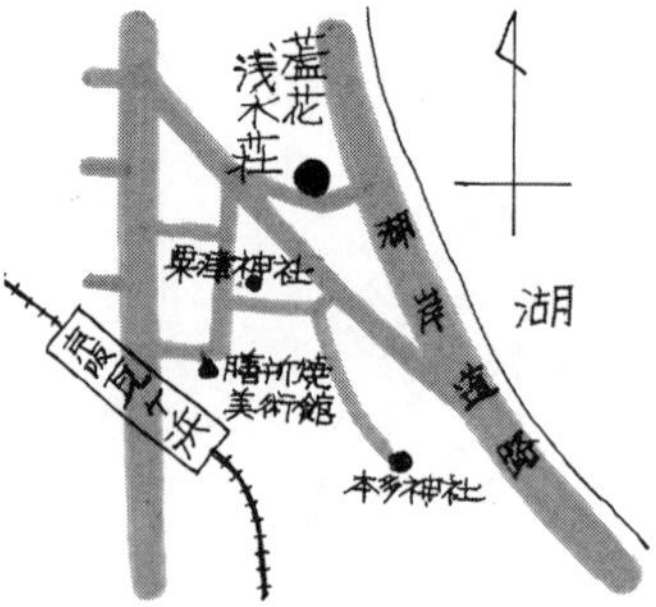
蘆花浅水荘
湖岸道路
湖
粟津神社
京阪瓦ケ浜
膳所焼美術館
本多神社

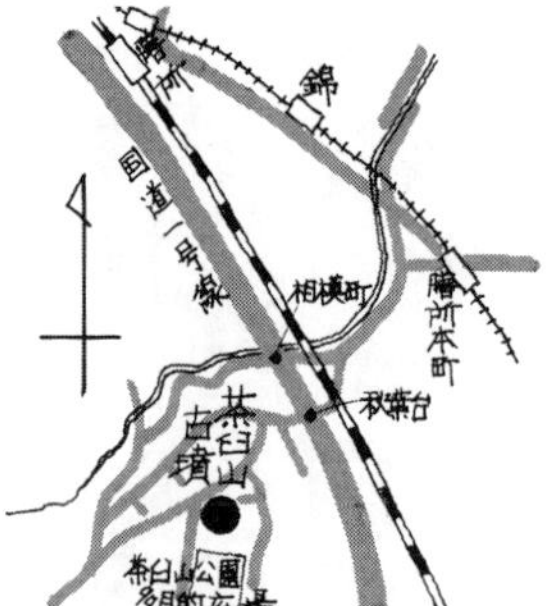
膳所
錦
国道1号線
相模町
膳所本町
秋葉台
茶臼山古墳
茶臼山公園
多目的広場

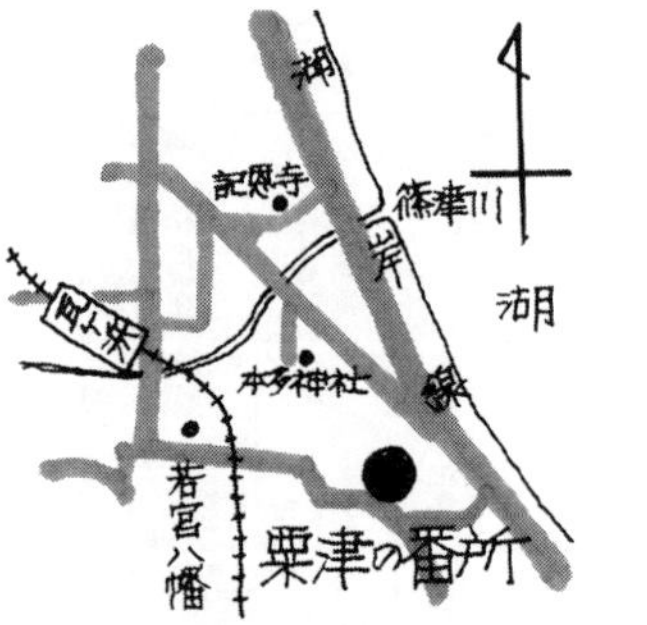
湖岸道路
記恩寺
篠津川
湖
瓦ケ浜
本多神社
若宮八幡
粟津の番所

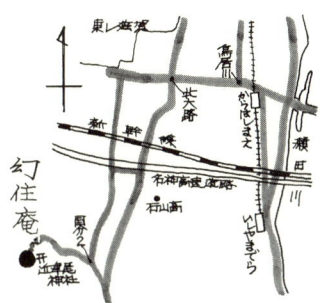

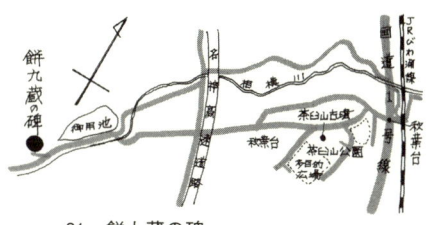

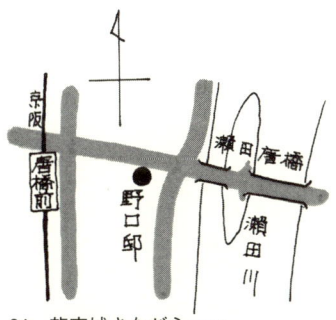

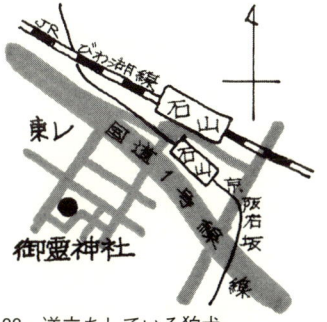

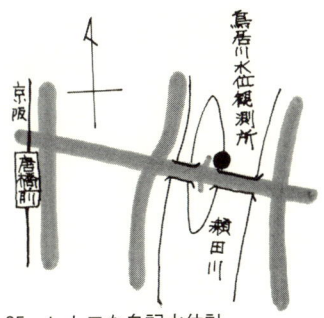

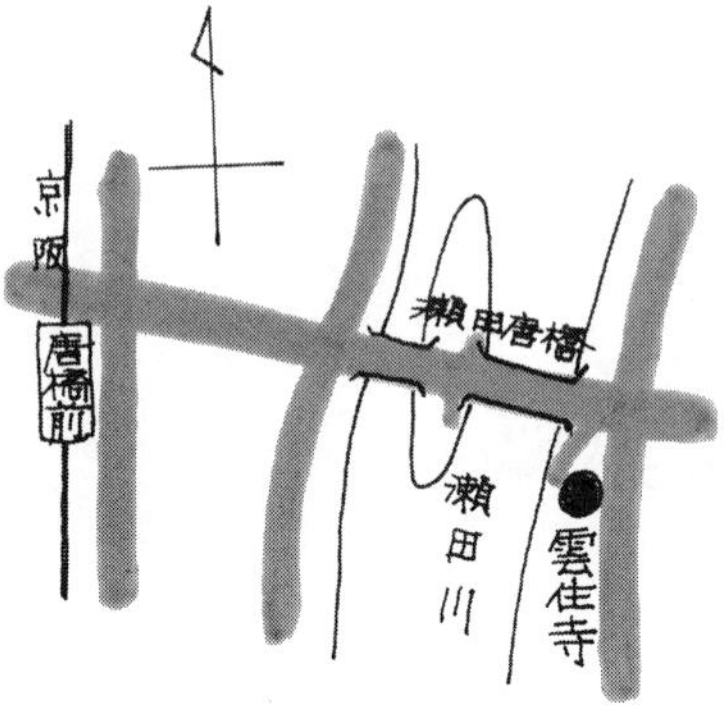
京阪
唐橋前
瀬田唐橋
瀬田川
雲住寺

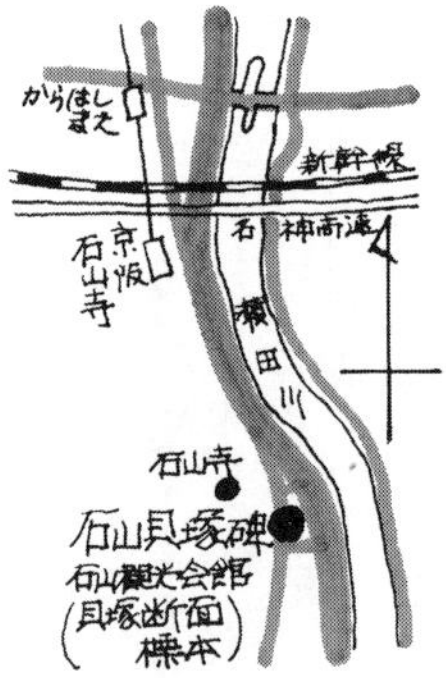
からはしまえ
新幹線
名神高速
京阪石山寺
瀬田川
石山寺
石山貝塚碑
石山観光会館
貝塚断面標本

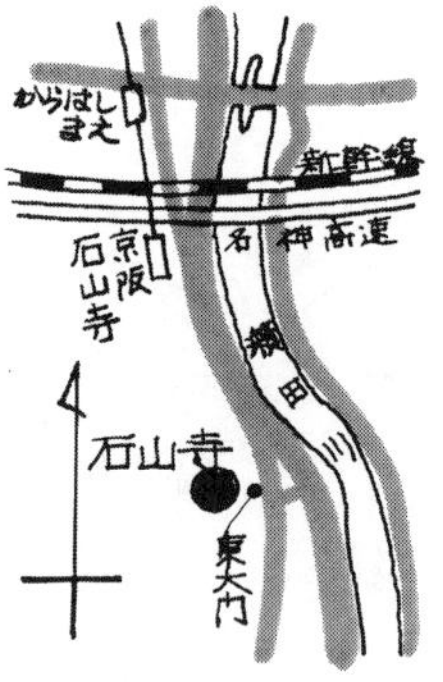
からはしまえ
新幹線
名神高速
京阪石山寺
瀬田川
石山寺
東大門

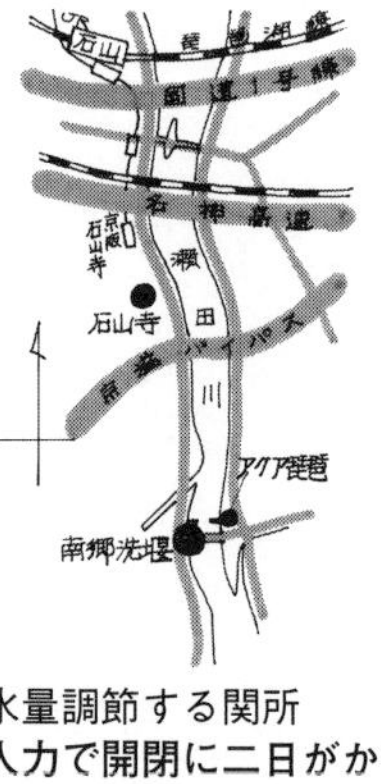
石山
国道1号線
名神高速
京阪石山寺
瀬田川
石山寺
南郷洗堰

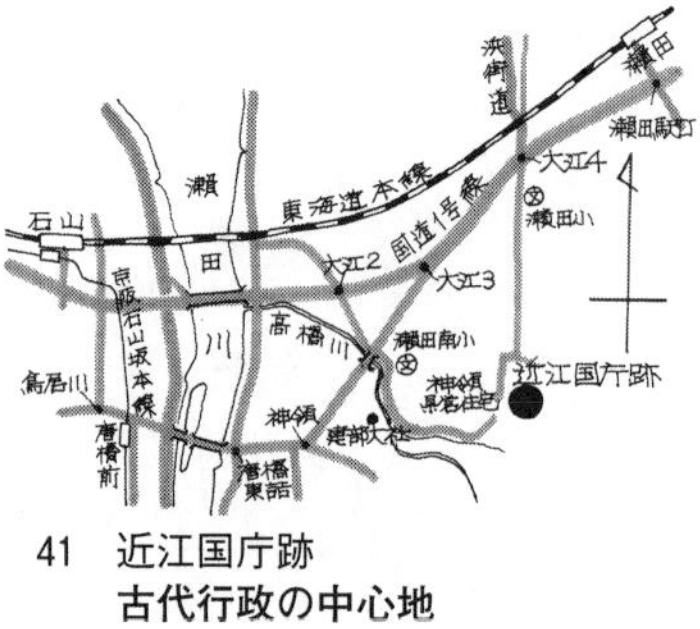
瀬田
瀬田駅
大江4
東海道本線
国道1号線
石山
瀬田川
大江2
大江3
瀬田小
京阪石山坂本線
高橋川
鳥居川
唐橋前
神領
建部大社
唐橋東詰
近江国庁跡

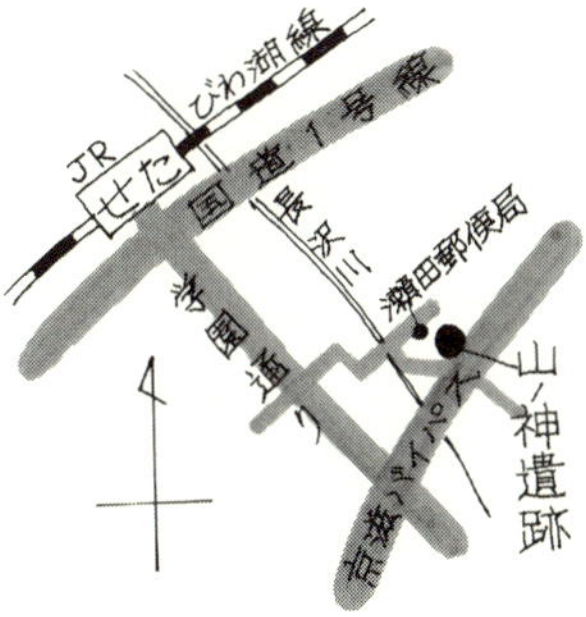
JR
せた
びわ湖線
国道1号線
学園通り
長沢川
瀬田郵便局
京滋バイパス
山ノ神遺跡

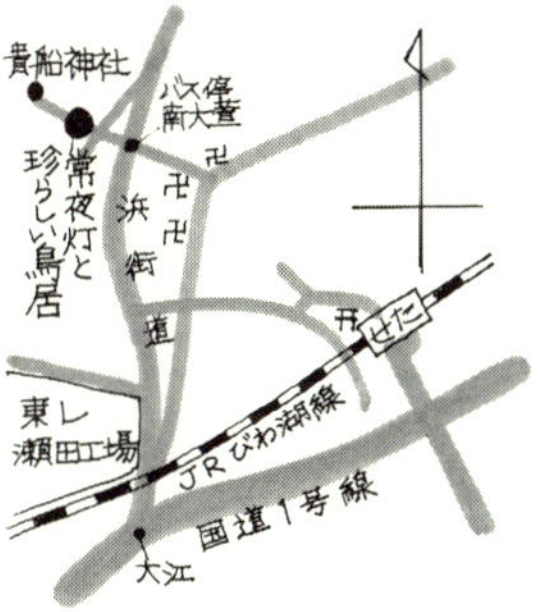
貴船神社
バス停
南大萱
常夜灯と
珍らしい鳥居
浜街道
東レ
瀬田工場
JRびわ湖線
せた
国道1号線
大江

草津市

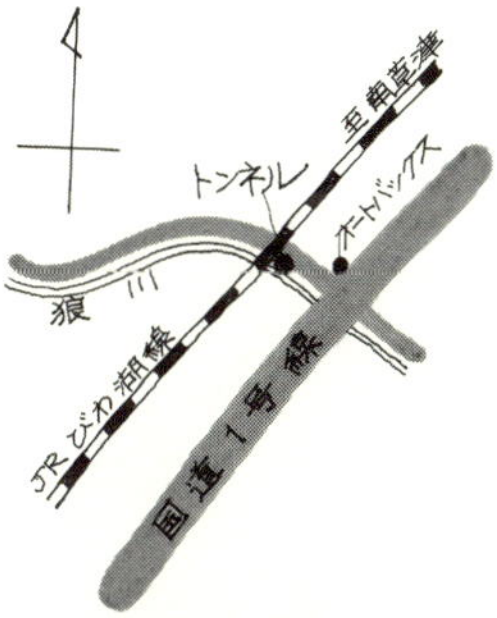
至南草津
トンネル
オートバックス
狼川
JRびわ湖線
国道1号線

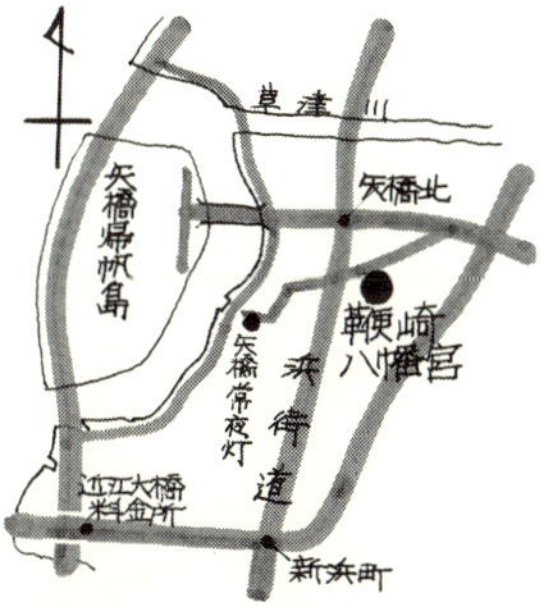
草津川
矢橋北
矢橋帰帆島
鞭崎八幡宮
矢橋常夜灯
浜街道
近江大橋料金所
新浜町

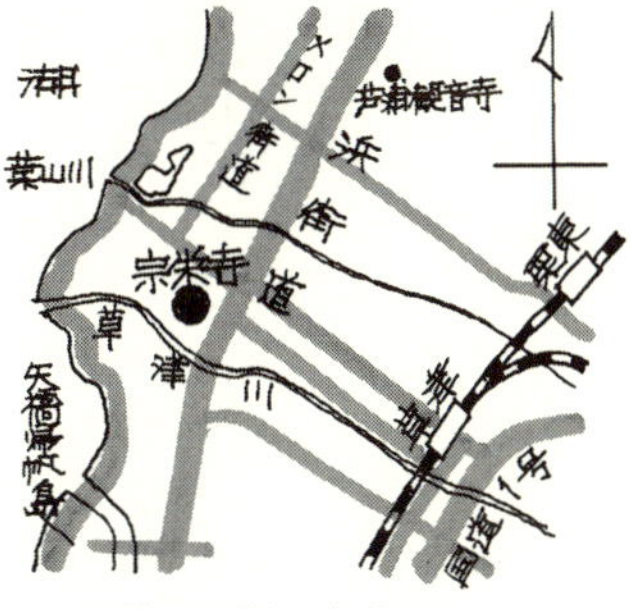
宗栄寺
浜街道
草津川
矢橋帰帆島
南草津
国道1号

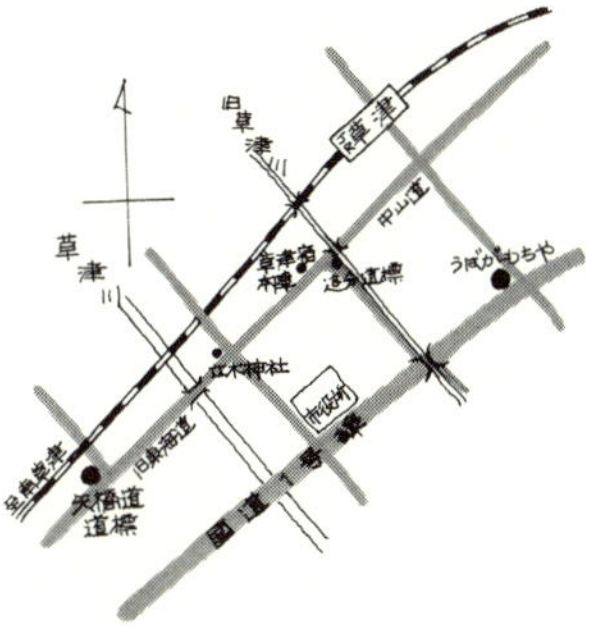
旧草津川
草津
草津川
中山道
うばがもちや
道標
市役所
旧東海道
国道1号線
至南草津
矢橋道道標

吉田虎之助翁頌徳碑
平湖
葉山川
志那中
北大萱

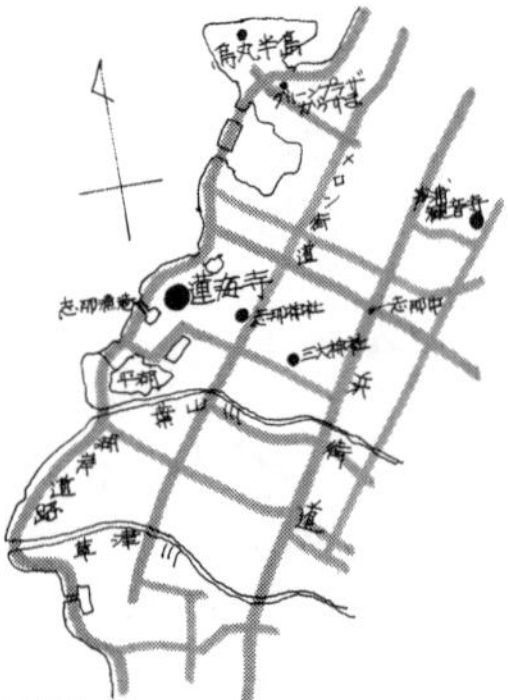
烏丸半島
蓮海寺
平湖
志那中

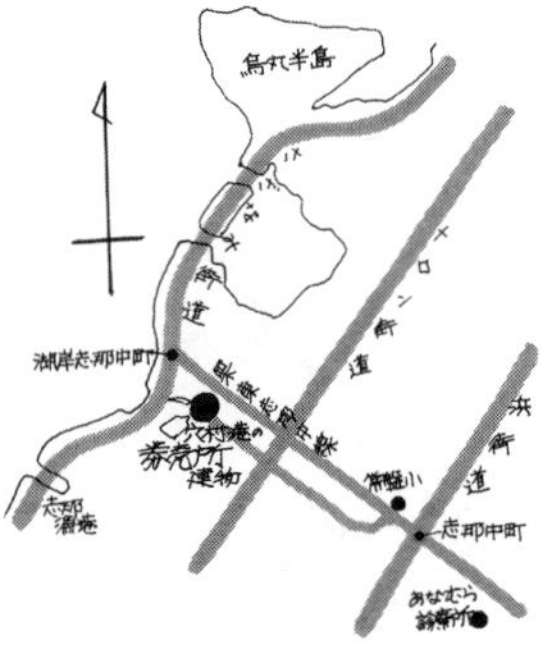
烏丸半島
湖岸志那中町
志那中町

烏丸半島
道の駅
山賀
芦浦観音寺
志那中町

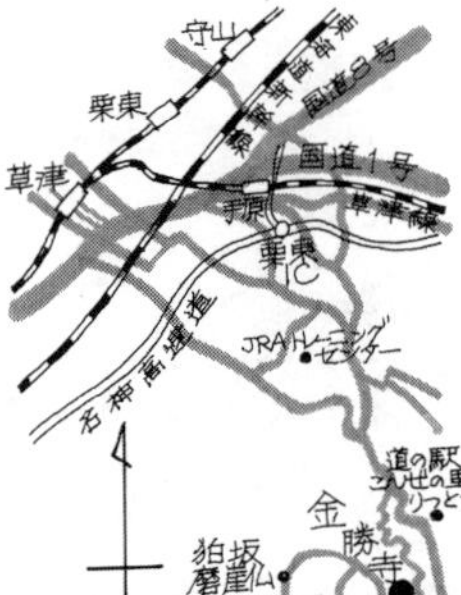
守山
栗東
草津
手原
国道1号
道の駅
こんぜの里
りっとう
金勝寺
狛坂磨崖仏

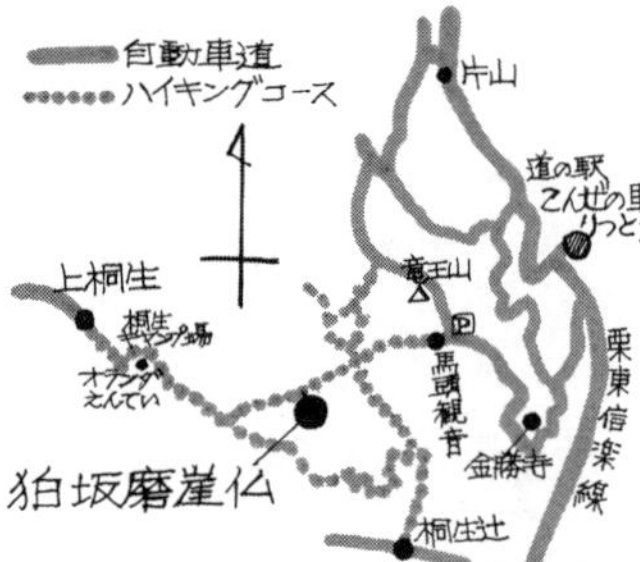
自動車道
ハイキングコース
片山
道の駅
こんぜの里
りっとう
上桐生
竜王山
馬頭観音
金勝寺
栗東信楽線
狛坂磨崖仏
桐生辻

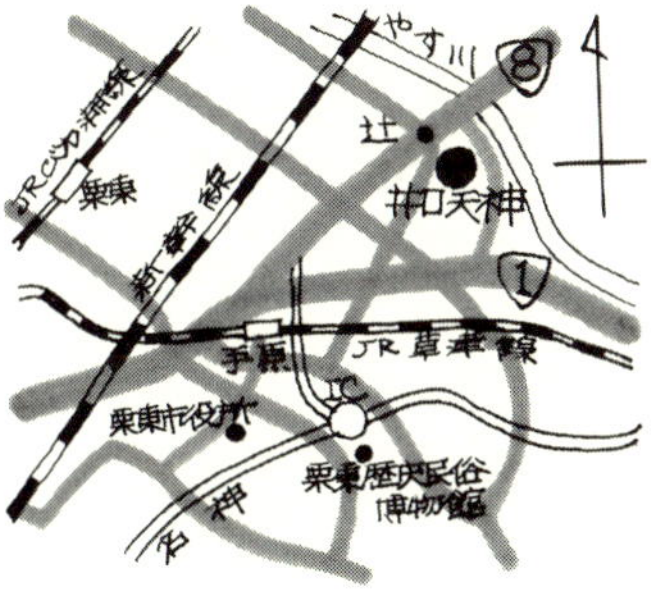
やす川
8
辻
井口天神
1
JR草津線
手原
IC
栗東市役所
栗東歴史民俗博物館
石神

守山市

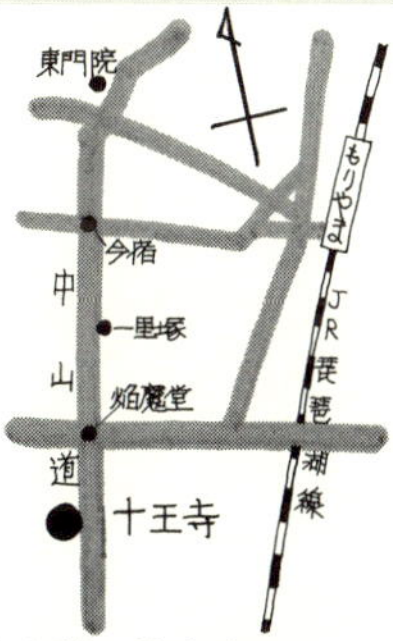
東門院
今宿
中
山
道
一里塚
焔魔堂
十王寺
もりやま
JR琵琶湖線

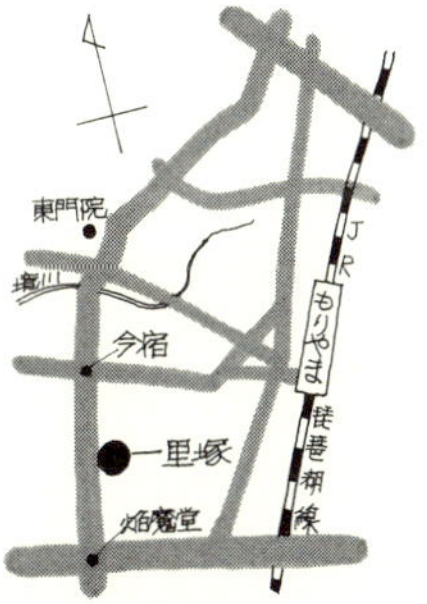
東門院
境川
今宿
一里塚
焔魔堂
JR
もりやま
琵琶湖線

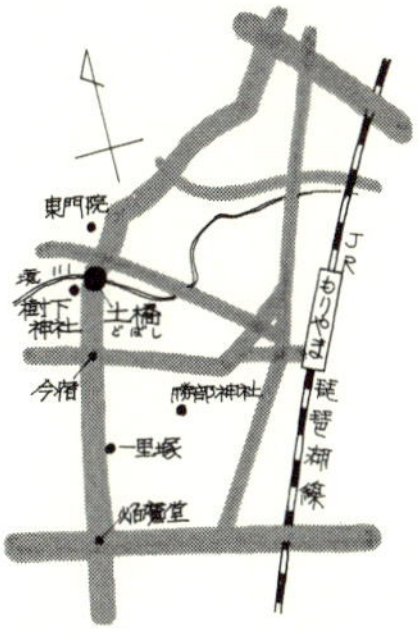
東門院
境川
樹下神社
土橋
どばし
今宿
勝部神社
一里塚
焔魔堂
JR
もりやま
琵琶湖線

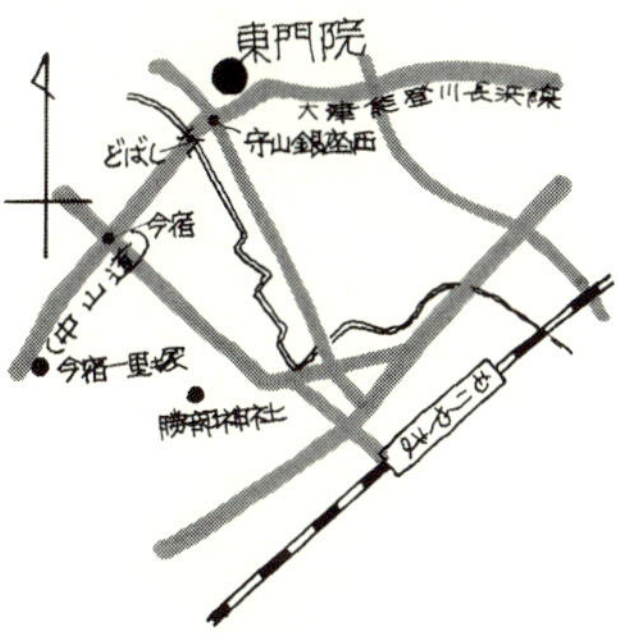
東門院
どばし
守山銀座西
今宿
中山道
今宿一里塚
勝部神社
もりやま

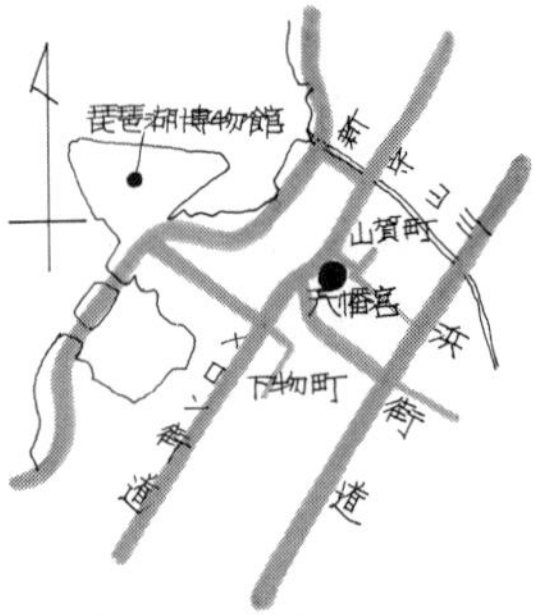

59　山賀のモダン社
天満宮と貴船神社　並んで鎮座
守山市山賀町 ……………148

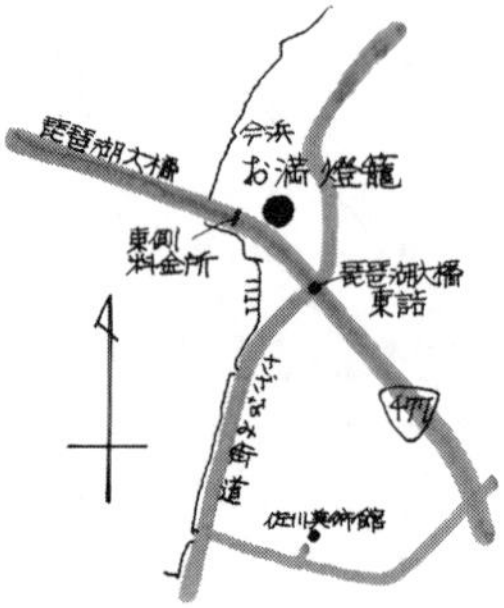

60　お満燈籠
湖に沈んだ娘の無念
守山市・琵琶湖大橋東詰…150

野洲市

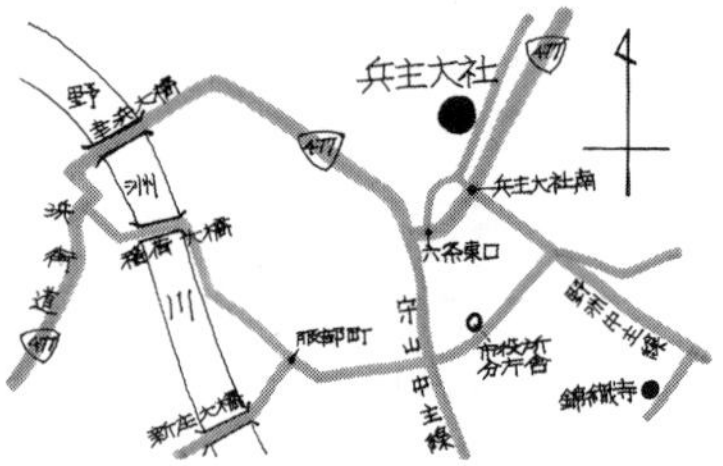

61　兵主大社
武将の信仰厚く
野洲市中主町 ……………152

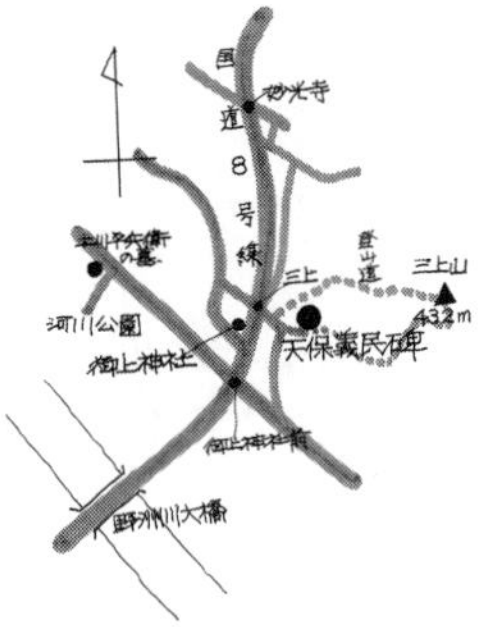

62　天保義民碑
不正を訴え、命かけた四万人
三上山麓 …………………154

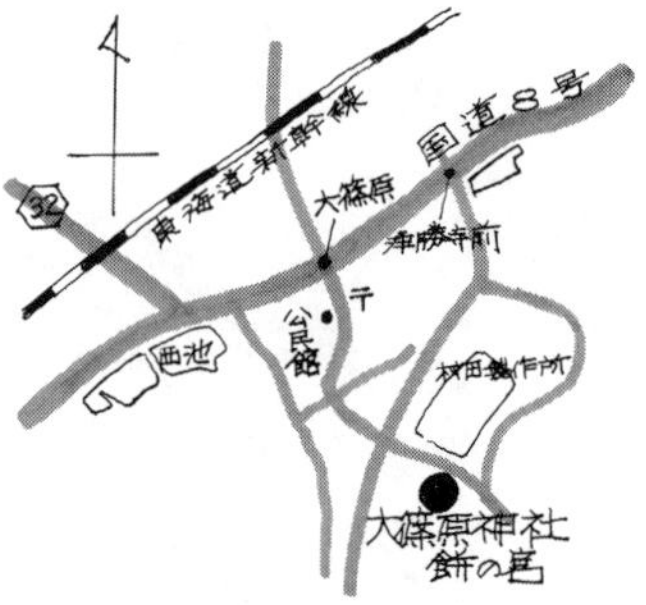

63　大笹原神社
鏡餅の元祖？
野洲市大篠原 ……………156

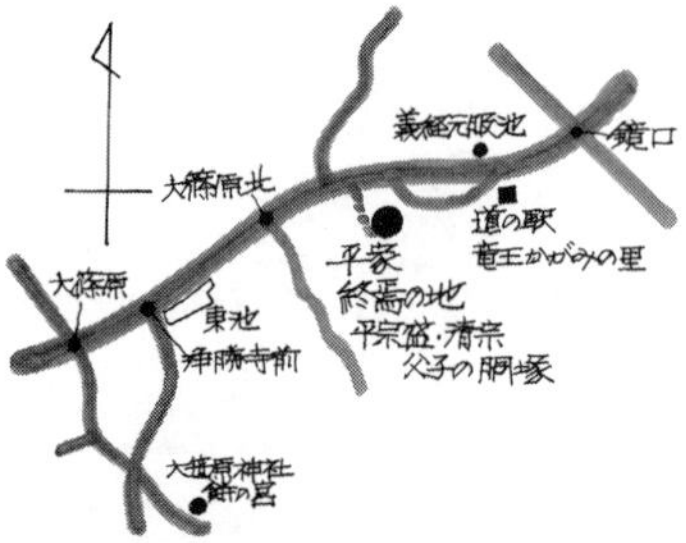

64　平家終焉の地
総大将　無念の胴塚
野洲市大篠原 ……………158

湖南市

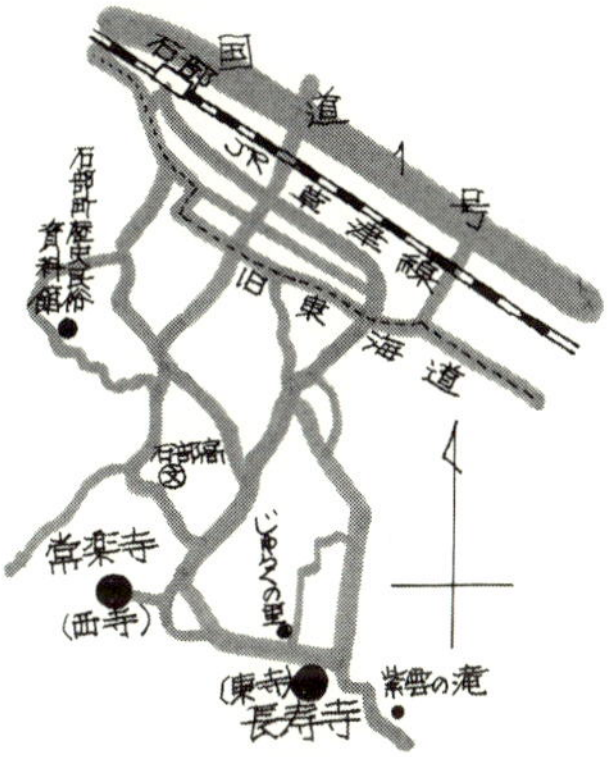
国道1号
石部
JR草津線
旧東海道
石部町歴史民俗資料館
石部宿
常楽寺
(西寺)
じゅらくの里
(東寺)
長寿寺
紫雲の滝

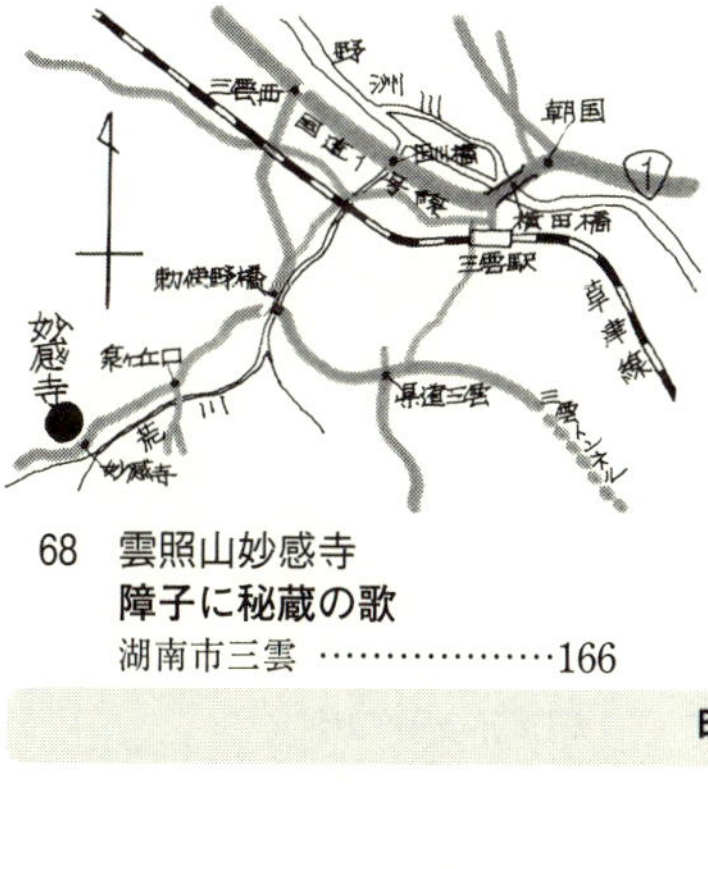
野洲川
三雲西
国道1号
田川橋
朝国
横田橋
三雲駅
草津線
勅使野橋
泉ケ丘口
荒川
妙感寺
県道三雲
三雲トンネル

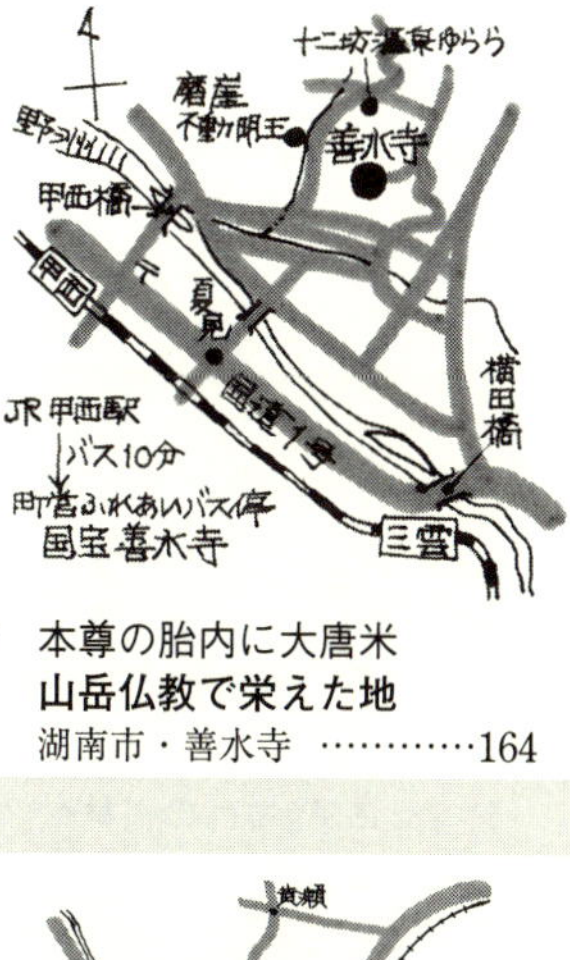
十二坊温泉ゆらら
磨崖不動明王
善水寺
野洲川
甲西橋
甲西
夏見
国道1号
横田橋
三雲
JR甲西駅
バス10分
町営ふれあいバス停
国宝善水寺

甲賀市

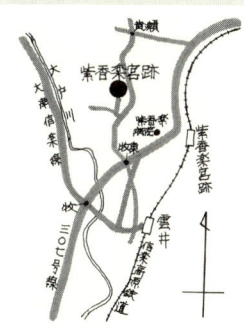

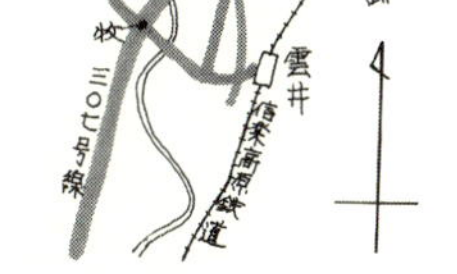
黄瀬
紫香楽宮跡
大戸川
大津信楽線
牧東
牧
紫香楽宮跡
雲井
信楽高原鉄道
三〇七号線

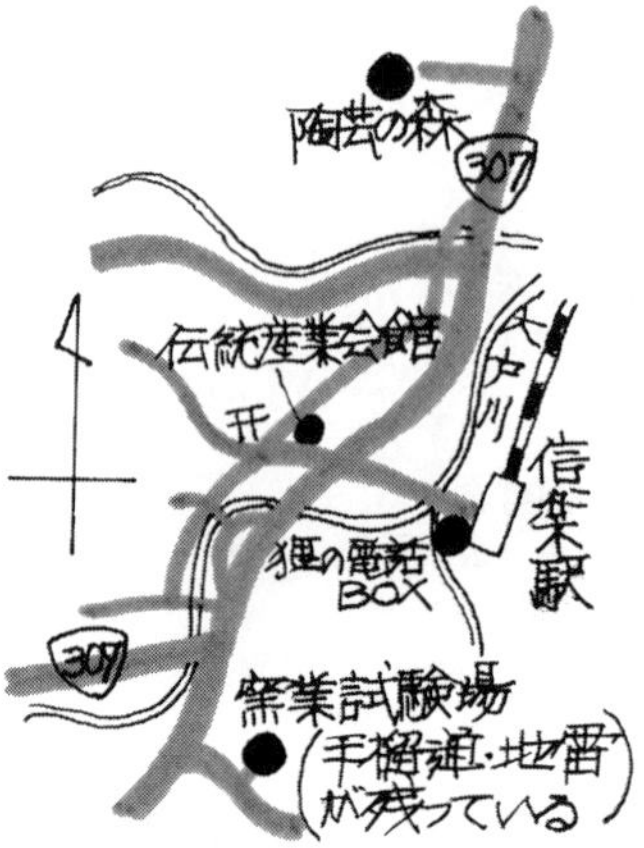
陶芸の森
307
伝統産業会館
大戸川
信楽駅
狸の電話BOX
307
窯業試験場
(手榴弾・地雷が残っている)

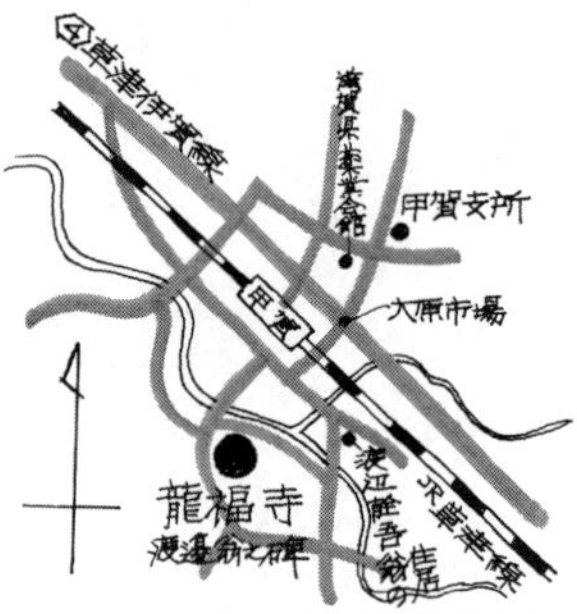
甲賀支所
甲賀
大原市場
龍福寺
JR草津線

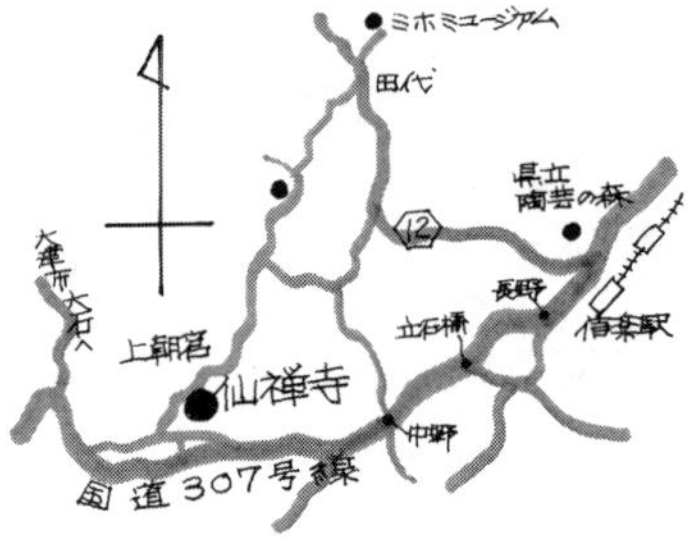
ミホミュージアム
田代
県立陶芸の森
12
長野
立石橋
信楽駅
上朝宮
仙禅寺
中野
国道307号線

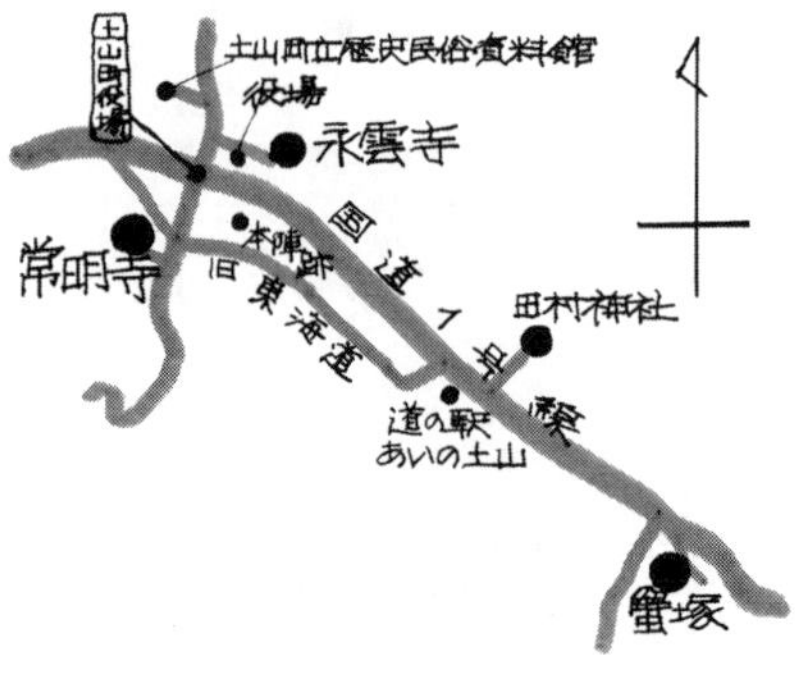
土山町役場
土山町立歴史民俗資料館
役場
永雲寺
常明寺
本陣跡
旧東海道
国道1号線
田村神社
道の駅
あいの土山
蟹塚

近江八幡市

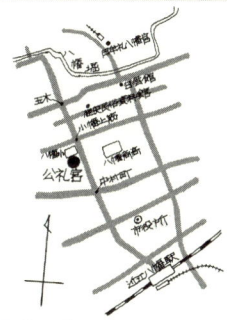

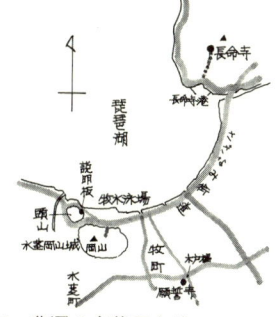

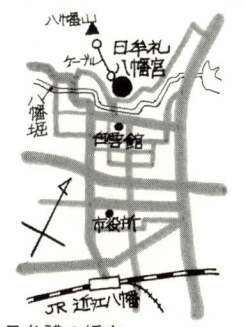

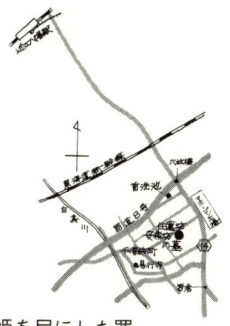

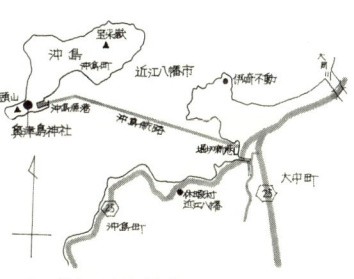

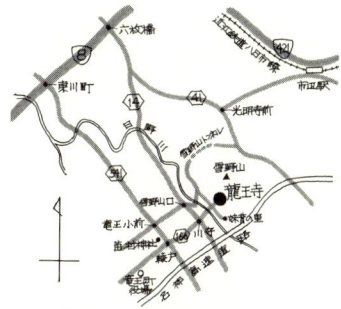

東近江市

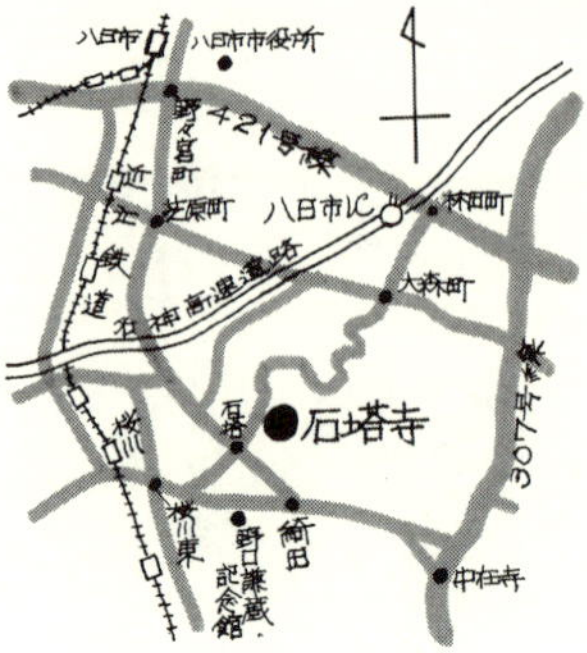

83　石塔寺阿育王塔
最大最古の石造三重塔
蒲生町石塔　………………200

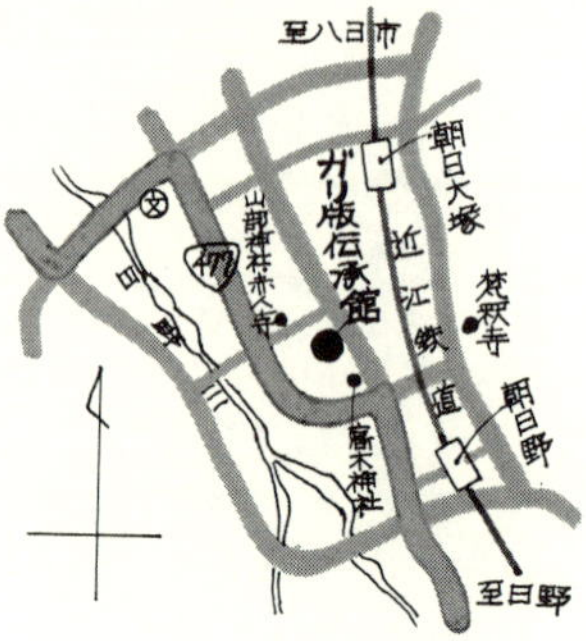

82　堀井親子のガリ版発明
エジソンにも啓発されて
蒲生町岡本・ガリ版伝承館…198

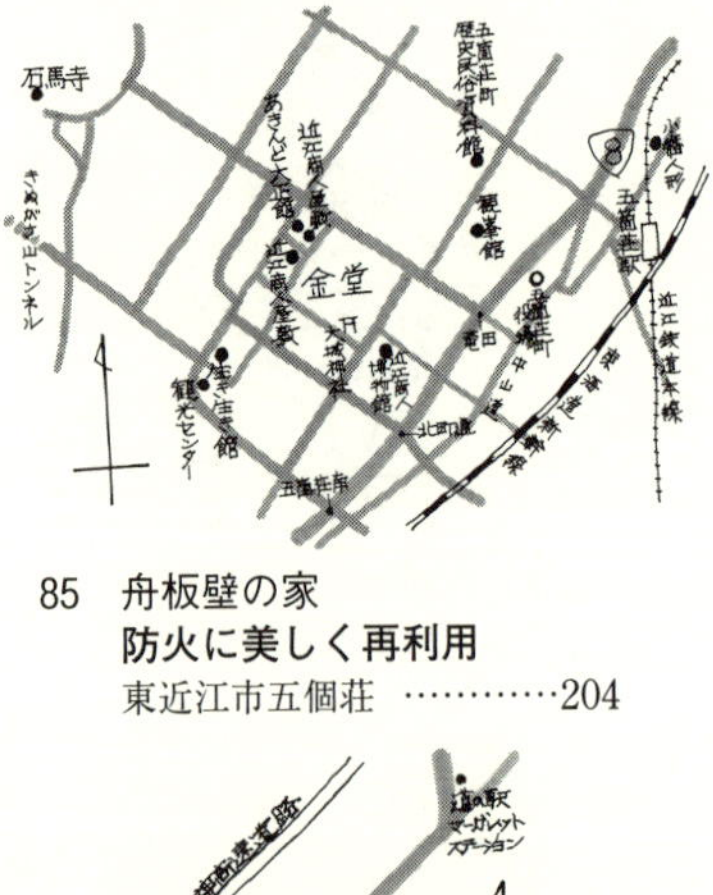

85　舟板壁の家
防火に美しく再利用
東近江市五個荘　…………204

84　市辺押磐皇子の墓
罠にはめられた皇子
東近江市市辺町　…………202

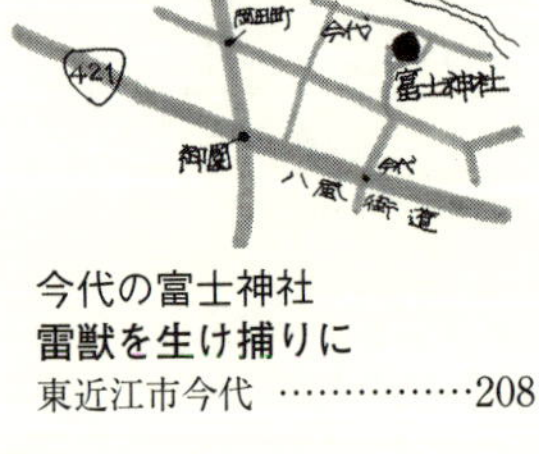

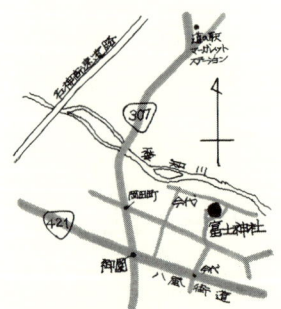

87　今代の富士神社
雷獣を生け捕りに
東近江市今代　……………208

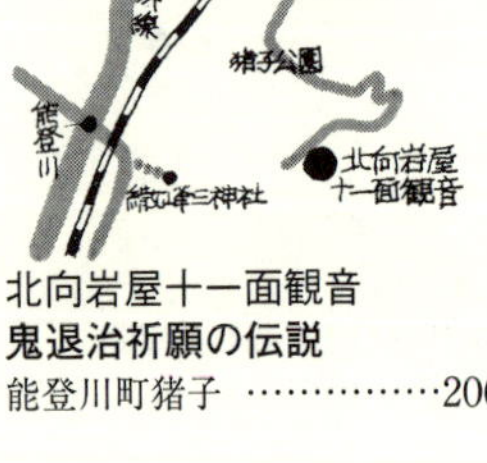

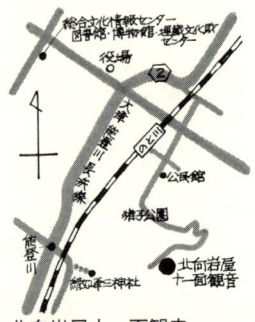

86　北向岩屋十一面観音
鬼退治祈願の伝説
能登川町猪子　……………206

大皇器地祖神社
筒井峠
君ヶ畑
蛭谷
惟喬親王像
筒井神社
木地師資料館
大萩
34
政所
▲934.2
日本コバ
421
永源寺
永源寺ダム
八風街道
愛知川

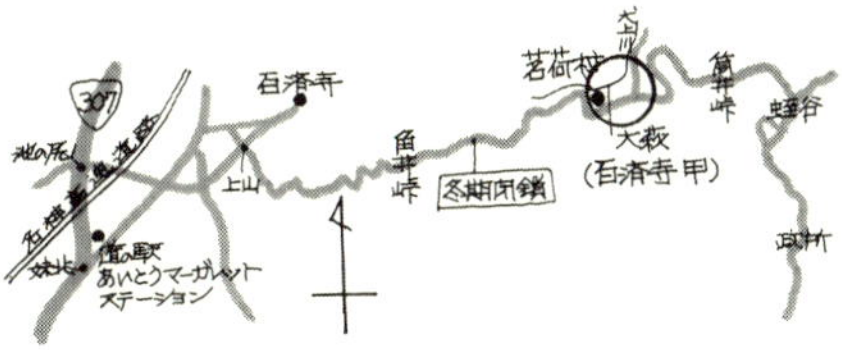
307
百済寺
茗荷村
大萩
(百済寺甲)
筒井峠
蛭谷
上山
冬期閉鎖
政所

彦根市

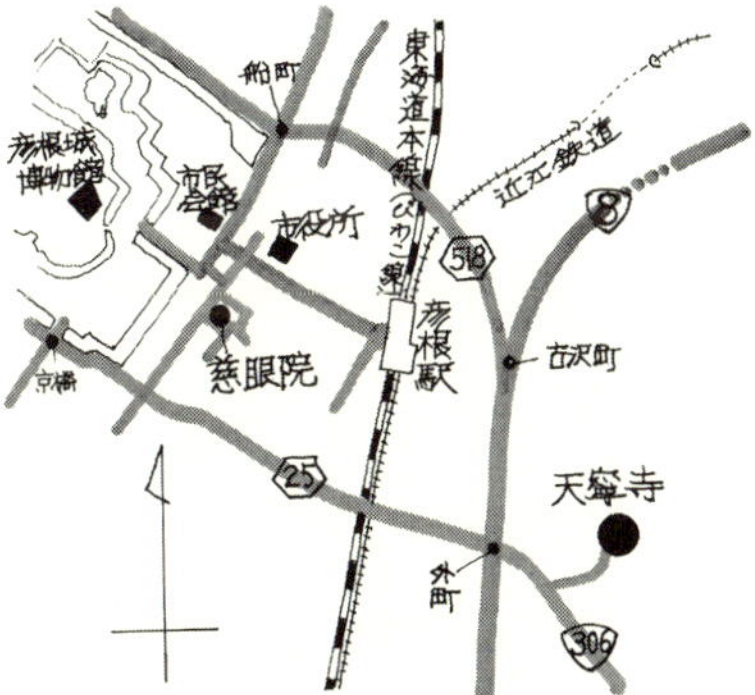
船町
東海道本線(びわこ線)
近江鉄道
彦根城博物館
市民会館
市役所
518
8
彦根駅
古沢町
慈眼院
京橋
25
天寧寺
外町
306

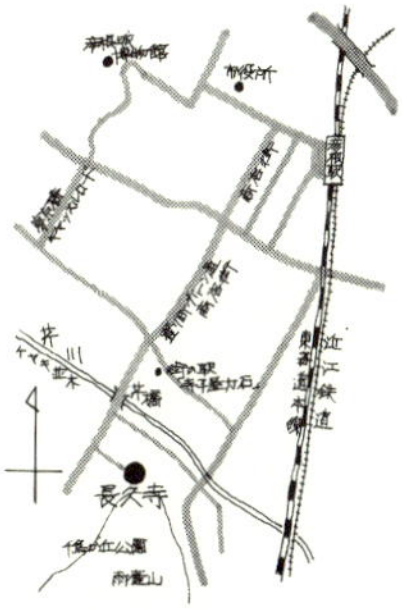
芹川
長久寺
近江鉄道

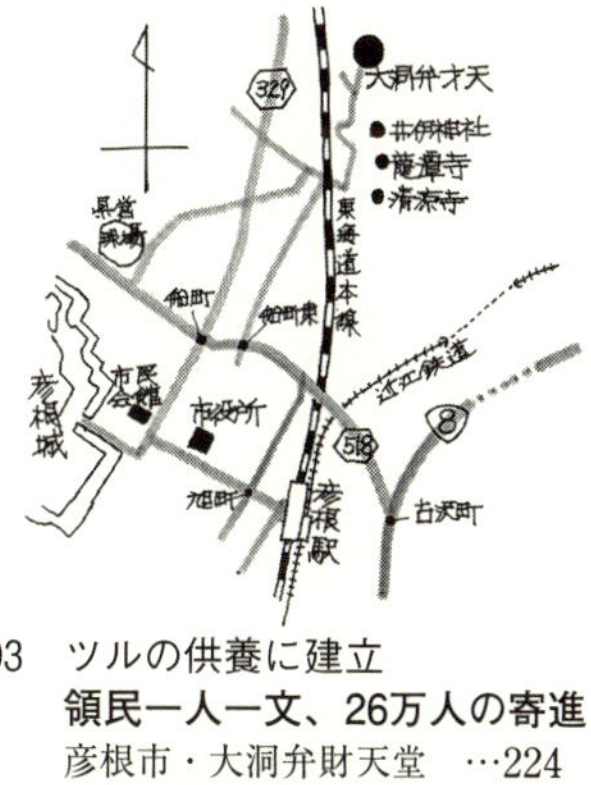
329
大洞弁才天
井伊神社
龍潭寺
清凉寺
東海道本線
船町
市民会館
市役所
彦根城
近江鉄道
518
8
彦根駅
古沢町

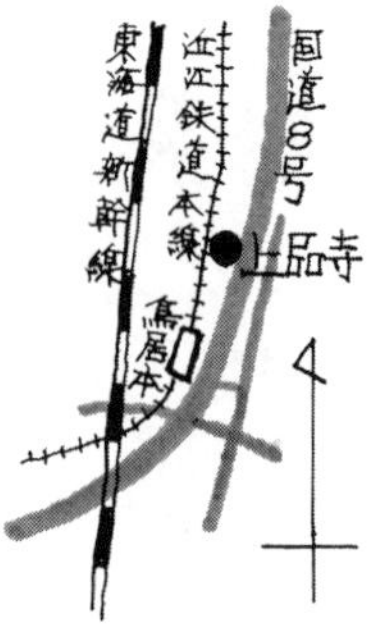

94　法界坊の釣り鐘
寄進した吉原遊女ら数百人
鳥居本・上品寺　…………226

米原市

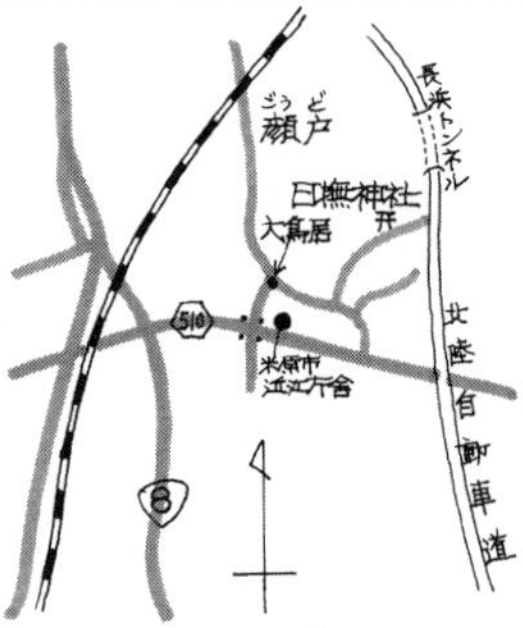

96　鳶職人・林武右衛門
名声得た「夫馬の鳶さん」
米原市 ………………………234

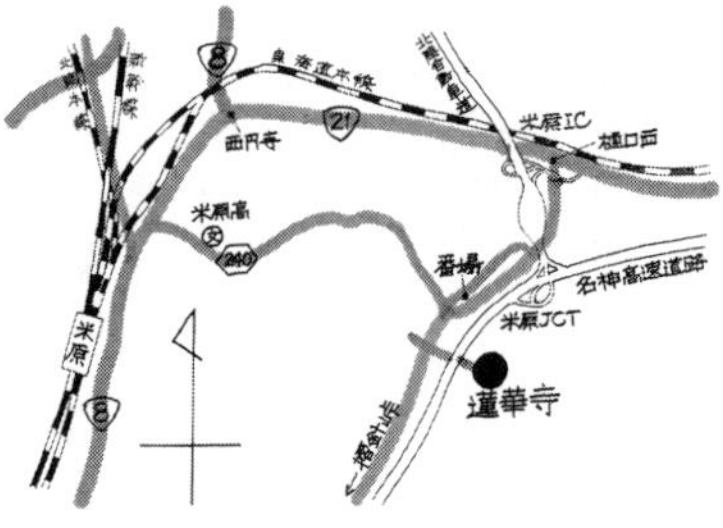

95　北条の命運尽きる
援軍来ず自害した432人
米原市・蓮華寺　…………230

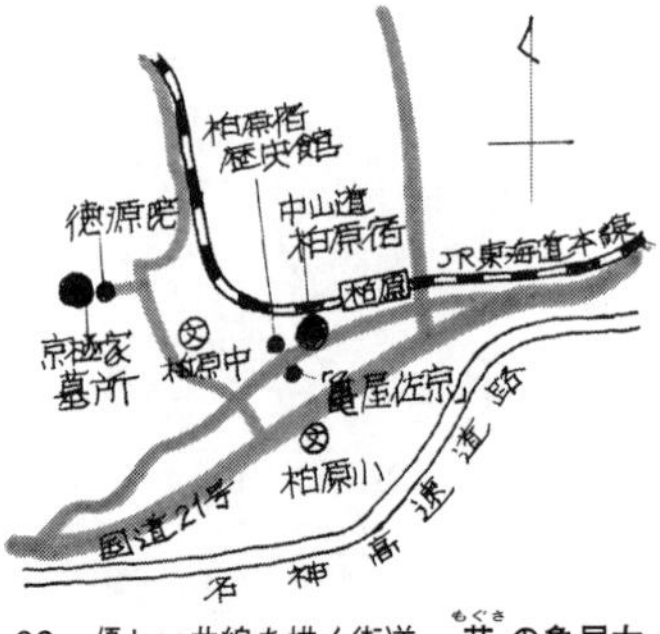

98　優しい曲線を描く街道　艾《もぐさ》の亀屋左
京六代目七兵衛　CMソングの元祖
伊吹山麓・柏原宿　………238

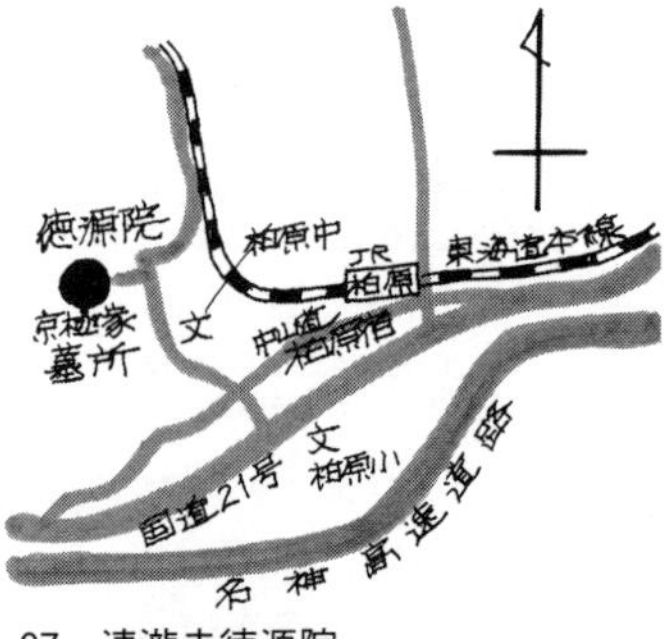

97　清瀧寺徳源院
宝篋印塔　京極氏の歴史伝える
米原市清滝　………………236

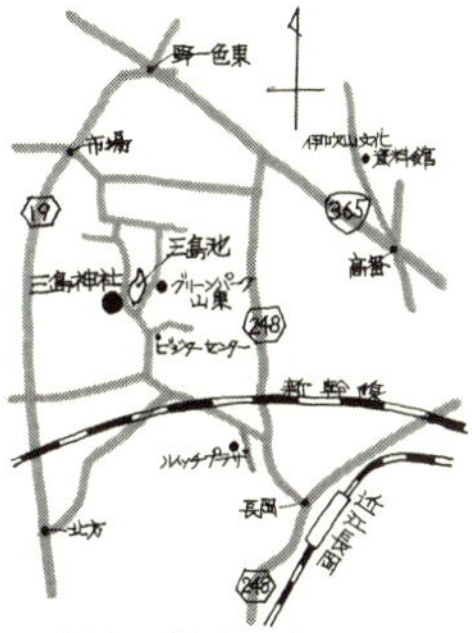
野一色東
市場
伊吹山文化資料館
三島池
三島神社
グリーンパーク山東
ビジターセンター
高番
新幹線
長岡
近江長岡
北方

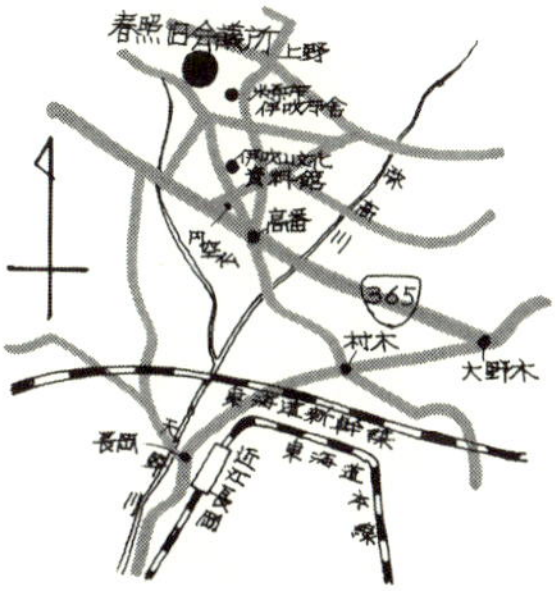
春照旧会議所
上野
伊吹山文化資料館
高番
365
村木
大野木
東海道新幹線
長岡
近江長岡
東海道本線

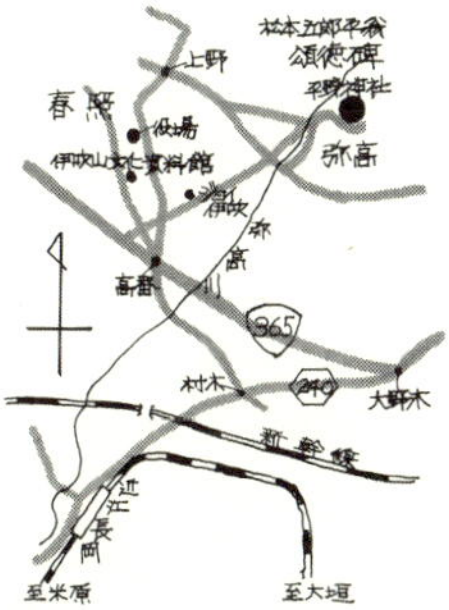
松本五郎平翁頌徳碑
平野神社
上野
春照
役場
伊吹山文化資料館
弥高
高番
365
村木
大野木
新幹線
近江長岡
至米原
至大垣

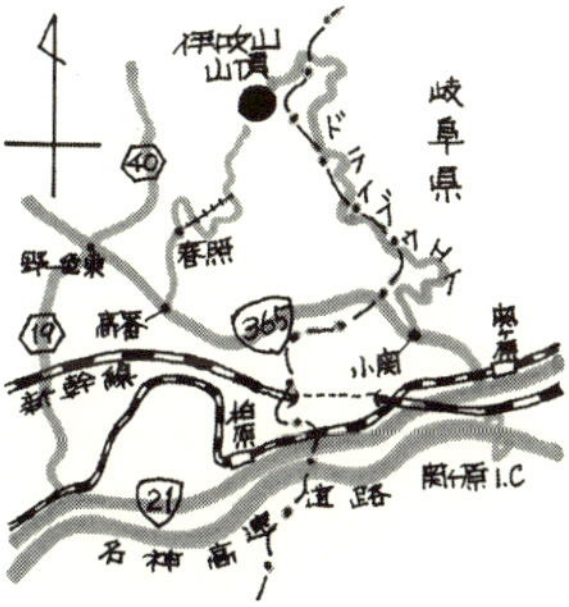
伊吹山山頂
岐阜県
40
ドライブウェイ
春照
野一色東
19
高番
365
小関
新幹線
柏原
21
関ケ原 I.C
名神高速道路

長浜市

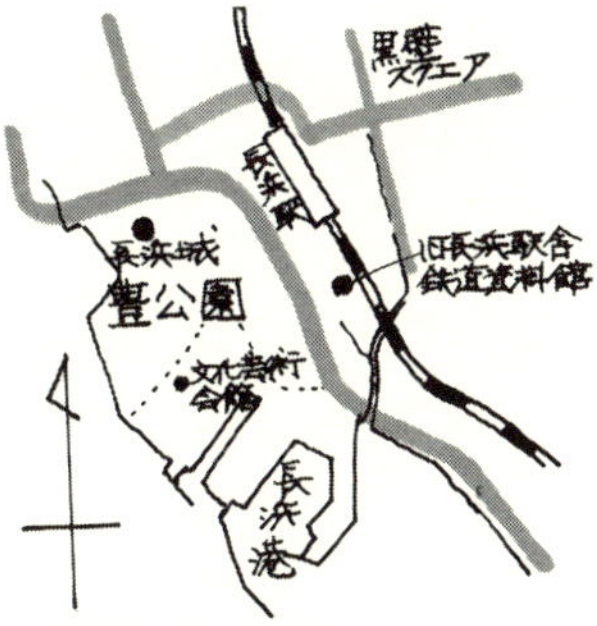
黒壁スクエア
長浜駅
長浜城
豊公園
旧長浜駅舎鉄道資料館
文化芸術会館
長浜港

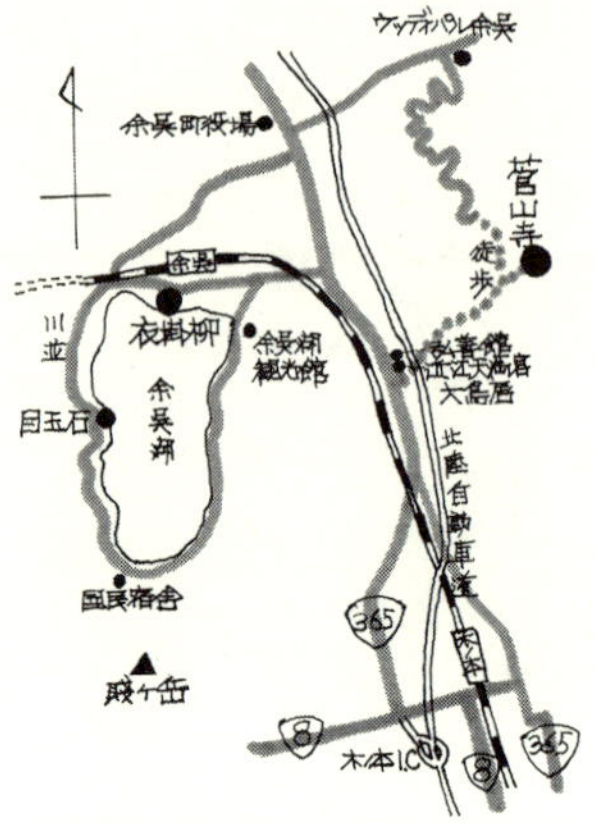
ウッディパル余呉
余呉町役場
菅山寺
徒歩
余呉
衣掛柳
余呉湖観光館
川並
余呉湖
国民宿舎
北陸自動車道
365
8
木本I.C
賤ケ岳

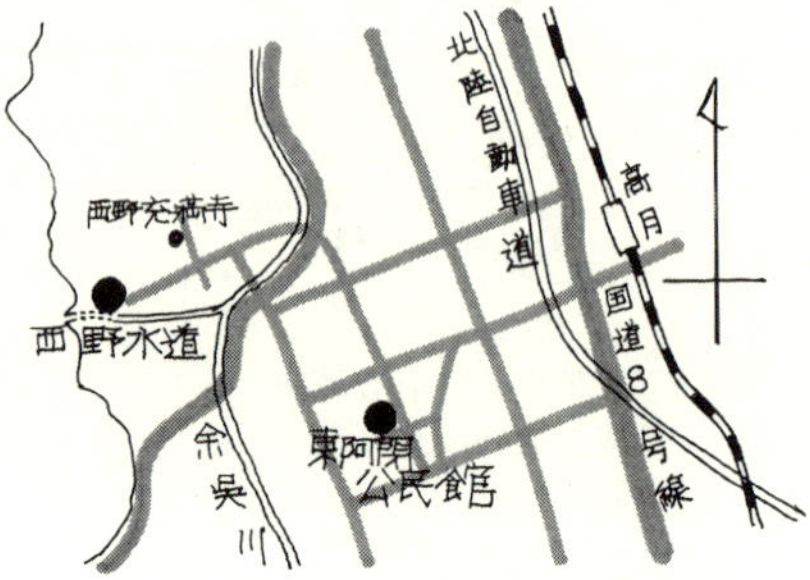
北陸自動車道
高月
国道8号線
西野充満寺
西野水道
余呉川
東阿閉公民館

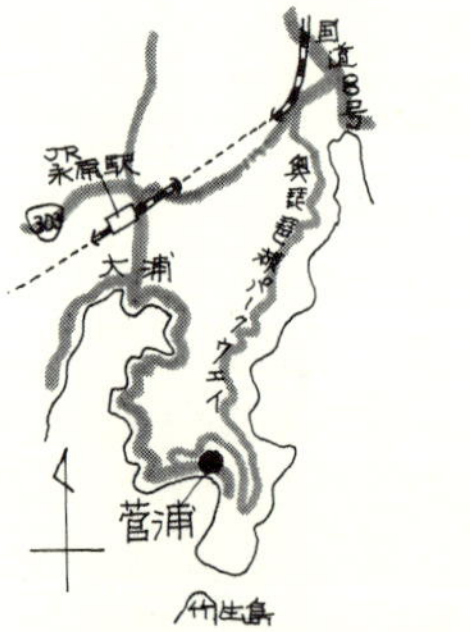
国道8号
JR永原駅
303
大浦
奥琵琶湖パークウェイ
菅浦
竹生島

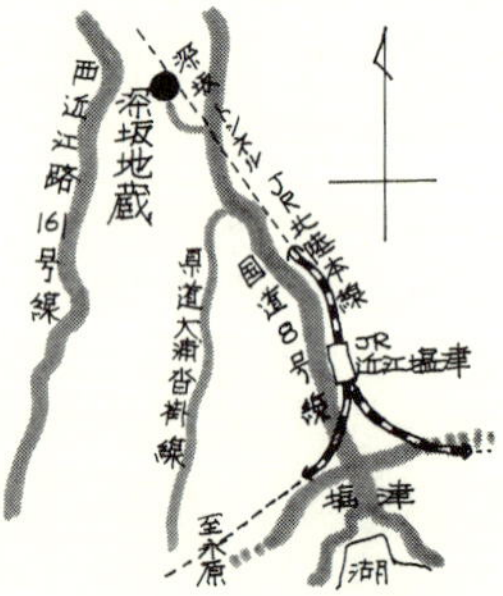
深坂
西近江路161号線
深坂地蔵
県道大浦沓掛線
JR北陸本線
国道8号線
JR近江塩津
塩津
至永原
湖

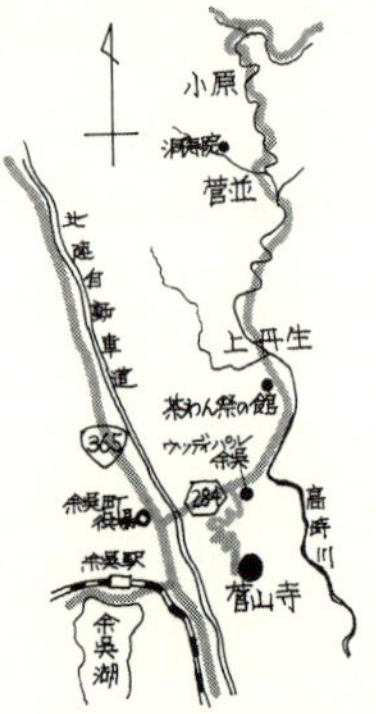
小原
洞寿院
菅並
北陸自動車道
上丹生
茶わん祭の館
ウッディパル余呉
365
284
余呉町役場
余呉駅
菅山寺
高時川
余呉湖

高島市

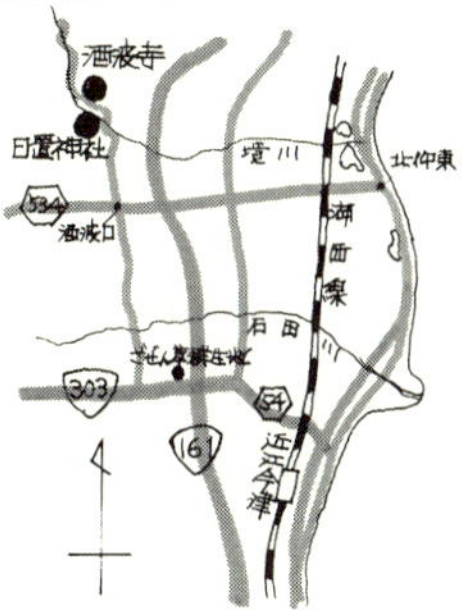

酒波寺
日置神社
北仲東
湖
西
線
303
161
54
近江今津

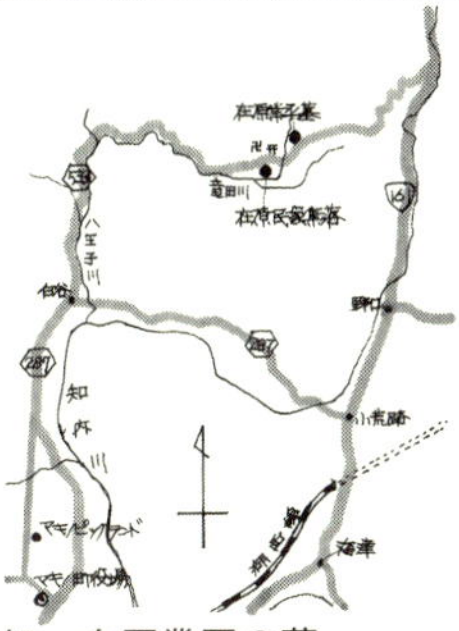

在原業平墓
海津

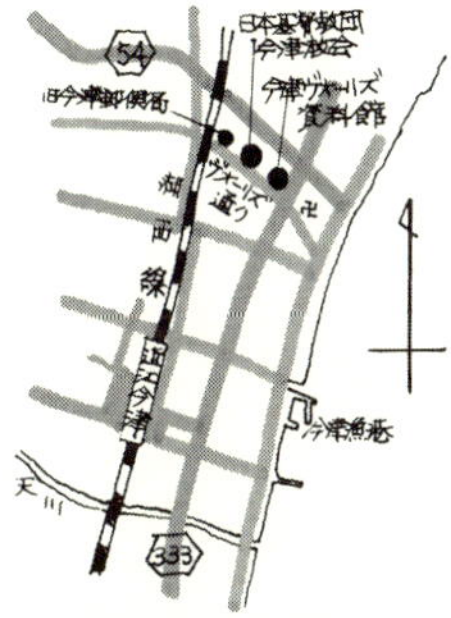

54
湖
西
線
近江今津
333

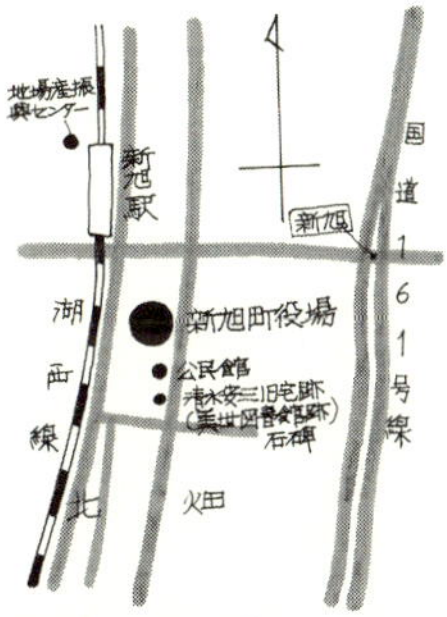

新
旭
駅
新旭
国
道
1
6
1
号
線
新旭町役場
公民館
湖
西
線

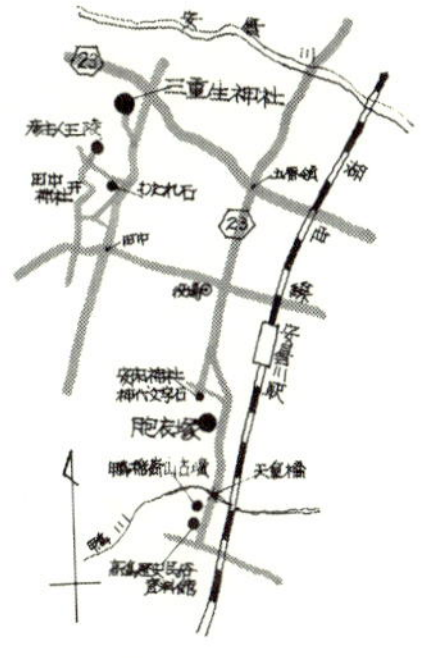

三重生神社
23
湖
西
線
安曇川駅
天皇橋

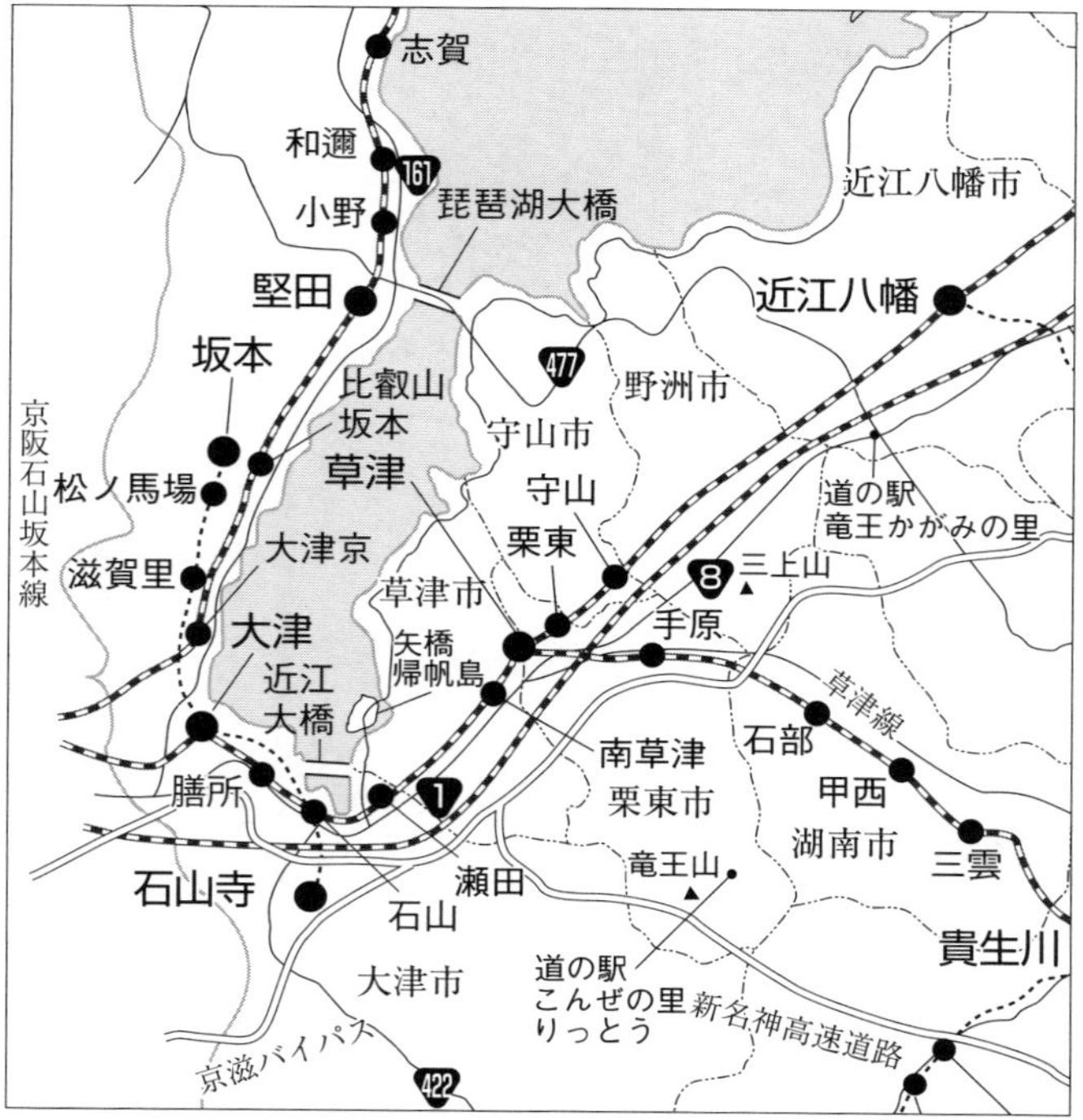

湖南エリア拡大図

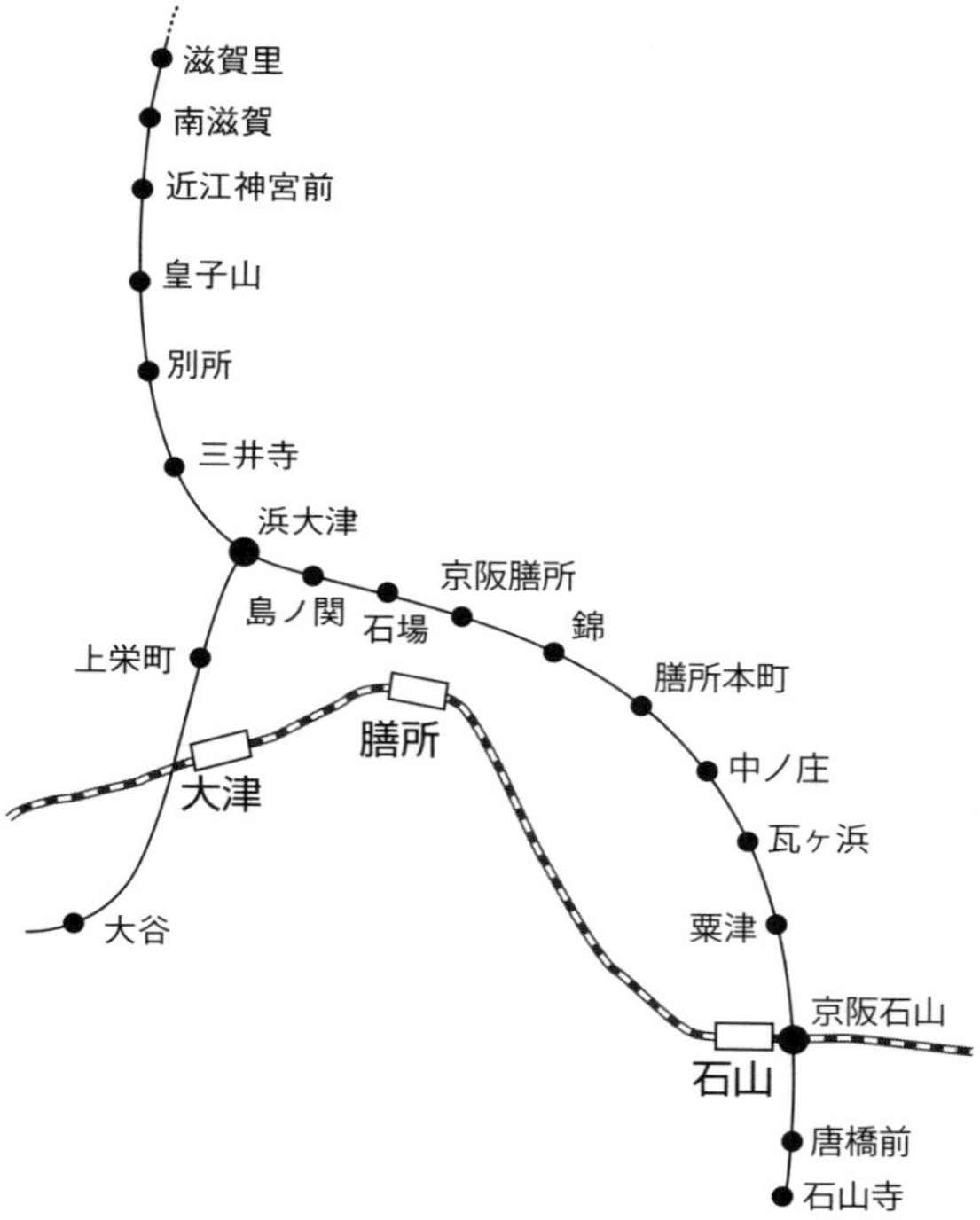

JR・京阪路線図

足のむくまま——近江再発見

若狭から都へ鯖の道　1

明王院　天台回峰行の道場

葛川・坊村

北脇　途中《とちゅう》から葛川《かつらがわ》への道は、風景の美しい別天地ですね。

國松　東に比良山地、西に丹波山地、安曇川《あどがわ》上流の葛川に沿って小浜へと通じる若狭街道です。

北脇　通称、鯖《さば》街道ですね。

國松　古代より、若狭から内陸部の都へ貴重なタンパク源の塩鯖や海産物を運ぶ道でした。義経が北陸へ落ちたとも、歴代足利将軍が逃げたとも、また浅井《あざい》氏に阻まれ、京へ逃げ帰った信長もこの道を通ったと伝えられています。

北脇　そして、坊村は明王院が有名です。

國松　貞観元（八五九）年、比叡山無動寺の相応《そうおう》和尚が比良に分け入り、不眠不休、一心不乱に祈念し、滝のなかに現れた不動明王に思わず抱きつくと桂の古木。その木を刻み、本尊として開かれたという天台回峰行者の修験道場です。

北脇　七月一八日(*)の「太鼓廻し」の行事は勇壮だそうですね。

國松　葛川の参籠《さんろう》は荒行で、太鼓廻しはそのクライマックスです。

北脇　京からも多くの人が参籠、祈願したとか……。

國松　三代将軍足利義満（一三五八～一四〇八）、九代義尚《よしひさ》とその母、日野富子（一四四〇～一四九六）の参籠札もあります。

北脇　越えるのに難儀した花折峠《はなおれとうげ》にトンネルが開通して、近くなりました。

(*)夜、詰めかけた観衆に道をあけさせるためにササラを持つ若者が床を打ち鳴らし、葛川民芸保存会の青年達が大きな和太鼓をグルグル廻しながら明応院の本堂になだれ込むという行事。相応和尚が不動明王を感得したときに思わず滝に飛び込んだという故事が由来となっている。

相撲の元祖——志賀清林　2

決まり手四八手を考案

志賀町

北脇 玉垣をめぐらしている志賀清林埋骨地の石碑ですが、清林とはどういう人ですか。

國松 志賀清林は地元の伝承では志賀町木戸の出身で、相撲が強く、近江のみならず奈良の都までその人ありと知られた人物です。

北脇 奈良時代にですか。

國松 奈良時代に入ると、相撲節会《すまいのせちえ》という宮中行事が行われるようになりました。

北脇 天覧相撲ですね。

國松 当時は力士を「相撲人《すまいびと》」、最強の者を「最手《ほて》」と呼び、清林は最手役でした。聖武天皇の勅命で相撲節会に際し、作法、儀式、相撲の決まり手四八手を考案し、土俵もつくった相撲、行司の元祖とされています。

北脇 それまでは、何でもありの相撲だったのですか。

國松 神代の時代、力くらべで国ゆずりが行われたといわれ、野見宿禰《のみのすくね》(＊)、当麻蹴速《たいまのけはや》の勝負は、宿禰が蹴《け》り倒して踏《ふみ》殺したといわれるように命がけでした。

北脇 宮中の行事としてはふさわしくないですね。

國松 清林はその折、行司のしるしに天皇より団扇《うちわ》を賜ったといわれ、志賀家は代々行司を務めました。

北脇 相撲の元祖が木戸に！

國松 その木戸ですが、相撲や芝居など興行の入場料を「木戸銭」といいますよね。それは、この木戸で相撲興行をしたからといわれています。

(＊)天穂日命の子孫。『日本書紀』に、殉死に代えて植輪の制を案出し、土師臣の姓を与えられたとある

小野の地名——氏族発生の地　3

古代文化に貢献した一族

志賀町・小野神社

北脇 西近江路の志賀町小野、この地名は古代豪族小野氏に由来するのですか。

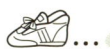

國松 大和朝廷成立以前、この地において今の大阪、京都、奈良、三重、愛知、滋賀各府県の広い地域を統治していた王族で、諸国に多い小野の地名、氏族の発生地です。(*)

北脇 小野神社の祭神は？

國松 小野妹子《いもこ》が祖先を祀《まつ》って建立したといわれ、一族の祖であるとともに餅及び菓子の匠、司の始祖です。『日本書紀』には大和和邇の祖とも記されています。(*)

北脇 餅の神とはおもしろい。

國松 わが国で初めて餅つきをした神として祀《まつ》られ、菓子づくりの神としても崇《あが》められています。

北脇 付近には小野妹子、篁《たかむら》、道風《とうふう》を祀った神社もありますね。

國松 妹子はわが国初の遣隋使で、池坊につながる華道の祖、篁は漢学者で歌人、道風は平安時代を代表する書家、篁の孫です。

北脇 そうそうたる顔ぶれです。

國松 政治、外交、学問、菓子づくり、華道、書道と多方面にわたって古代文化に貢献したのです。周辺には大小の古墳が散在し、古代近江の歴史が秘められています。

(*)小野神社由緒より。「全国神社祭祀祭礼総合調査」神社本庁、1995年。

4

第二次世界大戦中に参拝列をなし

「もどりくる」を願い

伊香立途中町・還来神社

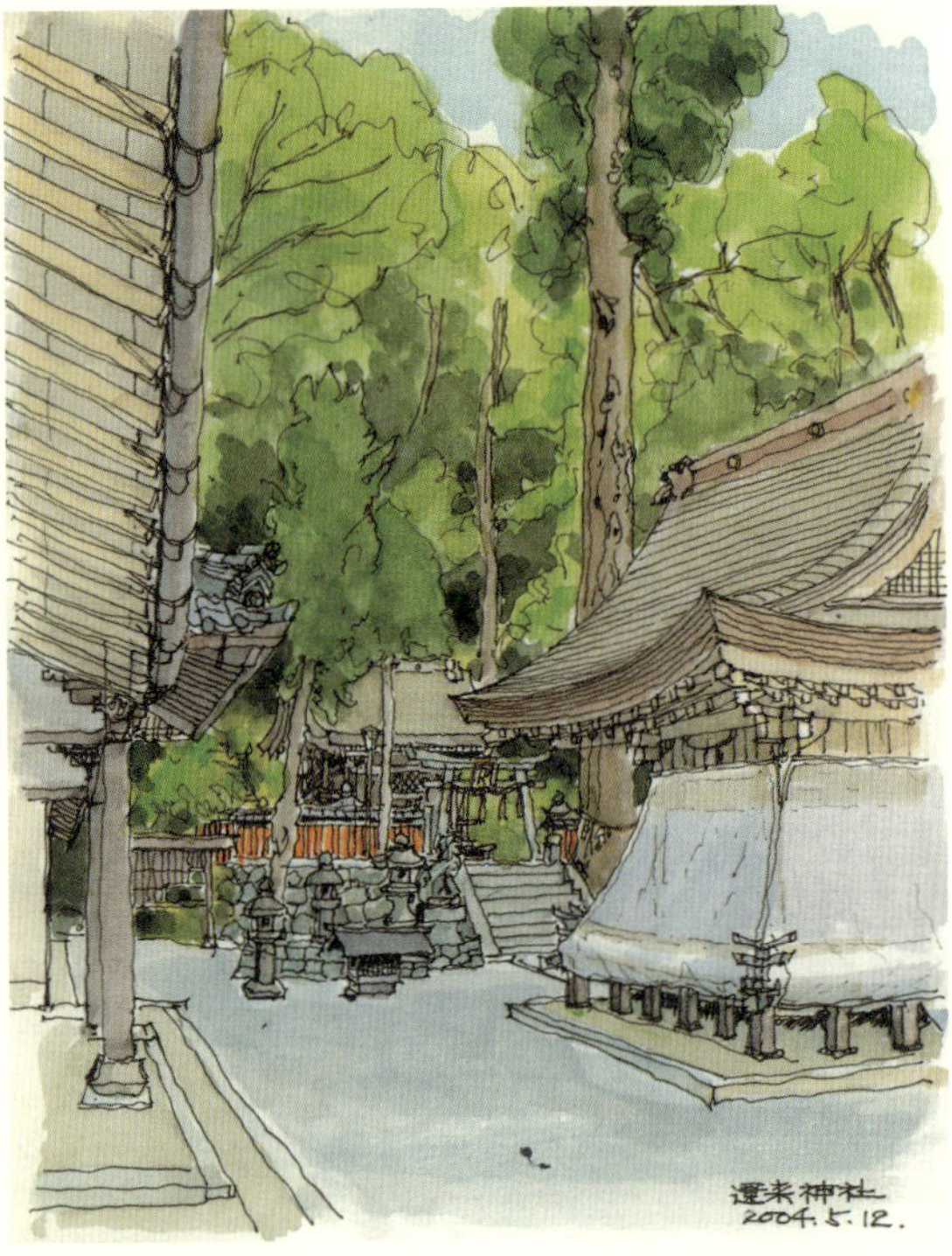

北脇　「還来」と書いて「もどろき」というのですね。

國松　祭神は藤原旅子《たびこ》。旅子はこの地龍華荘《りゅうげのしょう》に生まれ育ち、桓武《かんむ》天皇夫人で淳和《じゅんな》天皇の母、遺言で故郷の梛《なぎ》の大木の下に葬られ、還来神社として崇《あが》められました。

北脇　伊《い》香《か》立《だち》途中町と上龍華町の境にあり、古くから交通の要衝ですね。

國松　平治の乱（一一五九年）に敗れた源義朝が東国に逃れるとき、還来神社に武運長久を祈願し、のちに源氏再興を果たした義朝の子頼朝が大願成就を謝し、神田を寄進しました。

北脇　それ以後、戦乱に駆り出された兵士やその家族が参拝するようになったとか。

國松　「もどりくる」に掛けて、第二次世界大戦のときも無事帰還を祈る人の参拝が絶えなかったのです。当時は江若《こうじゃく》鉄道の和邇駅から五キロの道のりを列をなして歩き、大原越えで京都からも大勢参拝に来たそうです。

北脇　イラク戦争、拉致、交通事故、災難……いつ何がわが身に降りかかるやらわかりません。

國松　平和がつづく日本ですが、無事の帰還を祈ってこの神社が再び脚光を浴びることにならないようにしたいものです。

伏龍祠跡碑

5

「龍骨」発掘に殿様喜ぶ

伊香立南庄

國松　「市郎兵衛さんが奇妙な物を掘り出したそうな」。約二〇〇年前のこと、膳所藩領の伊香立《いかだち》南庄《みなみのしょう》で広まった噂は藩主本多侯に伝わり、献上されることになりました。

北脇　奇妙なものとはなんですか。

國松　古代動物の骨の化石です。

北脇　殿様はどうしましたか。

國松　早速、学者に鑑定させたところ龍骨だということで、実物を写生させて江戸表へも報告しました。

北脇　龍の骨？

國松　当時、龍骨は中国で珍重され、日本でも漢方薬としてブームになり、真偽の論争が起こっていました。「めでたい」と殿様は喜び、発掘地に小さな祠《ほこら》を建てて「伏龍祠《ふくりゅうし》」と名付け、発見者の農民市郎兵衛は「龍」の姓とその土地を賜り、発掘地の地名奥谷を「竜ヶ谷」とし、龍づくしの吉事となったのです。

北脇　とはいえ、龍は想像上の動物ですよね。

國松　その後、明治元年に来日したドイツ人学者エドモンド・ナウマン(＊)により、龍骨は約四〇万年前の東洋象の化石とわかりました。太古中国大陸と日本列島は陸つづき、琵琶湖の周辺に東洋象やシガ象が棲《す》んでいたということです。

北脇　龍骨といわれた化石はどこに？

國松　国立博物館に保存され、伊香立下在地の「香の里史料館(＊＊)」にレプリカが展示されています。

(＊)(Edmund Naumann,1854～1927) 明治初期、日本政府に招かれ来日したドイツ人地質学者。「ナウマン象」の名は、彼を記念してつけられたもの。

(＊＊)〒520－0352　滋賀県大津市伊香立下在地町1223－1。TEL 077－598－2005。利用時間：午前9時～午後4時、無料。

出島灯台　6

味わいある木造高床式

大津市今堅田

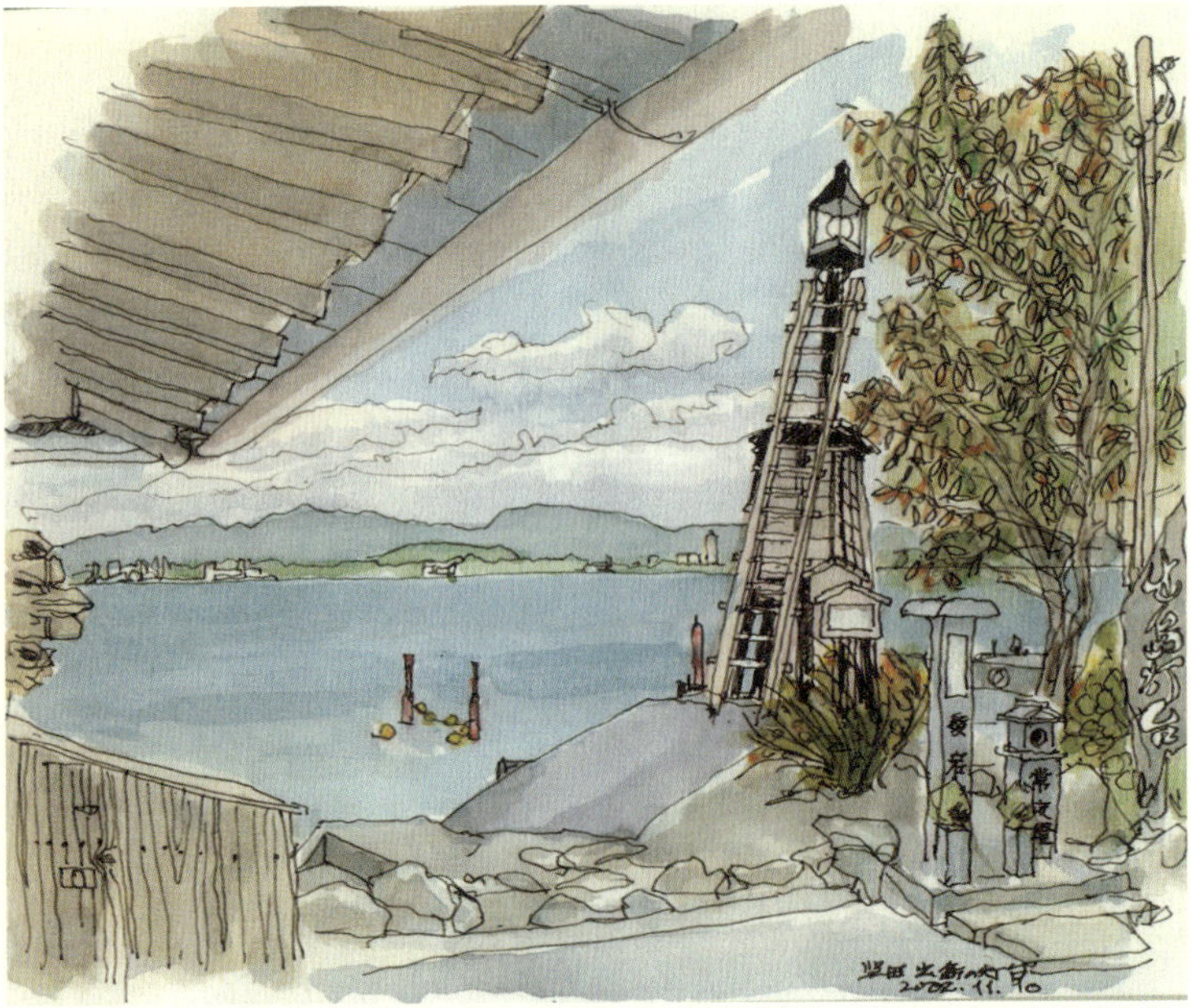

北脇　イメージにある灯台とは趣が違い、味がありますね。

國松　出島《でけじま》灯台は木造の高床式で高さ七・八メートル、四本の柱と中心に立つ支柱で支え、頭部に火袋《ほたい》を取りつけてあります。灯油のランプを使用していました。

北脇　常夜燈よりかなり高い。

國松　琵琶湖のもっともくびれた所、対岸とは二キロ足らずのかつての湖上の関所跡に立っています。この辺りは難所で、湖上交通が盛んなころより遭難事故が絶えなかったのです。

北脇　建てられたのはいつなのですか。

國松　明治八（一八七五）年(*)に建てられて、地元民によって守られてきました。

北脇　戦前は近くの一三軒が交代で灯していたそうですが……。

國松　当時は太湖汽船のスキー船、水泳船、島めぐりが通い大切な灯台でした。戦争で火が消え、平成元（一九八九）年、地元の有志によって点灯が再開されました。

北脇　湖族の郷堅田は中世の面影があって、歩くと楽しいですね。

國松　勾当内侍《こうとうないじ》（新田義貞《にったよしさだ》の妻）の墓、一休さんゆかりの祥瑞寺、伊豆神社、本福寺、浮御堂……各所に句碑や文学碑があります。また、湖上交通隆盛のころよりの造船の伝統が今に残っています。

（＊）1875年に客船「満芽丸」の転覆事故で47人が亡くなり、これを機に船会社が建てたもの。

7

太平山祥瑞寺

師に出会った一休さん

大津市本堅田

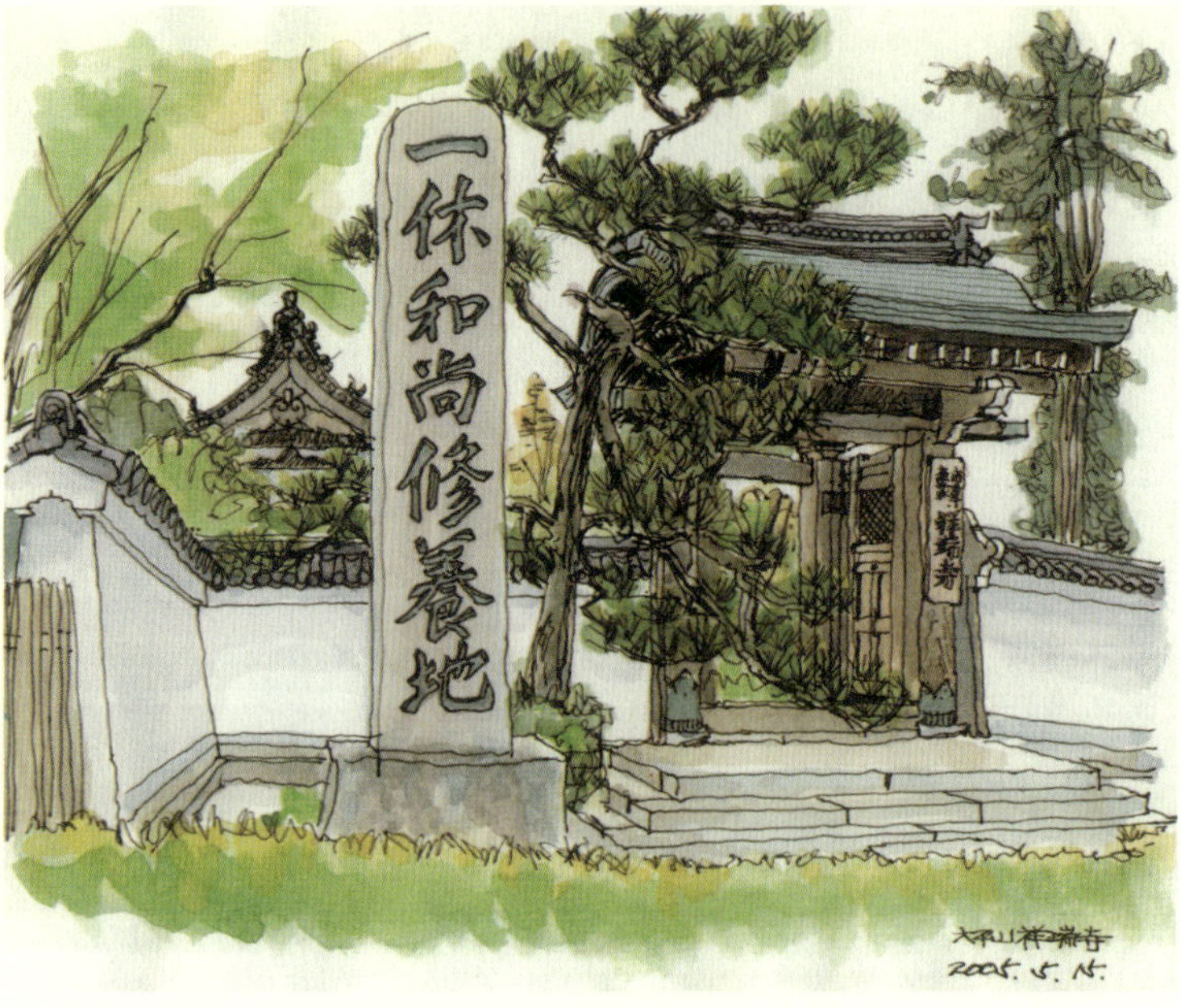

北脇 一休さんはとんち話が有名ですが、近江とかかわりがあるのですか。

國松 堅田の祥瑞寺で、二二～三五歳の青年期に修行したのです。

北脇 堅田へ来たわけは……。

國松 一休さんは、天皇の落胤《らくいん》といわれています。二二歳のとき最初の師である謙翁を亡くし、悲嘆にくれた一休さんは石山寺で七日間にわたって観音さんに祈ったあとで瀬田川に身を投じました。自殺は未遂だったのですが、身を投じた湖が新しい縁を結んだのです。

北脇 というと……。

國松 堅田祥瑞寺へ行き、生涯の師となる華叟宗曇《かそうそうどん》に出会ったのです。

北脇 当時の堅田は？

國松 室町時代、水運が盛んなときです。浄土真宗は本福寺を中心に百姓や漁師たちの信仰を集め、禅宗は祥瑞寺を中心に地侍や土豪の信仰を集め始めていました。

北脇 祥瑞寺での修行はどんなでしたか。

國松 入門をやっと許されたが衣食にもこと欠き、ある夜湖畔のカラスの声を聞いてすべてを悟ったといわれ、二五歳のとき華叟より「一休」という号を与えられました。八八歳の長寿ですが、堅田祥瑞寺で修養したことはあまり知られていません。

北脇 芭蕉の句碑(*)がありますね。

國松 元禄三（一六九〇）年ここを訪れてます。

（＊）朝茶飲む　僧しずかなり　菊の花

日吉大社・大宮橋

8

現存する最古の石造橋

大津市坂本

北脇 神社に向かって右手にそびえているのが御神体の山ですね。

國松 八王子山、牛尾山ともいいます。山頂には大きな磐座《いわくら》があり、その岩をはさんで二つの社があります。

北脇 神代の創建といわれていますが……。

國松 『古事記』に「大山咋《おおやまくひ》の大神」(*)と記され、わが国でもっとも古い神社の一つです。東西両本宮、摂社、末社や神木、磐座が至る所に祀《まつ》られ、一〇八社といわれています。

北脇 広大な境内に天を突くような大木、歴史の深さを誇るにふさわしいです。

國松 全国二〇〇〇余社ある山王さんの総本宮です。国宝の東本宮や西本宮、重要文化財の社殿や神輿、石橋など文化財の宝庫です。

北脇 有名な日吉三橋は秀吉の寄進とか……。

國松 信長の焼き討ちで社殿は焼き尽くされましたが、天正一四(一五八六)年、秀吉の寄進により再興しました。大宮橋、走井橋、二宮橋は、わが国に現存する最古の石造橋です。

北脇 石造りとは思えないほど手がこんでいますね。

國松 木造橋の形式で造られ、石のクサビは木橋を思わせます。橋を渡るとき、橋の両端の石組に目を留めてください。反《そ》り橋の石がずれない工法に感心しますよ。

(*)『古事記』上巻より。「(前略)次に大山咋神《おほやまくひのかみ》、亦の名は山末之大主神《やますゑのおほぬしの》。此の神は近淡海國《ちかつあふみのくに》の日枝《ひえ》の山に坐《ま》し、亦葛野の松尾に坐して、鳴鏑《なりかぶら》を用《も》つ神ぞ。」(『古事記　祝詞』日本古典文学大系、岩波書店、1993年参照)

百穴古墳群

9

志賀越えの道に眠る渡来人たち

大津市滋賀里

北脇 大津の都の山手ですが、この辺りの歴史の奥深さを感じますね。

國松 約一四〇〇年前（古墳時代後期）に造られた墓が多く集まった所です。消滅したり家の下になったものもありますが、一〇〇基くらいあるといわれています。

北脇 どんな構造ですか。

國松 横穴式石室で、死んだ人を納める玄《げん》室と外を結ぶ羨《せん》道《どう》に分かれ、通路の入り口が穴のように見え、たくさん穴があるので「百穴《ひゃっけつ》」といわれています。

北脇 中に入れますか。

國松 危険ですね。石室の壁の石は天井に向かうにつれて少しずつせり出して積まれており、天井石は一つのドーム状になっています。すぐ近くにある桐畑古墳も同じ造りで、こちらは中に入って見ることができます。

北脇 葬られた人は……。

國松 多くの石室から渡来系の人が使ったと思われる炊飯具のミニチュアセットが副葬されているので、渡来人と関係があるでしょう。

北脇 坂本から錦織《にしこおり》にかけて横穴式石室墳が集中していますね。五〇〇基もあるとか。

國松 大友氏を中心に渡来人が多く住み、産業、文化も進んでいたのではないか、またのちの大津宮にもつながったのではないかといわれています。

北脇 近くには崇福寺、そして古代から京と近江を結ぶ志賀越えの道。

國松 今は竹やぶの中ですが、滋賀里の田園、琵琶湖、三上山を一望の地です。

10

幻からよみがえった大津京

天智天皇理想の都

大津市錦織町・志賀宮趾碑

北脇 大津宮は、幻の都といわれてきましたね。

國松 古くから諸説ありましたが、所在がわからなかったのです。

北脇 この碑は古そうですね。

國松 明治二八（一八九五）年、時の大津市長の西村文四郎ら有志が建立した「志賀宮趾碑」です。

北脇 どうしてここに……。

國松 古老の話や錦織地区の「御所の内、御所大平《だいら》」という字名などから、ここに違いないと推論したのです。

北脇 その推論は正しかった！

國松 約八〇年後の昭和四九年、このすぐ南側で遺構が発掘され、幻の都論争にも終止符が打たれ、推論は証明されました。

北脇 大化の改新（六四五年）から二二年、天智《てんじ》天皇はどんな新しい国造りをしたのでしょう。

國松 大化の改新の理想を形にすべく、日本最初の法律「近江令」や、戸籍「庚午年籍《こうごねんじゃく》」をつくり、漏刻《ろうこく》（水時計）で時を知らせ、帰化人も広く採用し、その代表である鬼室集斯《きしつしゅうし》（＊）を学識頭（大学頭の前身）にしています。

北脇 そのままつづけば栄光の都になったでしょうに。

國松 わずか五年五か月ですが、のちの奈良、平安時代の政治の基礎をつくったのです。

（＊）（？～688）七世紀の百済の貴族。百済復興運動で活躍した鬼室福信の縁者。

11

義瑞和尚　八百屋お七の恋人？

浄瑠璃がうわさの元

三井寺北院・法明院

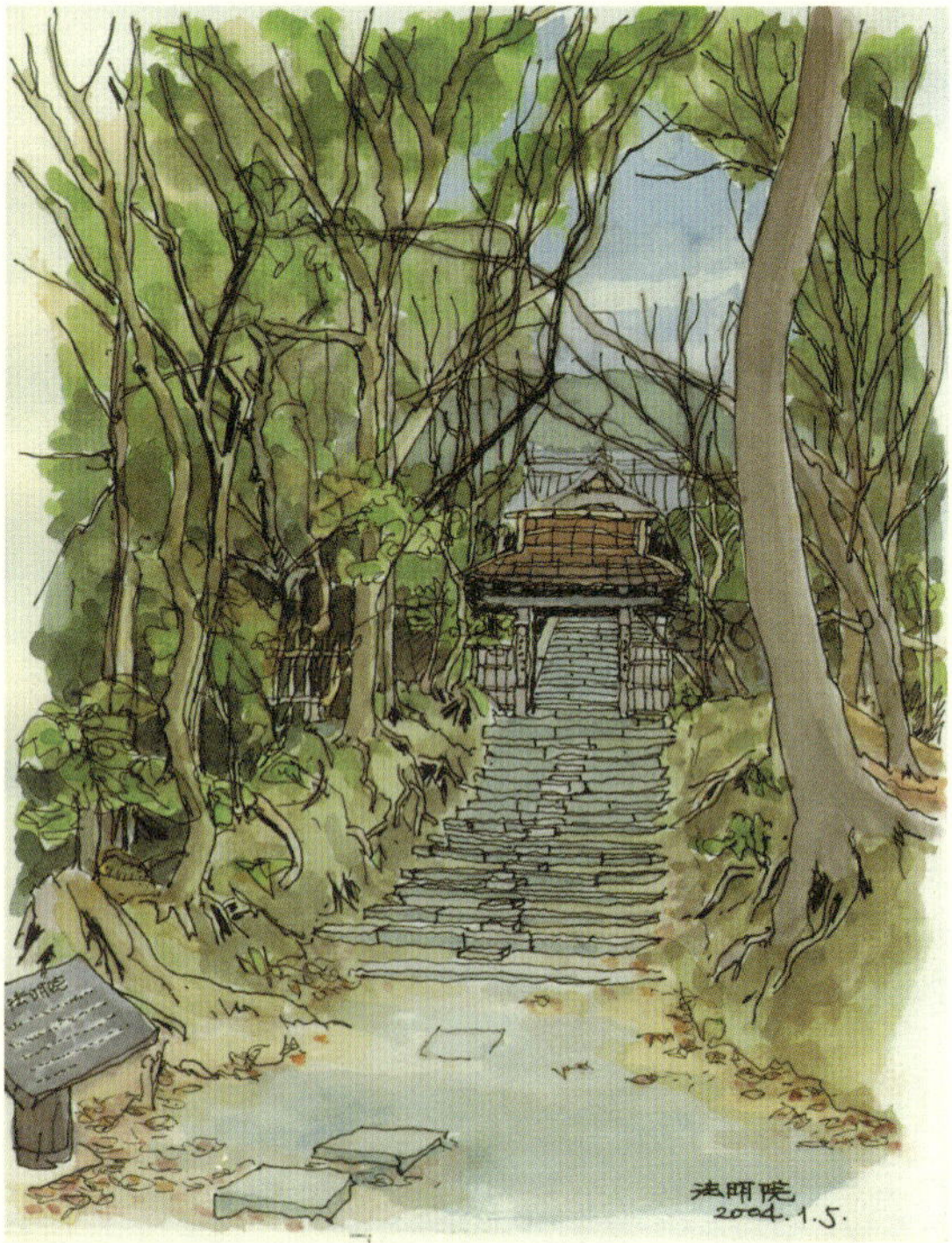

國松　法明院の開基、義瑞《ぎずい》和尚は八百屋お七の恋人だった!!

北脇　えっ、まさか！

國松　お七の恋人吉三郎は、火あぶりの刑で死んだお七を弔う巡礼の途中に三井寺に来て、ここを永住の地として菩提《ぼだい》を弔い、義瑞和尚となった、という話です。

北脇　面白い、でも何故《なぜ》。

國松　井原西鶴（一六四二〜一六九三）の『潤色江戸紫』という浄瑠璃が有名になりすぎたのでしょう。

北脇　本当の義瑞和尚は……。

國松　近江の人で、園城寺《おんじょうじ》からぜひにと要請されて天台密教戒律の修験道場である法明院を創立（一七二三年）し、僧風刷新、当時の天皇にも帰依された立派な人です。

北脇　吉三郎とはとんでもない……。

國松　のちに、寺社奉行に「芝居、浄瑠璃、末代までも義瑞和尚の名を穢《けが》し、諸人の信仰をも妨げるのは堪え難く、黙し難く……」と訴えています。

北脇　いつの世も大衆が盛り上がる要素は似ていますね。

國松　それに義瑞和尚は美男子。

北脇　お七の恋い焦がれた吉三郎のようなやさ男。

國松　法明院に木像が残っています。

12 大津陸軍少年飛行兵学校

大空に散った少年たち

大津市御陵町

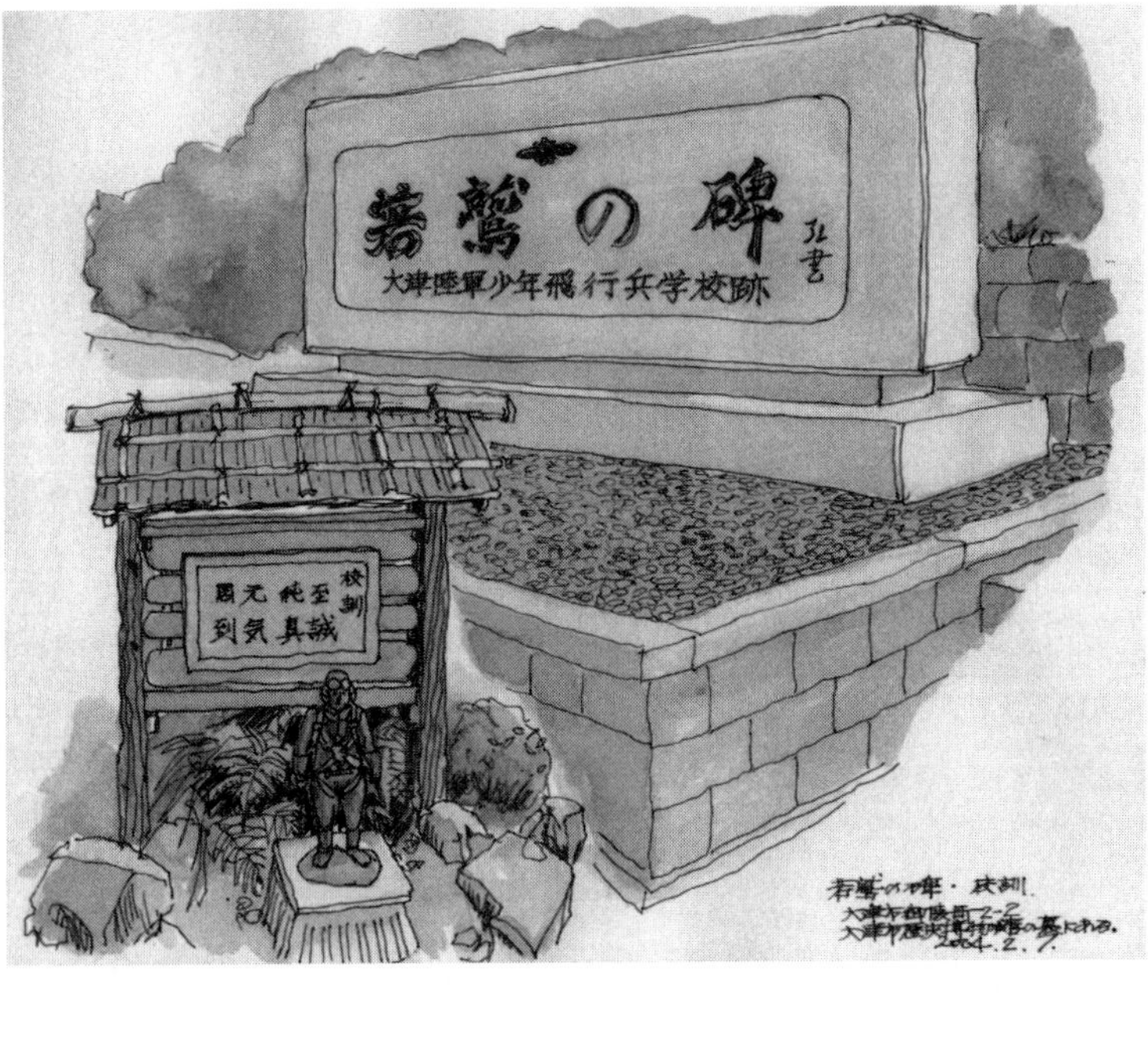

北脇　この「若鷲の碑」の存在を知る人は少ないのではないですか。

國松　大津市歴史博物館の裏手、元陸軍歩兵第九連隊跡地にあります。戦争が激化した昭和一八（一九四三）年、大津に「大津陸軍少年飛行兵学校」として独立しました。

北脇　この学校の生徒たちは……。

國松　祖国存亡のとき、陸軍航空の期待と重責を担い、一四～一六歳の少年たちが基礎訓練後に各所で一年間特訓し、若鷲となって大空に巣立ち、本土防衛のさきがけとなったのです。

北脇　このころの練習機は……。

國松　通称「赤トンボ」といわれた二人乗りの複葉機やグライダーです。

北脇　終戦までに八〇〇〇人余りが学んだとか。

國松　「至誠、純真、元気、周到」の校訓を胸に、大空に散らした若い命もその中にたくさんありました。

北脇　「人を殺してみたかった」などという少年少女が出てくる今日、あまりの落差に胸が痛みます。

國松　同じ年ごろの少年たちが純粋に国や家族のため志願し、ひたむきに生きたことを私たちは忘れてはならないと思います。

子どもと鬼子母の供養

13

室町からつづく千団子の市

大津市・園城寺

國松　この総門をくぐり右へ仁王門に向かうと放生池、その奥に鬼子母善神堂《ぜんしんどう》があります。

北脇　千団子とは何ですか。

國松　本来鬼子母は一〇〇〇人の子どもをもちながら、他人の子どもをさらっては食べる夜叉《やしゃ》でした。

北脇　なんて恐ろしい。

國松　親の悲しみを見て、釈尊は戒めようと鬼子母の末っ子を隠したところ半狂乱になり、どうか子どもを返してと哀願したのです。

北脇　親の悲しみがやっとわかったのでしょう。

國松　これからは罪滅ぼしに子どもを守ると誓い、釈尊は人間の味がする石榴《ざくろ》を食べよと教えました。

北脇　千の団子は子どもへの、石榴は鬼子母への供養ですね。

國松　善神堂の前には石榴の木があり、提灯《ちょうちん》にも石榴がついていますよ。法要は平安時代から、市《いち》は庶民文化が発達しはじめた室町時代からつづいています。

北脇　植木や苗の市は初夏の楽しい風物詩です。

國松　近くの尾花川は昔から野菜が有名で、千団子祭(*)は農作業の目安にもなっていたようです。

(*)毎年５月16日〜18日の３日間、三井寺の護法善神堂の秘仏が開扉され串ざしにした1000個の団子が供えられる。子どもの成長を祈る祭りとして親しまれる他、植木市としても賑わいをみせている。

全国で初の公民館　14

花登筐の若き姿もここに

浜大津・社会教育会館

北脇　付近はずいぶん変わりましたが、この建物は当時のままですか。

國松　昭和初期（昭和九年）のモダンな建物です。大津公会堂として地下一階地上三階、総工費八万四〇〇〇円で建設され、大津商工会議所がありました。

北脇　今は社会教育会館（*）ですね。

國松　その後会議所は移転して、昭和二二（一九四七）年、日本で最初の公民館になりました。その一角には県立図書館も併設されました。

北脇　わが国で最初の公民館！

國松　当時は戦後、ＧＨＱによる占領政策が行われ、その一環としてウォルター・マートン中尉の強い働きかけで社会、教育活動に力を注いだのです。

北脇　四〇年以上前ですが、ここで劇を見たことがあります。

國松　演劇では人間座、文芸座が活躍し、『細うで繁盛記』（一九七〇年一月〜一九七一年四月）で知られる花登筺《はなとこばこ》の若き日の姿もここにありました。社交ダンス、音楽会、作品展、英会話教室等社会教育活動の拠点となり、県立図書館では初めて開架式を採用し、日本での先駆となりました。

北脇　多くの市民のたくさんの思い出が詰まった建物ですね。

（*）現在はレストラン、ホール、多目的室、会議室などを含む集客交流の拠点施設として活用されている。

15

昔のにぎわい知る道路元標

五十三次最後の宿場

大津市札の辻

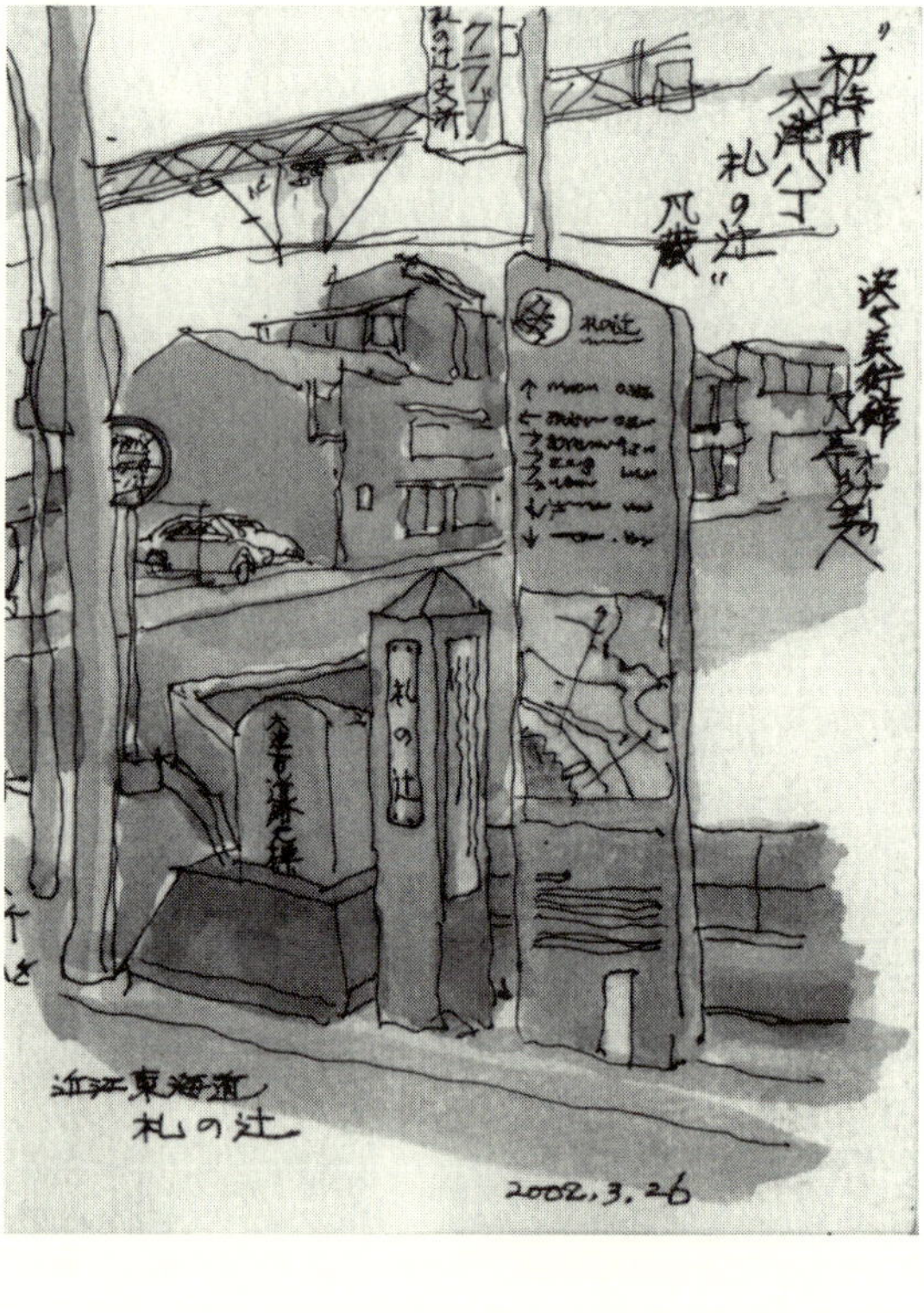

北脇 旧東海道の京町通ですが、つい見過ごしてしまいますね。

國松 東海道五十三次の最後の宿場。人足や伝馬を調達する人馬会所があり、大津の中心地でした。

北脇 札の辻の名の由来は……。

國松 公儀御法度の高札を立てた所だからです。

北脇 今は名残もなく、三つ並んだ標識も肩身が狭そうです。

國松 古い「道路元標」があります。東海道と北国海道の分岐点にあたり、各地への距離を測る際の「起点」でした。大正元（一九一二）年の京津線開通時は始発でした。

北脇 大津八丁札の辻というのは何故ですか。

國松 この札の辻から逢坂峠へ向かう道筋は八丁（約八七三メートル）あり、町も八つありました。

北脇 今は車、車、ばかりの道。

國松 本陣、脇本陣、旅籠《はたご》、馬借問屋などが軒を並べ、幕末には旅籠が二百余軒もあったそうです。

北脇 想像もつかないですね。

國松 車社会になり、札の辻中心の旧東海道の役割は終わりました。

北脇 大切な場所と標識を、もう少しいい形で残してほしいです。

近松門左衛門のルーツ 16

知られざる別の顔

野洲市比留田

北脇 近松門左衛門といえば浄瑠璃や歌舞伎の劇作者ですが。

國松 今回登場する近松は、今まで知られていなかった別の顔を見せます。近松研究で抜け落ちていた空白の一〇年。どこで誰とかかわり、何をしていたかなどが、九代目近松洋男氏の著書『口伝解禁 近松門左衛門の真実』(＊)で明らかになりました。

北脇 謎めいてきましたが、近松はどこの人ですか。

國松 杉森家の次男（幼名・次郎吉）で、越前国福井に生まれました。父は浪人して京都へ向かう途中に近江国新庄村の菩提寺に逗留《とうりゅう》し、住職と子どもの行く末を相談しました。そして次郎吉は、母方の祖父と旧知の赤穂藩御典医である近松伊看《いかん》の養子となりました。

北脇 医者の道ですか。

國松 医者でなく武士として歩めるようにと、伊看の上司、赤穂藩重臣の大石良昭を通して京都の公家に奉職できることを願いました。一三歳の次郎吉は、伊看に伴われて瀬田の大石邸で良昭に接見し、幼い長男の良雄（のちの城代家老）にも引き合わされました。良昭の推挙により、後水尾天皇の実弟一条恵観《えかん》公の屋敷で「若侍」として働けるように図ってもらいました。

北脇 どんな仕事でしょう。

國松 有職故実の研究・修業です。これが、のちの劇作の源泉になったといえます。

北脇 若侍の勤めはどれほどの年月ですか。

國松 主人の一条恵観公が亡くなるまでの七年間です。後半は御所を支える赤穂藩、長州藩の仕事もしました。それから、彼の人生の第二幕が始まったのです。

（＊）中央公論新社、2003年。著者紹介を見ると、著者の近松洋男氏は紋左衛門の末裔（９代目）となっています。本節は、この本を参考に書きましたが、「口伝」であるということを念のため書き添えておきます。

近松門左衛門ゆかりの寺　17

極秘に大仕事達成

近松寺

國松 高観音として知られる近松寺を舞台に始まる第二幕、寛文一二（一六七二）年、門左衛門は二〇歳です。

北脇 何がはじまったのですか。

國松 恵観《えかん》公の死を機に、大石良昭の強い誘いで、門左は御所勤めから赤穂《あこう》藩勤めへと転じました。このことは隠密にです。

北脇 藩での仕事は？

國松 「塩の道」づくりです。「塩の道」とは、赤穂の塩を全国に円滑に供給できる組織づくりで、幕府の塩行政とは別に、密かに計画して実行されました。

北脇 何のために？

國松 朝廷は徳川幕府にサイフをにぎられて苦しい台所事情でした。幕府にわからぬように支援する財源が必要だったのです。

北脇 具体的に、近松寺《ごんしょうじ》で何をしたのですか。

國松 「塩の道塾」がつくられ、参詣者の目につかない奥に、当時の日本では希有な人物たちが集められました。鎖国から三三年、帰れなかった航海技術者、朱印船の船頭、隠れ住んでいたポルトガル人やスペイン人、キリシタンの修道師などです。

北脇 ユニークな顔ぶれの塾ですね。

國松 新しい勉学に打ち込み、赤穂藩自前の航路、廻船問屋網をつくりあげることが門左の使命でした。幕府に知られないように、一切極秘に行われました。

高観音善光寺如来
高《たか》観音. 近松寺《ごんしょうじ》への登り口.
2006.12.11.

北脇 大仕事ですね。

國松 そんな大仕事の余暇に、航海する船上で門左は素人歌舞伎をやっているんです。

北脇 遊びもしながら、使命は達成できましたか？

國松 ともに朝廷を支えた友藩長州で航路開拓、京都に戻って赤穂藩による塩専売制と藩札の専一流通を完成させて藩庫を潤し、御所支援の財源になりました。

北脇 それからの門左は……。

國松 朝廷の精神的柱である後水尾《ごみずのお》上皇（一五九六〜一六八〇）が崩御された二年後、京都円徳院の隠れ家で、赤穂藩より契約満了の辞令を受け取りました。門左三〇歳、晴れて自由の身になりました。

北脇 二〇〜三〇歳、若い時代にたいしたものです。

國松 大阪の豪商に匹敵するぐらいの商才を身に着けたのです。後年、門左の描く商家の主人や手代、使用人は、身をもって体験したことが生かされています。ちなみに、近松門左衛門と名乗ったのは、三〇歳を過ぎてからといわれています。

北脇 今明らかになった空白の一〇年のわけは？

國松 赤穂藩での隠密活動のためです。のちには四十七士の一人、近松勘六の子ども、長男（一歳）と長女（七歳）を養子として、討入後の処分を未然に防いだことのようです。近松寺《ごんしょうじ》にまつわる話、門左の作品のようにおもしろいです。

18

重要文化財　牛塔

寺の復興助けた牛

大津市逢坂・長安寺

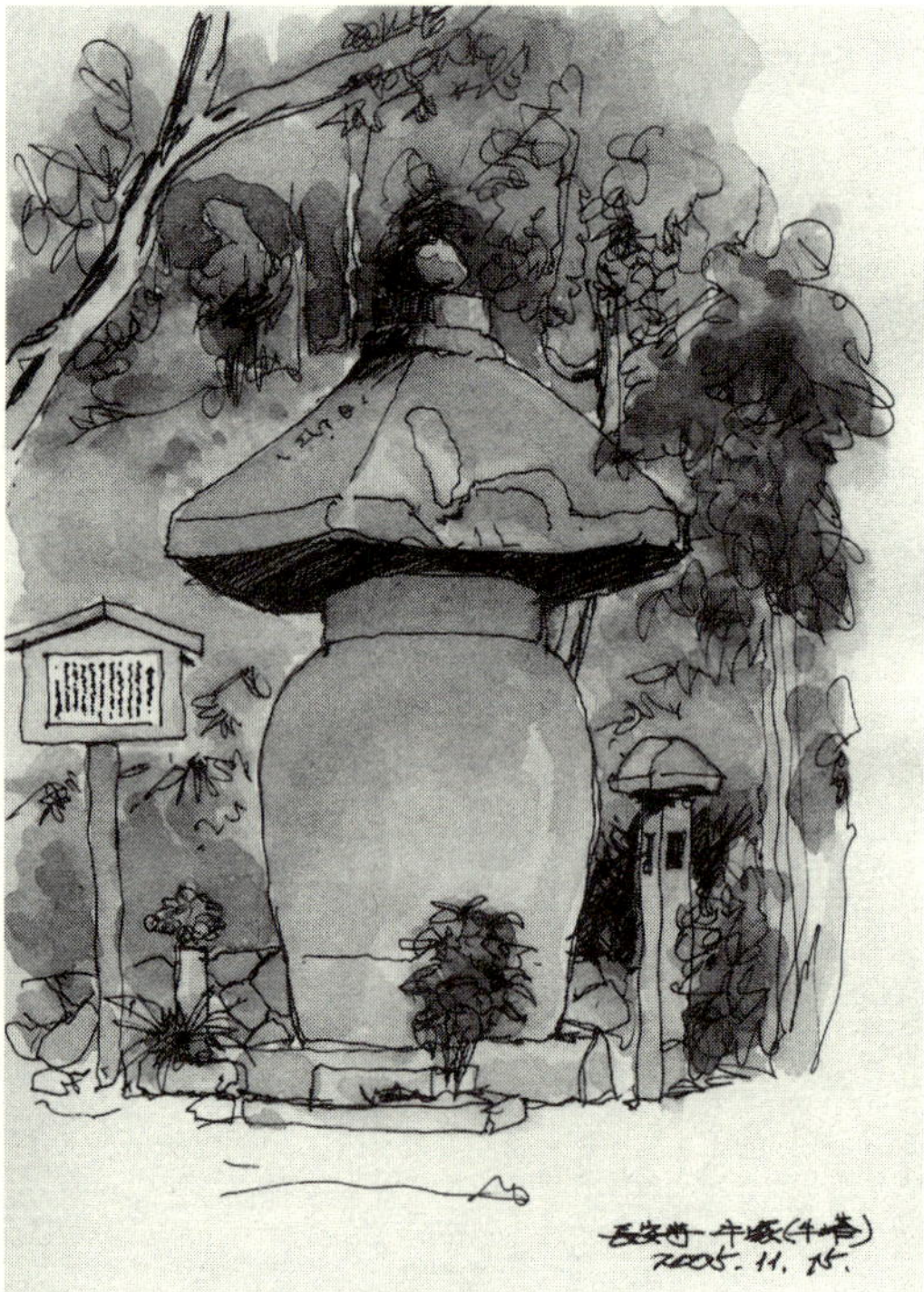

北脇　「牛塔《うしとう》」と呼ばれる石塔ですが、立派ですね。

國松　高さ三・三メートル、八角形の基礎石の上に巨大なつぼ型の塔身、その上には六角形の大きな笠石。鎌倉時代初期に造られた日本を代表する石造宝塔で、重要文化財です。

北脇　このような塔を建ててもらった牛とは、いったいどんな牛だったのでしょう。

國松　この辺りに、昔、関寺がありました。天延四（九七六）年、大地震で破損した関寺を復興するとき、六年にわたって資材を運んだりして工事を助けた牛がおり、信心深い人々の間に仏牛との噂《うわさ》が広まりました。

北脇　どうしてですか。

國松　一日の仕事が終わると本尊を三度回って、つながなくても遠くへ逃げなかった。領主の息長正則がこの牛を借りたところ、「この牛は仏の化身、この寺の工事以外に使うな」という夢のお告げがあったのです。仏牛を一目拝もうと人々が押しかけ、藤原道長（九六六～一〇二七）や頼通（九九二～一〇七四）までが来るほどの騒ぎとなりました。工事終了と同時に、死んだ牛を弔うために頼道が塔を建てたということです。

北脇　逢坂の関の近く、古代から都の関門として交通の要衝ですね。

國松　牛車も数多く行き交い、坂道、ぬかるみの道、難儀する牛車の車輪に合わせて車石が敷かれていました。

北脇　牛に因縁のあった逢坂山、昔の人は動物を大切に供養したのですね。

國松　牛塔には、今も小菊が供えられています。

19

扇塚

評判の舞姿惜しむ

大津市音羽台

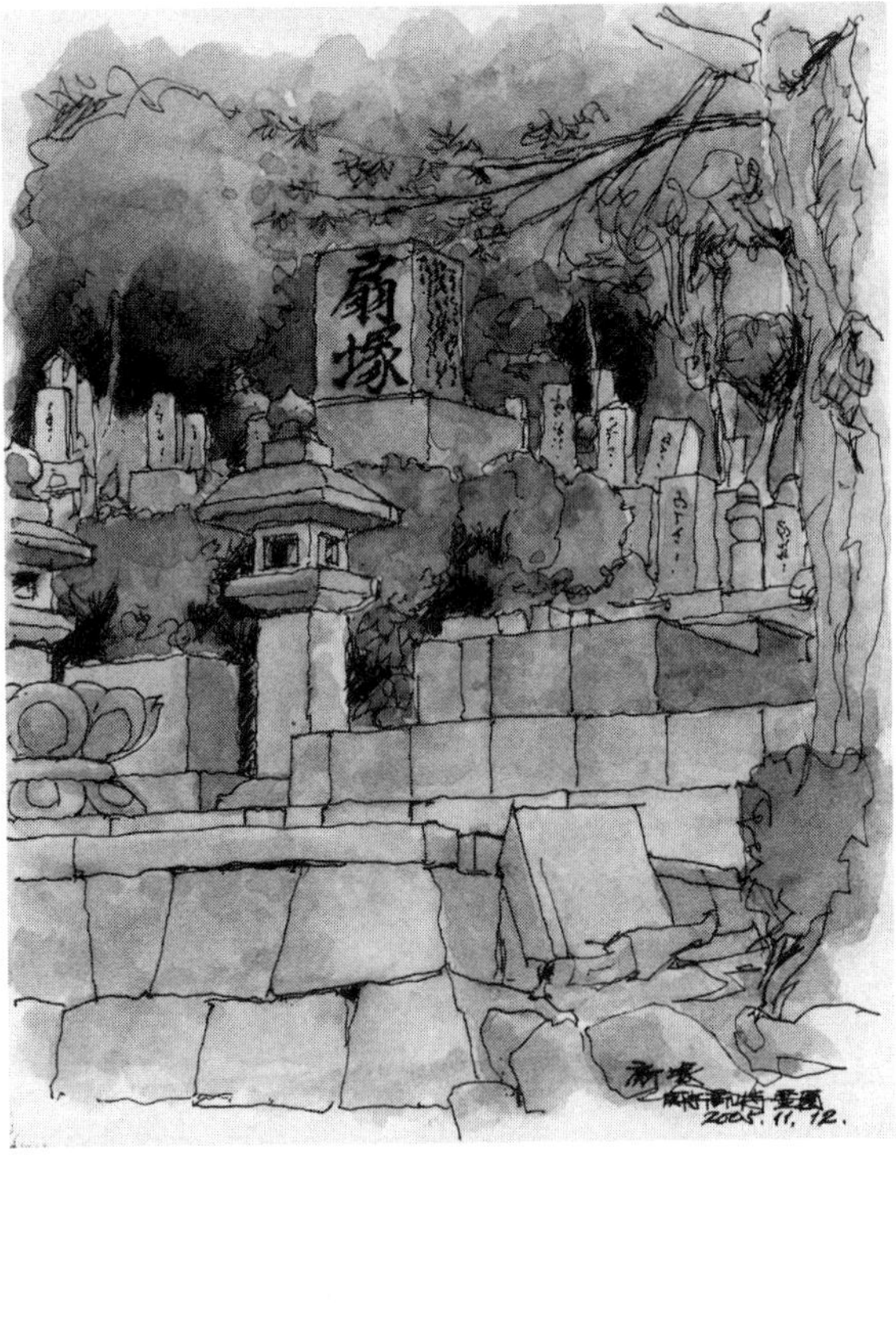

北脇 まわりにある墓石の中でひときわ大きな塚ですね。いつごろ建てられたものですか。

國松 寛政七（一七九五）年、二一〇年ほど前です。

北脇 よほどの想いがこめられているのでしょうか。

國松 碑名によれば京都塩小路光貫の一人娘貞代の墓で、天女にもたとえられるほどの美しい娘だったといわれています。

北脇 その時代、扇といえば舞扇。

國松 美しいばかりでなく、一本の舞扇をことのほか好み、その舞姿は京都の町中に評判になるほどあでやかであったということです。

北脇 ところが、その一人娘の死……。

國松 蝶よ花よと愛しんだ娘は、一七歳で病のためにあの世へ旅立ち、多くの人に惜しまれてこのような塚が建ちました。塚石には、鴨祐為《かものすけため》（＊）県主が「在りし世にこのめる舞の扇おや　しるしの塚の名を残すらむ」と詠んだ和歌が刻まれています。

北脇 大津駅南側の高台ですが、近くには長安寺の牛塚、大津赤十字病院南に犬塚、蝉丸神社境内の小町塚と塚が多いですね。

國松 日本で最も古いのは石山の貝塚、古墳も塚です。庚申塚、八幡塚……などは神仏の祭壇、首塚、胴塚、動物を葬った塚、愛用の品を供養する塚……と大昔から今に至るまでいろいろな塚がたくさんあります。

（＊）(1740～1801) 梨木祐為《なしのきすけため》ともいう。江戸時代中期の神官、歌人。京都下鴨神社祠官鴨祐之の孫。冷泉為村の門に入って和歌を学び、生涯に10万首を詠んだともいわれる。

20

走井

今も名水こんこんと湧く

大津市大谷町

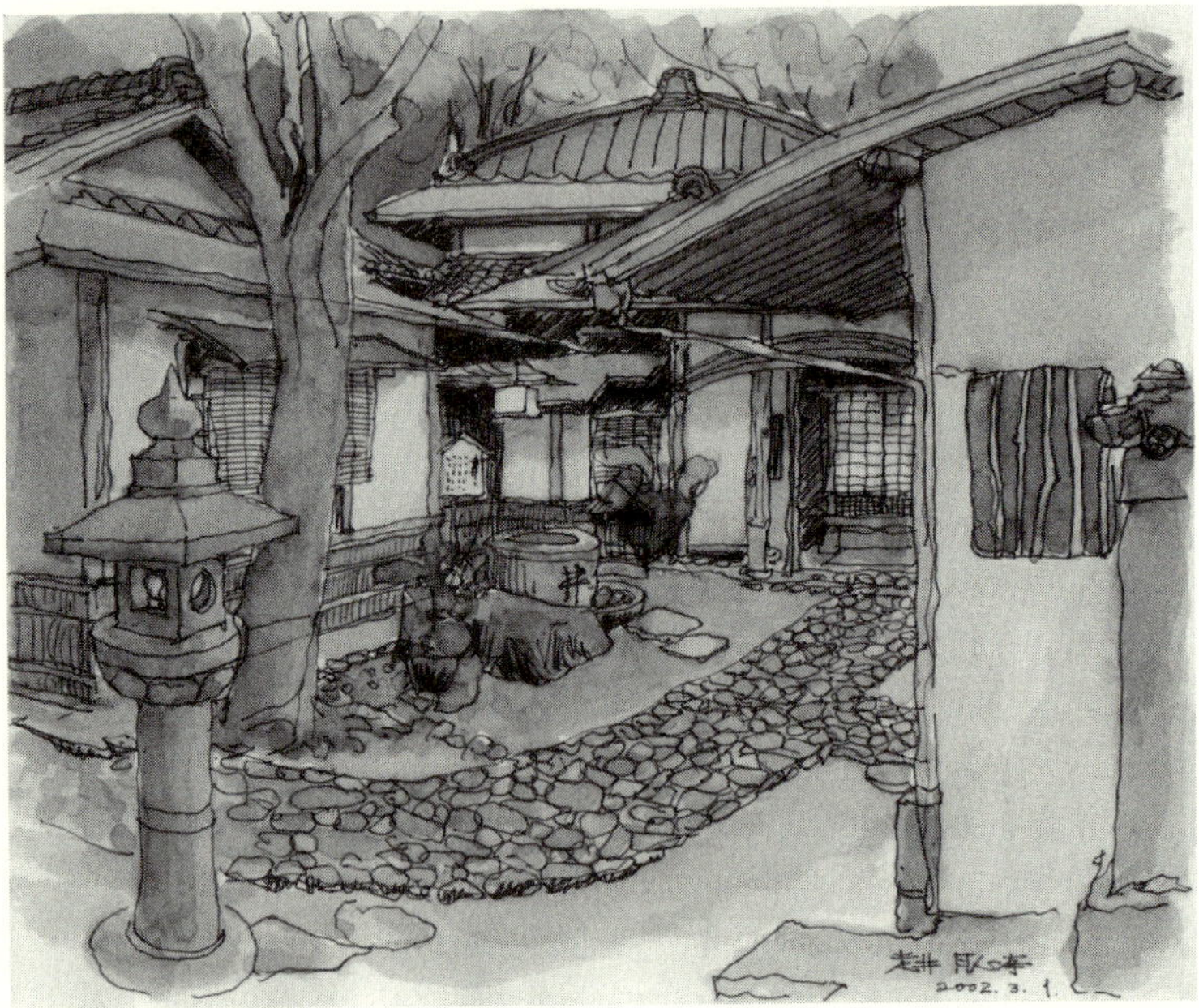

國松　広重の『東海道五十三次』（保永堂版）に、こんこんと湧《わ》き出る走井《はしりい》が描かれています。

北脇　元の東海道逢坂関があった所ですね。

國松　絵を見ると街道には店が並び、人々が湧き出る走井の水でのどを潤し汗をふき、大津名物の走井餅で一服しています。

北脇　誰もがこの水を味わえたのですね。

國松　走井は古くから名水として知られ、『枕草子』にもその名が記され、多くの歌に詠まれています。

北脇　走井の由来は？

國松　うしろの山水が走り下って湧き出たからといわれています。

北脇　名物の走井餅は……。

國松　名水でつくった走井餅は、明和年間の創業で一個三文だったとか。大谷は、旅人のみやげに大津絵、ソロバン、ぬい針と名産があり、走井を中心に江戸時代は賑《にぎ》わいました。

北脇　賑わいは、いつごろまでつづいたのでしょうか。

國松　明治元（一八六八）年、天皇が東京へ行幸の際に建て直した茶店で御休憩されたほか、疏水開通式の折にも立ち寄られたそうです。

北脇　今は激しく車の行き来する国道1号線の大谷ですが……。

國松　交通手段も変わり、寂れた茶店を画家の橋本関雪(*)が買い取って昭和二一（一九四六）年単立寺院月心寺《げっしんじ》を創建しました。門を入った所に井筒は保存され、今も名水が湧き出ています。

（＊）(1883～1945）日本画家。代表作は「玄猿」、「唐犬図」など。月心寺の墓地に眠る。

21 レトロな石造・吾妻橋

橋に飾り金具　鹿関橋と同じ桜の花びら

大津市浜通り

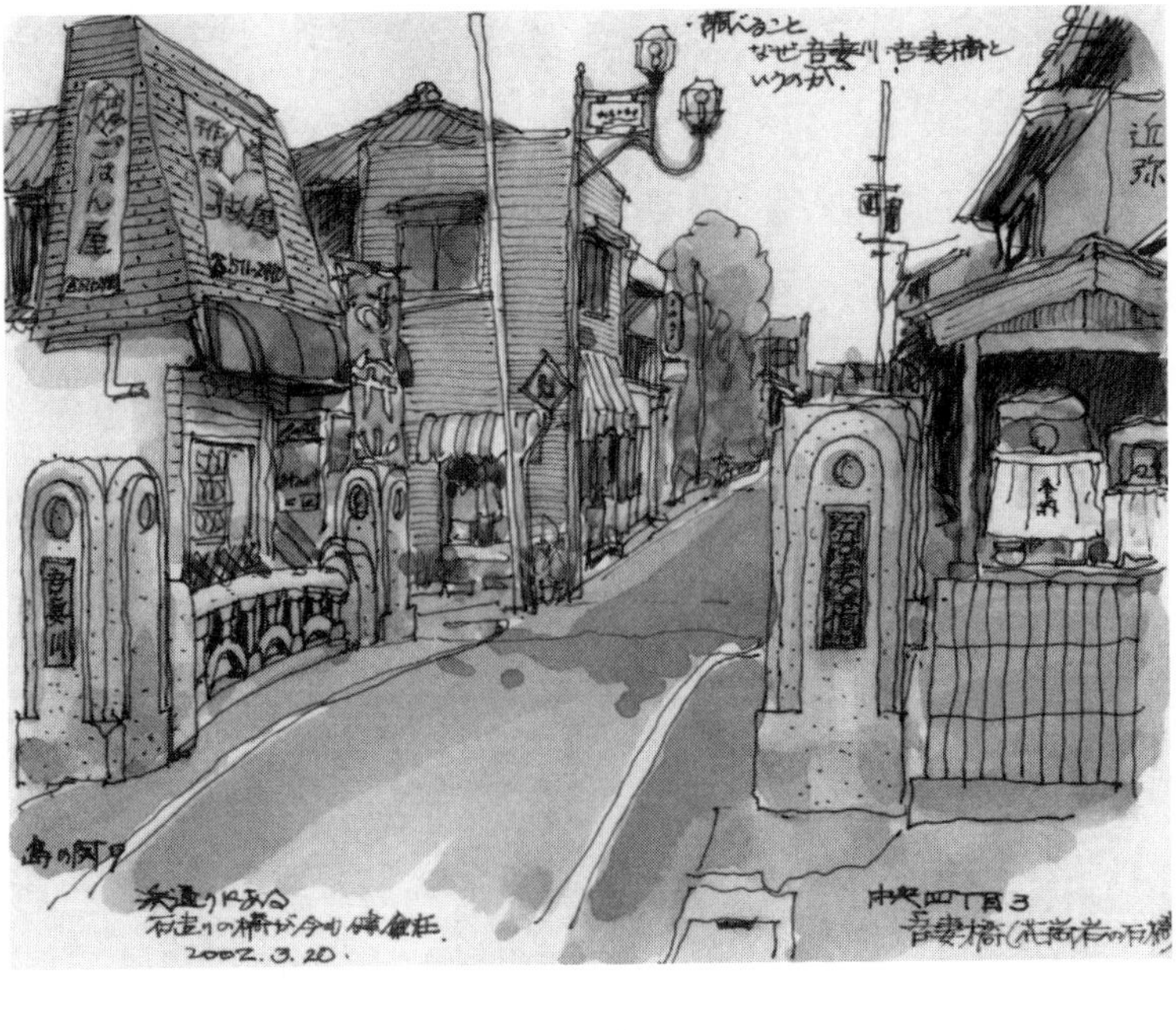

北脇　シャレた橋ですね。

國松　大津の浜通りにある吾妻川にかかる吾妻橋。花崗岩《かこうがん》による石造橋で、小さいけれど大正、昭和初期の時代を感じさせるモダンなデザインです。

北脇　いつごろできたのですか。

國松　近所の人に尋ねてもわからないのです。ただ、この橋の欄干についている桜の花びらの飾り金具とまったく同じ金具が疏水の鹿関橋《かぜきばし》にもついています。

北脇　とすると、二つの橋は同じころにできた？

國松　鹿関橋には「昭和三年一〇月」と刻銘がありますが、この橋はもっと古いという人もいます。湖岸に沿う浜通りには明治のころまで蔵屋敷や米、材木問屋が立ち並び、金持ちが造ったのではないかともいわれています。

北脇　ところで、都に近い大津に吾妻（東）川とは……。

國松　『近江輿地志略』によれば、「昔は京より東国に下る者この川の堤に出て、それより松本に至りし也。東の道なる故に東川」とあり、当時は大津宿と松本村はこの川が境でした。

北脇　美しい川ですね。

國松　川に接する五つの町内が清掃して、川を守っています。

22

お城のような……

日本人の共感得る外観

膳所・カトリック大津教会

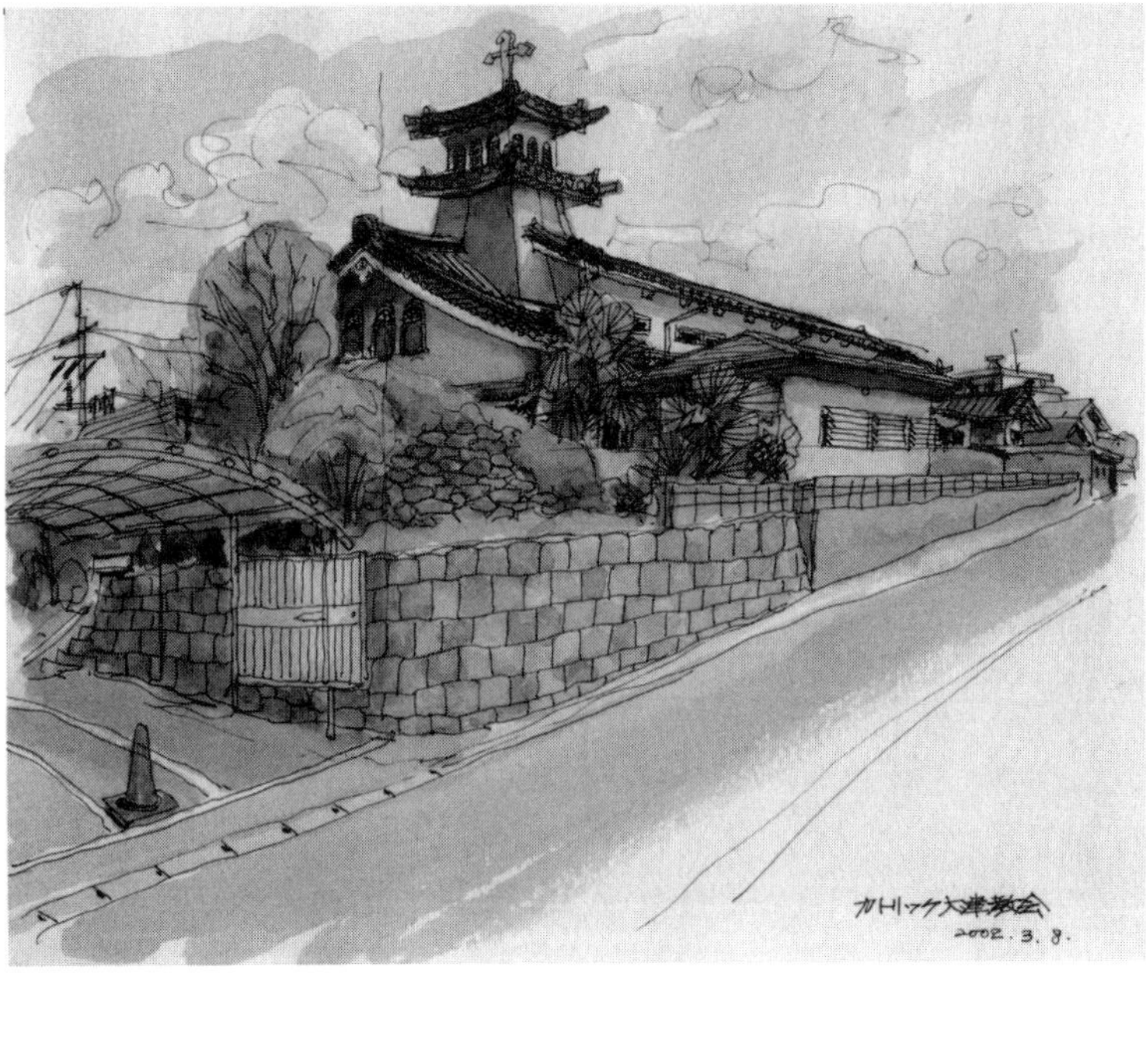

北脇 青い瓦の日本風の建物ですが、十字架がついていますね。
國松 おもしろいでしょう。お城のようなカトリック大津教会です。
北脇 どうしてこのような教会にしたのでしょう。
國松 教会の創設者、パトリック・バーン師の並々ならぬ信念によって建てられたそうです。
北脇 信念というと……。
國松 信仰の土着化という立場から、日本人に親しみをもってもらえるように寺社仏閣などの日本風にこだわったといいます。
北脇 いつごろですか。
國松 昭和一四（一九三九）年、今からすると七二年前です。膳所の馬場、小高い所ですから当時は目立ったでしょう。
北脇 近江には、信長が日本最初のセミナリオ（神学校）を安土に建てさせましたね。
國松 天正八（一五八〇）年に、布教のために来日したイタリア生まれのオルガンチノ神父によってです。このセミナリオは、純日本風、安土城と同じ青色の瓦で葺《ふ》かれ、華麗な建物だったといわれてます。
北脇 日本の生活、習慣、芸術をできるだけ取り入れ、日本人の共感を得るようにした点は同じなんですね。

23

梅香山縁心寺

城下唯一の瓦葺き

大津市丸の内町

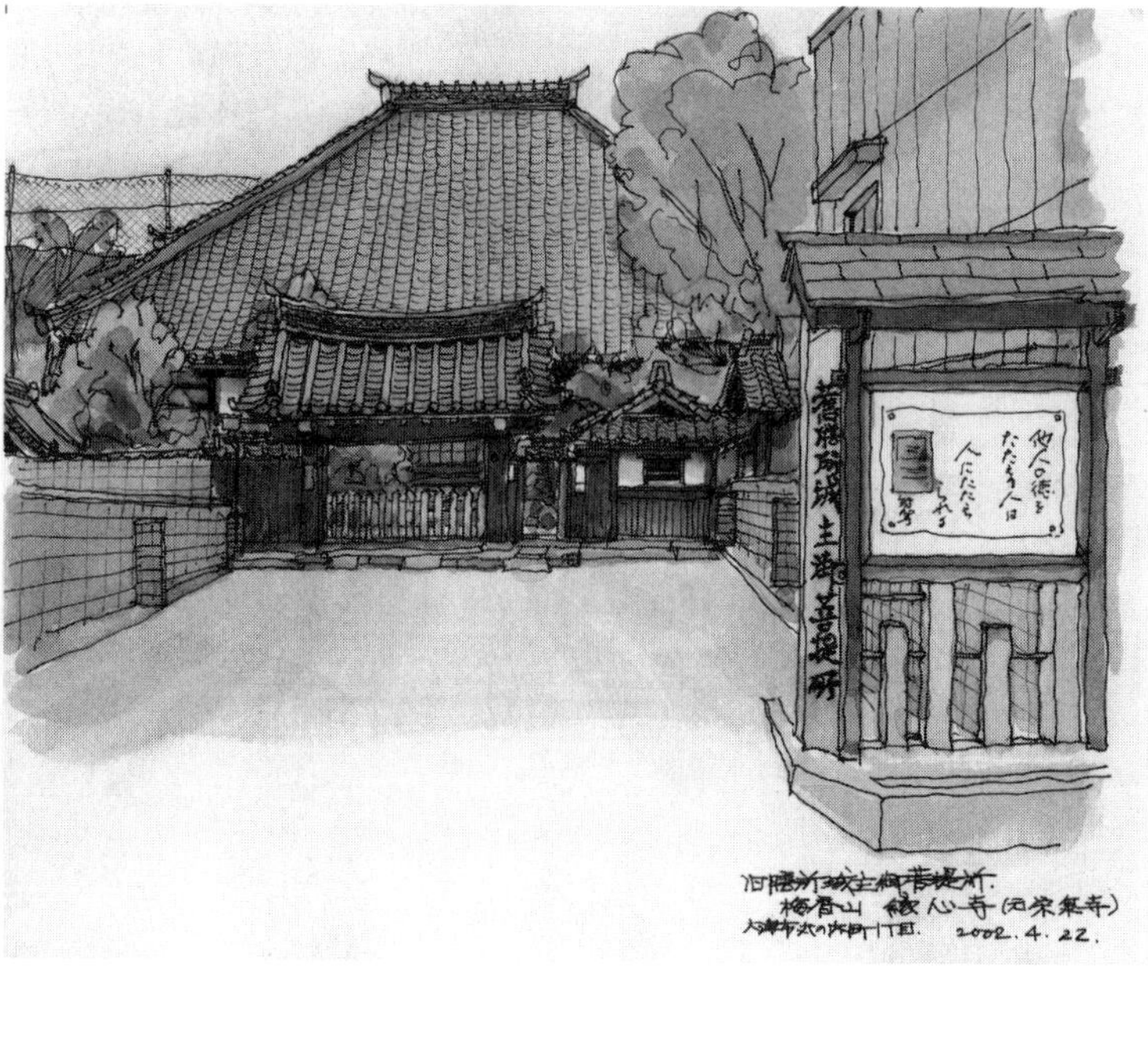

北脇 膳所《ぜぜ》城が築かれたのはいつですか。

國松 慶長六（一六〇一）年です。関ヶ原の合戦後に家康が築いた最初の城です。彦根城より六年ほど早いんです。

北脇 初代の城主は？

國松 武蔵国鯨井《くじらい》から三河譜代の戸田一西《かずあき》（一五四三～一六〇四）がまず大津城に入り、それから膳所城に移りました。大津城は、長等《ながら》山から大筒を撃ち込まれたことから廃城にしたのです。

北脇 膳所藩の殿様といえば本多さま。

國松 初代戸田一西はわずか二年で没し、戸田、本多、菅沼、石川と代わったあと、本多俊次（一五九五～一六六八）から世襲し、明治維新まで二二〇年つづきました。

北脇 縁心寺は、歴代膳所城主の菩提所と石柱にありますが。

國松 元は「栄泉寺」といい、初代戸田一西が創建し、第三代城主本多康俊（一五六九～一六二一）が三河国西尾城から西尾の縁心寺の本尊、僧とともに膳所へ移り、寺名を「縁心寺」と改称しました。戸田一西夫妻、歴代本多公の墓があり、一西の木像が伝えられています。

北脇 大きな瓦屋根が目立ちますね。

國松 創建当時は、城下の町家も武家屋敷もみな藁葺きの屋根でした。唯一の瓦葺きの寺だったので、通称「膳所の瓦寺」と呼ばれていたそうです。

床几のある家　24

見世から団らん憩いの場

膳所本丸町

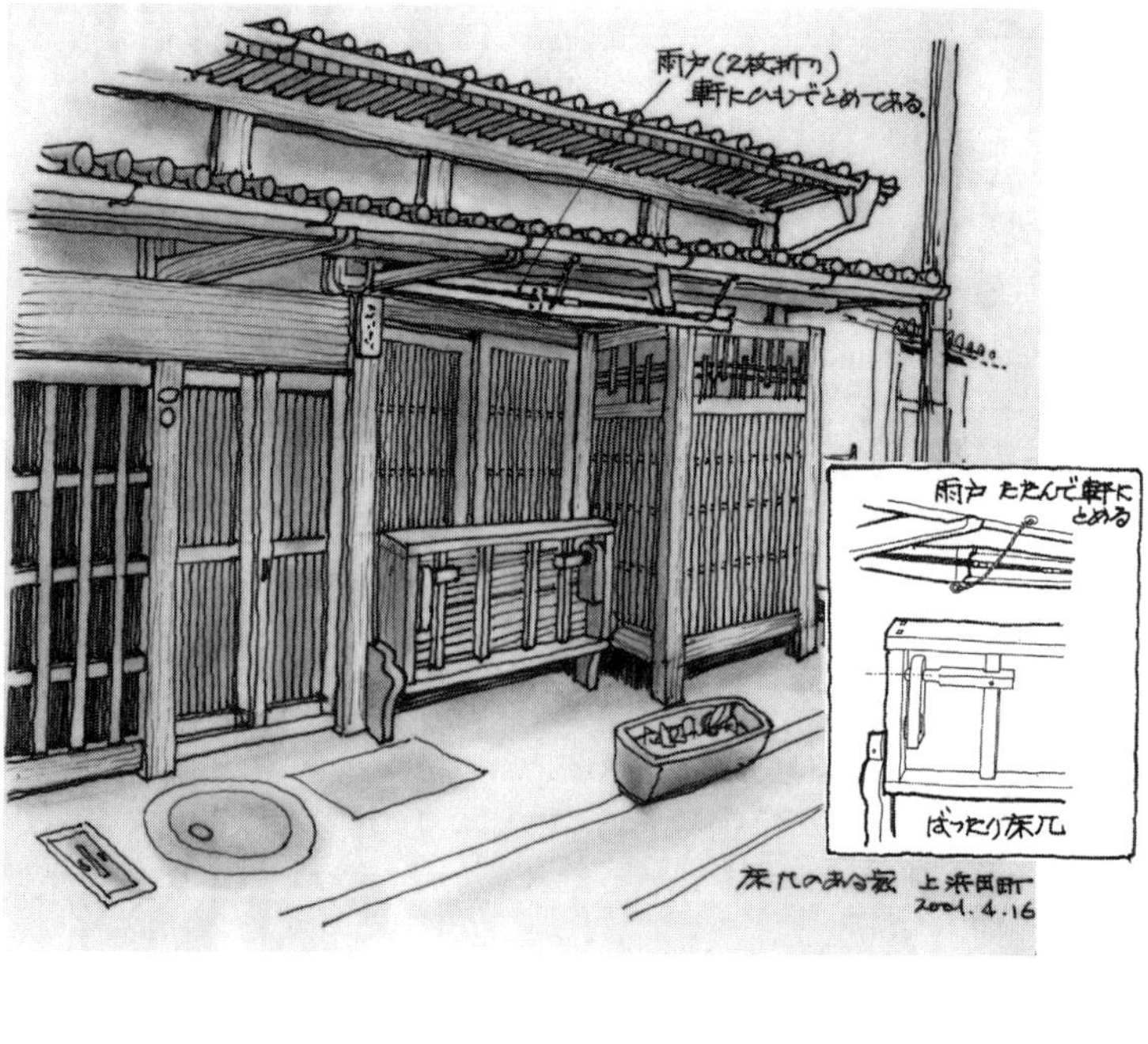

北脇 少し前までよく見られた町家のたたずまいですね。

國松 約一〇〇年を経た民家で、表戸の横に折り畳み式の床几《しょうぎ》があります。このような床几は関西によく見られ、「揚《あ》げ見世《みせ》」、「バッタリ床几」ともいい、昔は商品を並べる台でした。

北脇 上下に分かれていますね。

國松 軒に留めてある雨戸を下げ、床几の足を畳んであげると戸締まりができます。

北脇 グッドアイデアですね。いつごろから見られますか。

國松 室町時代の「洛中洛外図屏風」に描かれています。

北脇 「見世《みせ》」（陳列台）として今も使われていますか。

國松 今日ではないんです。明治のころより蒸し暑いわが国では、庶民の夕涼み、家族の団らんや憩いの場として活用されてきました。

北脇 関東では縁台です。

國松 床几、縁台、有名な京都の床《ゆか》も日本の数少ない座家具で、ストリートファーニチャーです。

北脇 今も、社寺の境内や門前の茶店などに見られます。

國松 こういう町家は少なくなりましたが、膳所には結構残っています。

膳所茶 25

ペリーの求めで米国へ

膳所歴史資料室

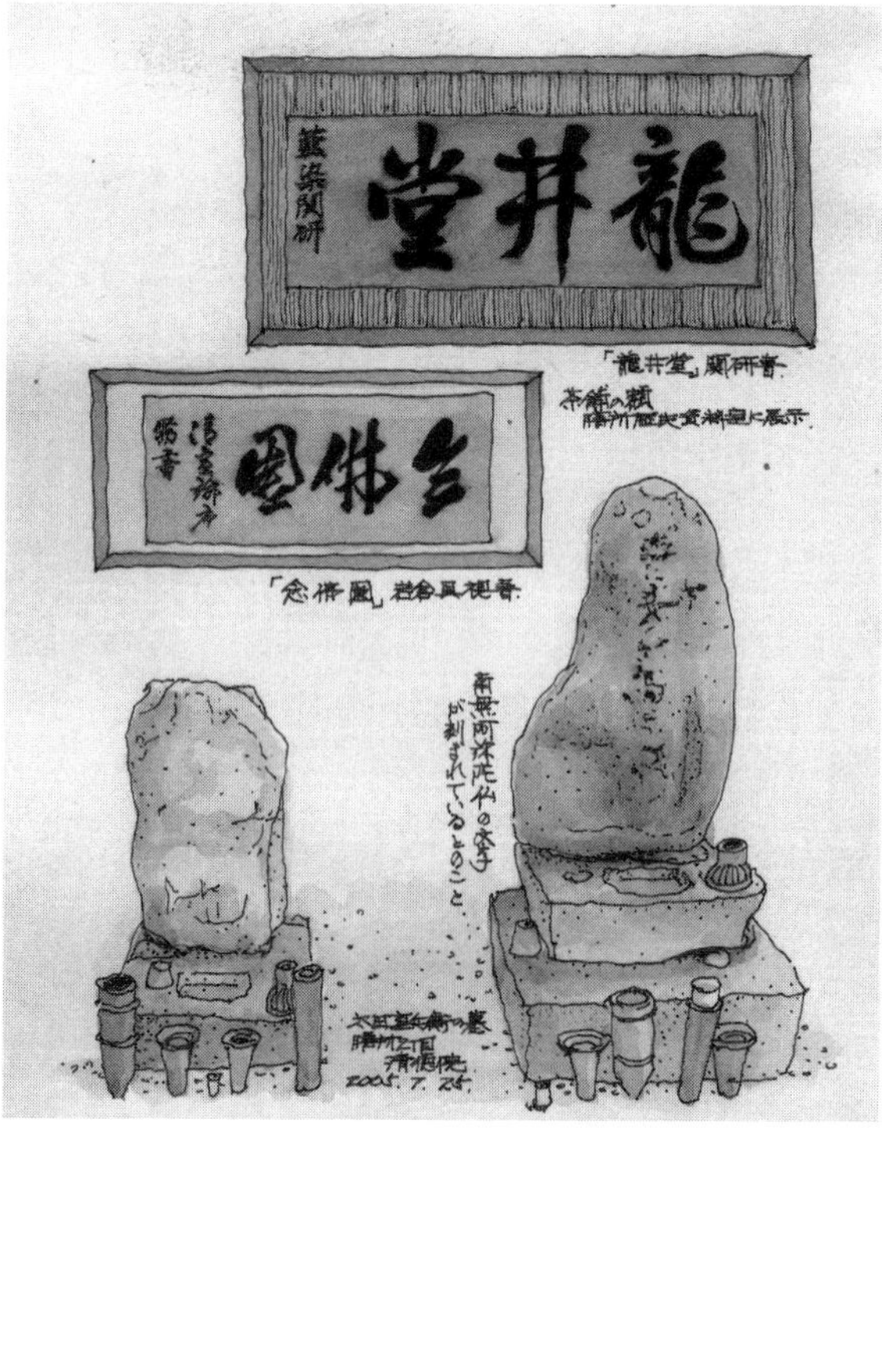

北脇　膳所に茶園があって、輸出までされていたとは本当ですか。

國松　ちょっとびっくりでしょ。

北脇　誰が茶園をはじめたのですか。

國松　五代目太田重兵衛です。重兵衛は膳所の荒地を開墾して茶畑をつくり、宇治で製茶法を習得して製茶に成功し、藩の茶司に任ぜられました。

北脇　静岡や宇治の茶でなく、どうして膳所の茶が輸出に……。

國松　ペリー提督（一七九四～一八五八）が浦賀に来航したのですが、話はそこからです。

北脇　というと……。

國松　幕府接待役であった林復斎《はやしふくさい》は、(*) 信頼する膳所藩江戸詰の関研《せきけん》(**)を伴ってペリーに会ったのですが、そのとき関が携えていた膳所の茶「無銘」をペリーに飲ませたのです。するとペリーは、「コーヒーに勝るとも劣らぬ好飲料」とほめ、「日米貿易開始の際はこの茶を申し受けたい……」といったようです。

北脇　でも、輸出できるほど茶園はあったのでしょうか。

國松　藩は急きょ重兵衛に命じて園山を開拓し、城下町をあげて茶業奨励したそうです。幕末から明治にかけて、膳所茶は信楽焼の壷に入れて神戸、横浜からアメリカへ輸出されました。

北脇　茶園はその後どうなりました？

國松　残念ながら明治二五（一八九二）年に廃業し、わずかに茶舗の額「龍井堂《りゅうせいどう》」・関研の書と岩倉具視が名付けた「念仏園」（初代重兵衛の呼名）の扁額が重兵衛苦心の茶を偲ぶものです。

（*）(1800～1859)　江戸後期の幕府儒者。本家を相続した1853年（嘉永6年）より大学頭と改名した。

（**）(1805～1863)　現高島市安曇川町出身。江戸時代後期の儒者。名は研、号は藍梁《らんりょう》。

寒川辰清と近江輿地志略　26

10年かけて編さん

大津市中庄・辰清邸跡

北脇　この連載では多くの本にお世話になりましたが、それらの本に「近江輿地志略《よちしりゃく》によると」という記述が多いのには驚きました。

國松　『近江輿地志略』は享保八（一七二三）年、膳所藩士寒川辰清《さむかわたつきよ》(＊)が藩主本多康敏の命を受け、約一〇年かけて編さんした全一〇一巻からなる近江の地誌です。

北脇　近江の地誌というと……。

國松　滋賀郡以下一二郡の村々の歴史や地理、近江全体の人物や名産などを詳しく調べ記されたものです。

北脇　今も、この地誌は歴史の研究に利用されているのですね。

國松　江戸時代、近江では多くのすぐれた地誌が編さんされました。その中でも『近江輿地志略』はもっとも権威のあるものでした。

北脇　彼は学者ですか。

國松　京都の生まれで、寒川家の養子となって家禄二〇〇石を継ぎ、儒学者として本多康命《やすのぶ》、康敏の二代に進講も務めました。藩主康敏を諫めたことで怒りにふれ、大阪へ追われて四三歳で亡くなりました。中庄の辰清邸跡に小さな石碑が立っています。

北脇　この石碑も見過ごしそうですが、「おや」「あれ？」と目線を変えてみると、新鮮な出合いのなんと多いこと。

國松　近江は、至る所に驚かされるようなものが散らばっています。

（＊）(1697〜1739)「とききよ」ともいう。江戸時代中期の国学者。

27

春挙別邸蘆花浅水荘

琵琶湖借景の庭園

大津市中庄

北脇　若い人には、山元春挙《やまもとしゅんきょ》（＊）といっても馴染みがないかもしれませんね。

國松　明治、大正、昭和にかけて活躍した帝室技芸員《ていしつぎげいいん》の日本画家です。帝室技芸員というのは、戦前の日本で、宮内省の運営による美術・工芸作家の顕彰制度のことです。日本アルプスはじめ各地に写生旅行に出かけ、その際、立体写真機を持ち歩いて活用した最初の画家だそうです。

北脇　大津出身ですか。

國松　膳所（中庄）の生まれで、生地に近い湖岸に建てた別邸が「蘆花浅水荘《ろかせんすいそう》・記恩寺」です。数寄屋造を基調に、本屋、茶室、画室、竹の間、持仏堂、目の前の琵琶湖と近江富士（三上山）を借景の庭、近代和風建築として国の重要文化財となっており、公開されています。

北脇　竹の間とは？

國松　竹をこよなく愛し、竹づくしの部屋を造り、同じ中庄生まれの竹細工名人清水風外の和楽器なども残っています。狂歌を楽しみ、風流、茶目気もあり、「一徹居士《いってつこじ》」とも号した春挙のセンスが感じとれます。

北脇　春挙の作品のある大津の旧家も多いのでは……。

國松　膳所焼の復興にも力を入れ、春挙絵付の作品が「膳所焼美術館」にあります。人気を博したそうですから、お宝があるかもしれませんね。

（＊）（1871〜1933）竹内栖鳳らとともに近代京都画壇の重鎮として知られる。

28

福沢諭吉が感嘆した男

膳所藩の黒田麹廬「ロビンソン」の初訳者

膳所・本多神社

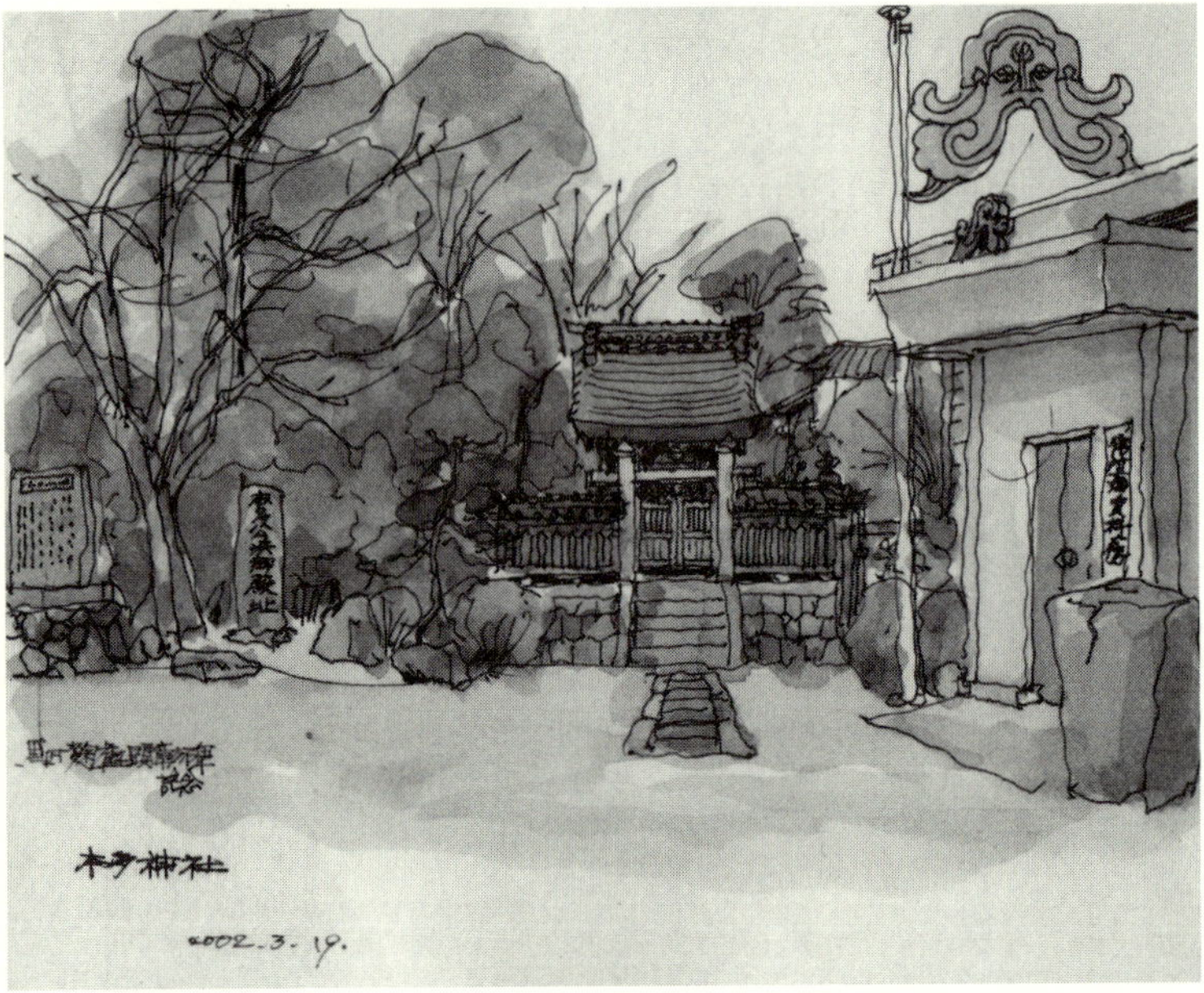

北脇　かわいい神社ですね。

國松　膳所御殿浜の本多神社ですが、石碑にすごいことが書いてあるのですよ。

北脇　何が書いてあるのですか。

國松　黒田麴盧《きくろ》（一八二七～一八九二）という膳所藩の大学者が、『ロビンソン漂流記』を初めて翻訳して日本に紹介したと。

北脇　えっ！　ロビンソン・クルーソーの話ですか。

國松　この人は五か国語に通じ、大津に鉛筆、ペン、インク、写真機、時計などの西洋のものを紹介しました。

北脇　そうなんですか。

國松　もっとすごい話もあります。福沢諭吉（一八三五～一九〇一）の『西洋事情』の校正も行い、諭吉が「天下に恐るべきは、黒田ただ一人」と言った人物です。

北脇　びっくりですね。

國松　膳所高校の前身である藩校遵義堂《じゅんぎどう》で、明治・大正時代の教育家・思想家である杉浦重剛《すぎうらじゅうごう》（一八五五～一九二四）を育てたのもこの人です。

北脇　近江にこんなりっぱな人がいたとは……自慢したい話ですね。

粟津の番所

29

膳所城下町南の入り口

大津市御殿浜

北脇 かなり古い建物のようですが……。

國松 関ヶ原の合戦後に膳所城（石鹿城《せきろくじょう》）が築かれたという話を先ほどしましたね。その城下町の南の入り口、勢多口の総門にあった栗津の番所です。

北脇 道は東海道ですね。

國松 城下町は南から別保《べっぽ》、中庄、膳所、木下、西の庄の五か村からなり、東海道はここから膳所の城下町を通行します。今の御殿浜あたりです。

北脇 番所では何を……。

國松 通る人々の監視ですよ。

北脇 門というと開閉したわけですよね。

國松 明け六つ（午前六時）に開け、暮れ六つ（午後六時）に閉めました。

北脇 現在、その門はどこにあるのですか。

國松 門は大阪府泉大津市の個人宅に移されています。当時、門には立葵を染め抜いた黒い幔幕《まん》が掛けてありました。屋根には、本多家の家紋の入った軒丸瓦が見られます。

北脇 ところで、北にも門があったのですか。

國松 西の庄村に北の大津口総門があって、この門を出ると馬場村で大津町に入りました。

北脇 時代劇に出てきそうな、かつての面影があります。

（注）現在は取り壊されて、駐車場になっている。

壬申の乱史跡 30

大津宮望む皇子の塚

大津市・茶臼山古墳

北脇　壬申の乱（六七二年）は近江が舞台、身内同士の不幸な争いですね。

國松　皇太弟《こうたいてい》として次を約束されていた大海人皇子《おおあまのおうじ》（のちの天武天皇、六三一？～六八六）は、兄天智天皇が息子大友皇子（六四八～六七二）を太政大臣に任命したことで不信感を抱き、身の危険を感じてさっと吉野へ逃げたのです。

北脇　大友皇子は聡明で、容姿、人柄すぐれていたそうですが。

國松　母の身分が低い皇子が天皇になるということは、当時ありえなかったのです。

北脇　天智天皇崩御から半年後、わずか二五歳で敗れて自殺……痛ましいですね。

國松　『日本書紀』に「大友皇子、逃《に》げて入らむ所《ところ》無《な》し。乃ち還《かへ》りて山前《やまざき》に隠《かく》れて自《みづか》ら縊《くび》れぬ」(＊)とあり、山前は粟津の小茶臼山ではないかといい伝えられています。

北脇　古墳の上に石で囲んだ皇子の塚と、それを守るようにうしろに四つ塚がありますね。

國松　蘇我赤兄《そがのあかえ》以下五人の重臣と皇子の息子与多王《よたのおおきみ》の塚です。皇子をひそかに祀《まつ》り、供養してきた法伝寺（西の庄）の古記に、「大津宮を望む岡上に葬った」と記されています。茶臼山古墳は県下有数の規模で、四世紀末～五世紀ごろの前方後円墳です。

北脇　桜、紅葉の美しい公園として整備されていますが、葬塚は積もった枯葉に囲まれひっそりとしています。

(＊)『日本書紀』巻第28（「日本古典文学大系68」岩波書店、1965年）より。

31

餅九蔵の碑

餅五升平らげた働き者

膳所平尾町

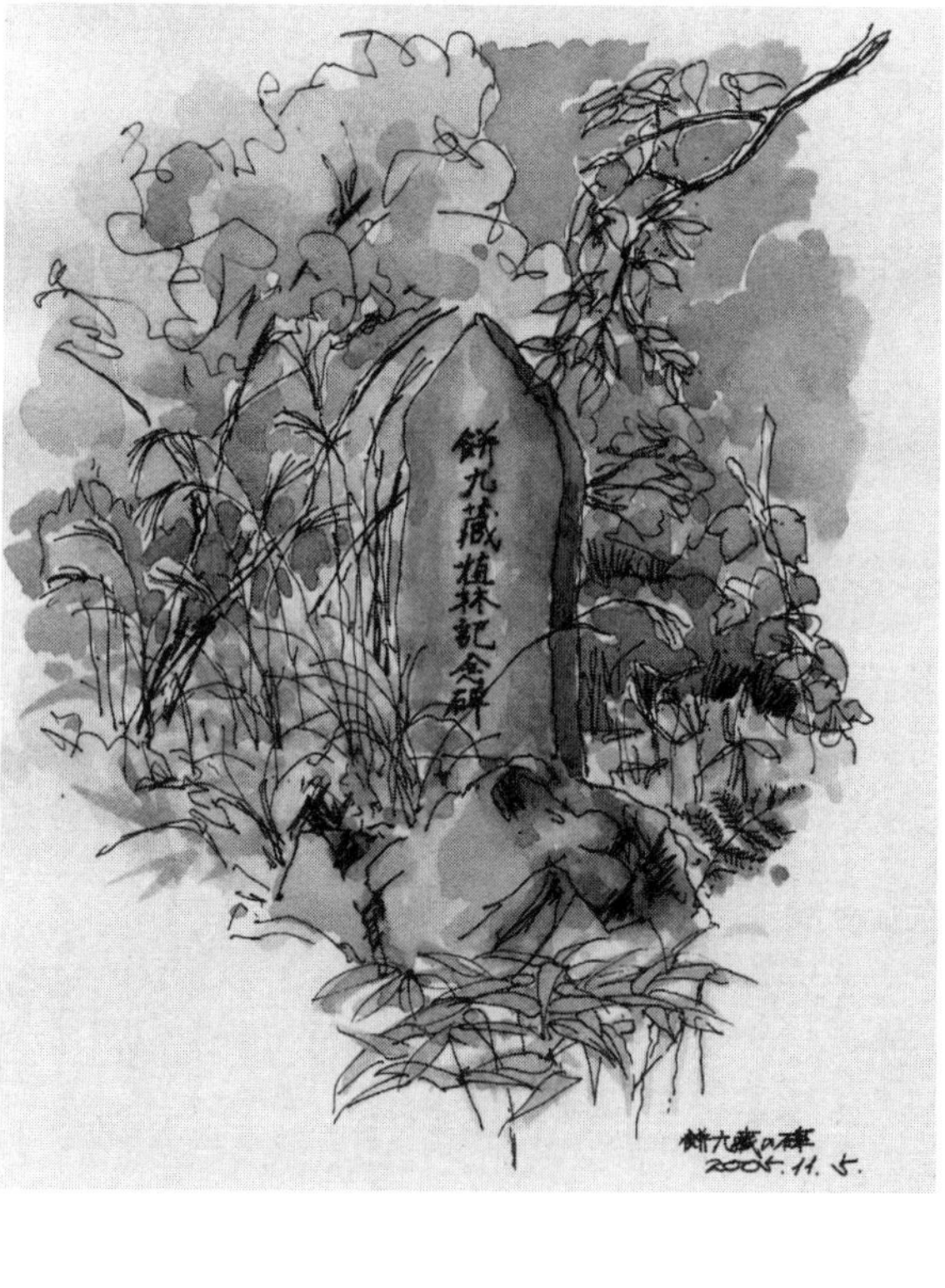

北脇 餅《もち》九蔵《くぞう》とは、変わった名前ですね。

國松 その名の通り餅が大好きで、ペロリと五升の餅を平らげたという逸話の持ち主です。

北脇 いつごろの話ですか。

國松 二〇〇年ちょっと前、伊勢国の百姓のせがれで、乱暴息子として名が通っていたのですが膳所藩に召し抱えられ、山守りを命ぜられてから別人のごとくよく働き、寸暇を惜しんで杉苗をつくり、荒地を耕して植林をつづけたといいます。

北脇 たった一人でですか。

國松 黙々と植林すること二五町（約二五ヘクタール）。ある日、上司が山野を巡視したときにこの善行がわかり、藩主も植林の跡を見て、彼の人知れぬ努力を賞して米三俵を与えたといいます。

北脇 餅にまつわるこぼれ話がいくつもあるそうですね。

國松 伊勢参宮の折、一臼《うす》の餅を一時に食して往復したとか、江戸勤務から帰藩する際に餞別《せんべつ》の餅を五升も平らげ、荷物が減ったと喜んで出発したともいわれています。餅のような粘り強さで、当時、単独での植林という大事業をやりこなし、後世に美林を残せたのでしょう。のちに職を退くとき、藩主から本多家の本の字紋付布羽織一着を賜ったそうです。

北脇 今では、餅九蔵の話も記念碑も知る人は少ないのではないでしょうか。

國松 相模川の水源として膳所藩で掘った御用池の上手に、植林に功績があった餅九蔵の碑（明治四五年建立）が笹《ささ》やすすきに囲まれて立っています。

32

幻住庵

芭蕉の忘れがたき地

大津市国分

國松 「石山の奥、岩間《いはま》の後《うし》ろに山有《あり》、國分山《こくぶやま》と云《いふ》。そのかみ國分寺《こくぶんじ》の名を傳ふなるべし(*)……」で始まる『幻住庵記』は、『奥の細道』と並ぶ俳文の傑作です。

北脇 いつごろ書かれたものですか。

國松 奥羽行脚から帰った翌年です。芭蕉の門人、膳所藩士菅沼外記《すがぬまげき》定常（曲水）(**)の伯父の草庵を借りて三か月半住んだ所が幻住庵。そこでの春から夏への生活を記したものが『幻住庵記』です。

北脇 有名な「まず頼む椎の木もあり夏木立」の句碑がありますね。

國松 国分山には椎の木が群生していたそうです。

北脇 今は山の近くを住宅地が囲んでいますが……。

國松 庵も新しくなり、風景も変わりましたが、「谷の清水を汲みてみづから炊《かし》ぐ」と書かれている「とくとくの清水」は今も湧《わ》き出ています。

北脇 「行く春を近江の人と惜しみける」をはじめ、大津で詠まれた句は多いですね。

國松 そうですね。芭蕉（一六四四～一六九四）は伊賀の生まれですが、遺言までして膳所の義仲寺を永眠の地にしたほどです。

北脇 よほど大津が好きだったのでしょうね。

國松 膳所藩の曲水への手紙で、「もう一度幻住庵を訪れたい」と述べているように、芭蕉にとっては、幻住庵も大津も忘れがたい地、故郷のような所だったのではないでしょうか。

(*)『芭蕉文集』（「日本古典文学大系46」岩波書店、1959年）より。
(**)（1660～1717）江戸時代中期の俳人。名は定常、通称外記。曲水のち曲翠という。

33

逆立ちしている狛犬

祭神は悲劇の大友皇子

大津市北大路・御霊神社

北脇　珍しい狛犬《こま》ですね。

國松　後脚をはね上げた狛犬、私も初めて見ました。

北脇　由緒ある神社のようですが。

國松　大津市北大路の御霊神社、創建は宝亀一二年・天応元（七八一）年と古いです。御霊神社は鳥居川と大江にもあり、祭神はいずれも壬申《じんしん》の乱（六七二年）で亡くなられた大友皇子、のちの弘文天皇です。

北脇　三社もあるのですか。

國松　付近は瀬田川を挟んで、天智天皇の弟大海人皇子《おおあまのおうじ》と天智天皇の息子大友皇子が戦った壬申の乱の激戦地でした。

北脇　先ほども少し触れましたが、わずかの在位、二五歳で自害するというあっけない敗北は予想もしなかったでしょうね（八八ページ参照）。

國松　悲劇の皇子の魂を鎮め、自分たちの心をも静めたかったのでしょう。皇子にかかわる場所は、法伝寺、石坐《いわい》神社、葬《ほうむ》り塚……粟津一帯にはたくさんあります。

北脇　狛犬も清めの水のうさぎも、遊び心のある石工ですね。

國松　石工は不明ですが、狛犬は大正一一（一九二二）年、うさぎは昭和三六（一九六一）年の建立です。

北脇　こういう珍しいものに出合うと楽しいですね。

34

龍宮城さながら……

宗治郎氏　中国に心惹かれ建築

唐橋前・野口邸

北脇　まるで龍宮城みたいな家で、目を引きますね。
國松　この門など、まさに龍宮城さながらですよ。
北脇　どなたが建てられたのですか？
國松　もう亡くなられたのですが、野口洋氏の父である宗治郎氏です。宗治郎氏は師範出の教師だった人で、研究熱心のうえ博学、歌人でもあり、茶道、華道にも通じ、裁縫まで人に教えるほどの才人でした。
北脇　どうしてこのような家を建てたのでしょうか。
國松　中国へ旅した氏が中国の風土に心惹かれ、中国建築のモチーフを集めた住宅を昭和の初めに、坂本の宮大工に依頼して三年がかりで建てたのです。
北脇　建てさせた人も、建てた人も、すごいの一言ですね。
國松　博学多才の方だったそうですから、唐橋の下にあったという龍宮城伝説(＊)もご存じで、この門を造ったのではないかと思われます。
北脇　凝り方がはんぱじゃないですね。
國松　屋根にはさまざまな動物、瓦は近江八幡特製の餅つき兎《うさぎ》の模様入りとなっており、大変個性的です。
北脇　前を通ると、乙姫さまが出てきそうです。

(＊)平安時代中期の武将藤原秀郷（俵藤太）がムカデ退治をするにあたって瀬田川下の龍宮城に招待され、退治をした後に米などの宝物を賜ったという伝説。「37　俵藤太と百足退治」も参照。
(注)老朽化した家は取り壊され、現在は新しい住宅になっている。

35 レトロな自記水位計

100年以上も休まず稼働

瀬田川・中島

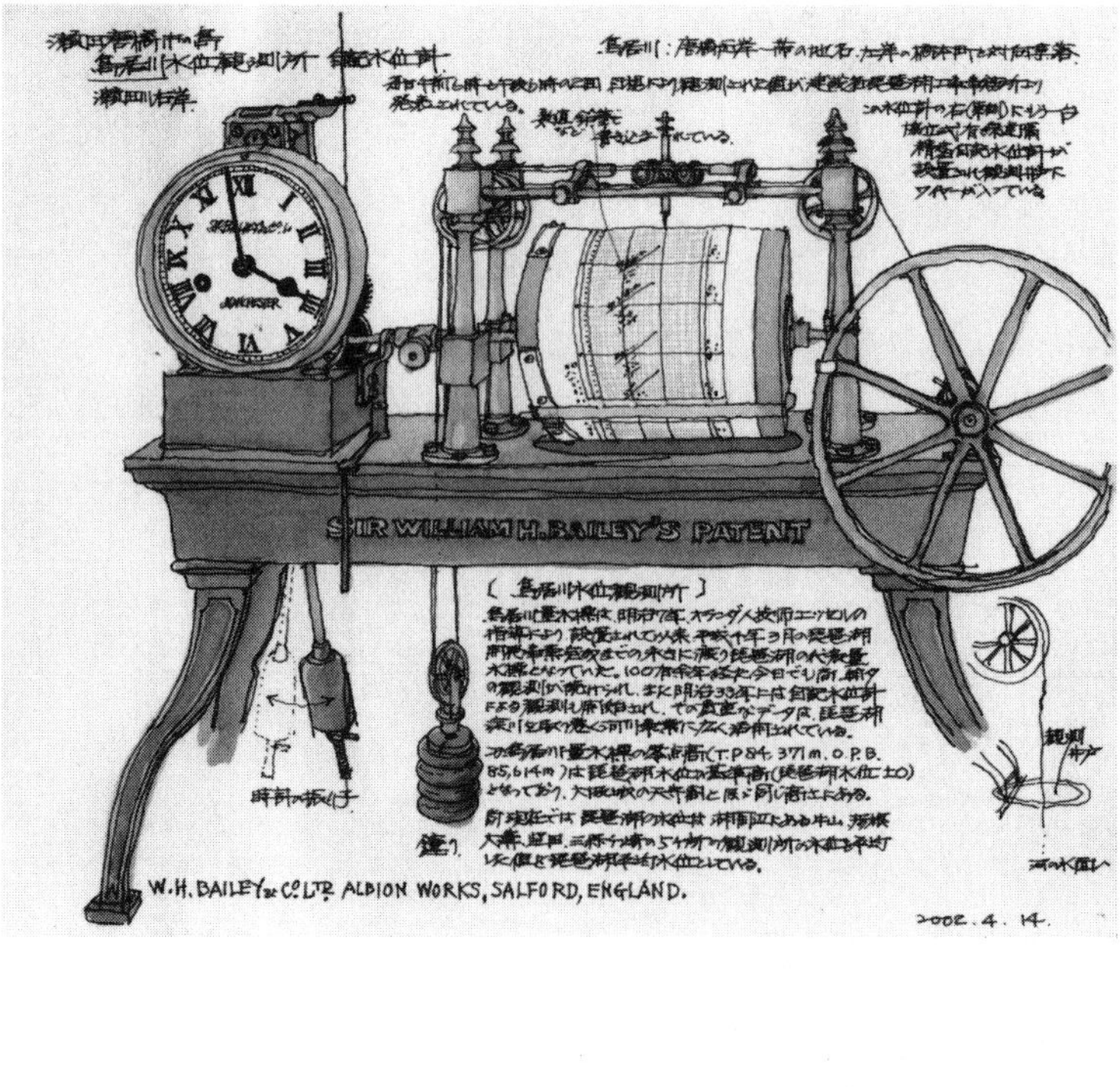

國松　石山鳥居川の湖面の高さはどれ位だと思いますか。
北脇　さあ……？
國松　大阪城の天守閣とほぼ同じの約八五メートルです。ここを、琵琶湖水位の基準高（プラスマイナスが〇）としています。
北脇　このレトロな機械で観測しているのですか。
國松　鳥居川の水位観測所の自記水位計は英国製で、明治三三（一九〇〇）年に設置されて以来、一〇〇年以上も自動観測を行っています。
北脇　そんなに長い年月動いているのですね。
國松　シンプルな構造ですから、簡単な手入れだけで動きつづけているのでしょう。
北脇　観測はいつごろからされていたのですか。
國松　明治七（一八七四）年、オランダ人技師のG・A・エッセル（一八四三〜一九三九）の指導によって瀬田川の中に量水標が置かれて以来、琵琶湖の代表量水標となってきました。今も、目視による観測がつづけられています。
北脇　夏が近づくと水位の上下が気になりますが……。
國松　現在は、湖周辺の五か所の平均水位です。水位は、新聞に毎日掲載されていますよ。

36

舟ははやくとも急がば回れ

諺は唐橋とかかわり

瀬田の唐橋

北脇　「急がば回れ」という諺《ことわざ》は、唐橋とかかわりあるのですか。

國松　大ありです。草津宿の矢倉は大津へ行く陸路と海路の分岐点で、矢橋《やばせ》の浦に出て、舟で渡れば三里（約一二キロ）の近道でした。

北脇　舟は早くて楽ちんですね。

國松　ある大雨のあと、急ぐ侍が船頭に「舟を出せ」といった。「急ぐなら唐橋へ回れ」という船頭の言葉を振り切って、舟を借りて自分で荒波へ漕《こ》ぎ出したところ、川中で沈没してしまったのです。

北脇　なるほど、そこで……。

國松　川岸の船頭や人々が、「あー、急がば回れ瀬田の唐橋じゃ」と深いため息をついたといわれています。

北脇　琵琶湖は比良、比叡の山々からの突風がよく吹きますね。

國松　室町時代にこんな歌があります。(*)「武士《もののふ》の矢橋の舟ははやくとも急がば廻れ瀬田の長橋」

北脇　人々はこの歌をよく知っていたのでしょうか。

國松　舟の遭難がたびたび起こるうちに歌がポピュラーになり、やがて諺になったのでしょう。

北脇　ルーツは唐橋にあり、面白いですね。

(*)江戸初期の安楽庵策伝『醒睡笑』に、室町期の連歌師・宗長の歌が引用され、格言「急がば回れ」の由来が紹介されている。

俵藤太と百足退治

37

名前の由来　龍神にもらった米俵

瀬田の唐橋東詰・雲住寺

北脇　雲住寺は百足《むかで》と深いかかわりがあるそうですが……。

國松　三上山を七巻半もする大百足を退治した話で有名な藤原秀郷（俵藤太）追善のため、室町時代に秀郷の一四代目子孫である蒲生高秀が創建したといいます。

北脇　秀郷とはどういう人ですか。

國松　藤原鎌足の末裔《まつえい》で、平安時代中期に活躍した武将です。弓矢の名手で、平将門を討ちとった勇士です。

北脇　俵藤太といわれるのはなぜですか。

國松　瀬田橋の下に住む龍神が、武勇を見込んで三上山の百足退治を頼んだところ、矢の先に唾《つば》をつけて見事射ち倒した。そのお礼に龍宮に招かれ、太刀、鎧《よろい》、釣鐘、米俵などをもらった。その米俵からは取っても取っても米が減らないので「俵藤太」と呼ばれるようになったといいます。また、鐘は三井寺の弁慶引摺鐘（*）といわれています。

北脇　伝説にまつわる龍王宮、秀郷社が隣にあり、百足供養堂もできたとのこと。

國松　近江八景にちなんで、「夕照《せきしょう》の間」と名付けられた部屋からは素晴らしい瀬田の夕照を眺められます（要予約）。毎年一〇月の第三日曜日に、俵藤太と百足供養会が行われています。

（*）重要文化財。比叡山の荒法師・武蔵坊弁慶が三井寺の梵鐘を奪い、比叡山の山頂まで引き摺りあげて撞いたところ「いのー、いのー」と響いたので「そんなに三井寺へ帰りたいか」と谷底へ投げ捨てた。この時にできたひび割れやきずが今も残るとされている。三井寺 HP 参照。

しじみのモニュメント 38

実った殿様の苦心

大津市・石山寺門前

北脇「しじみー、しじみー、せたのしじみー」。ひと昔前、シジミ売りの声が早朝の街で聞かれましたね。

國松瀬田のシジミは、昭和二五（一九五〇）年ころには二〇万貫、二九〇万円もの年収があるほどたくさんとれたといいます。

北脇シジミを食べてきた歴史は古いのですか。

國松縄文時代からです。石山貝塚で知られるように、石山寺門前一帯は表土を取り去ると二メートル近い貝層で、そのほとんどは古いシジミだそうです。ところが、当時のシジミと「瀬田シジミ」といわれるものは種類が違うのです。

北脇どうしてですか。

國松昔のシジミは、貝殻が黒く風味も悪かった。初代膳所城主の戸田左門一西《さもんかずあき》が、慶長七（一六〇二）年、前任地の武蔵国鯨井田《げいでん》（埼玉県川越市）にあったべっ甲色の味のよいベニシジミを苦心の末瀬田川に移植して放流しました。

北脇苦心というと……。

國松輸送に日数がかかって死んだり、瀬田川に適応するかどうか不安でしたが、幸い成功しました。

北脇瀬田のシジミに、膳所の殿様のそんな物語があったのですね。

國松京、大阪の消費地にも歓迎され、新しい水産物を得た漁民は喜び、殿様を称《たた》え「左門蜆」と呼んだそうです。

石光山石山寺

39

源氏物語の構想浮かぶ

大津市・石山寺

北脇 石山寺は聖武天皇勅願、良弁《ろうべん》(＊)の開基ですが、奈良東大寺の大仏鋳造と関係あるのですか。

國松 大仏を造るのには大量の金が必要だったのです。聖武天皇の要請で、良弁は吉野の金峰山へ行ったのですが、ある夜、「近江瀬田の山で祈願せよ」とのお告げを受け、石山に来て如意輪観音《にょいりんかんのん》に祈念すると、「陸奥の国で金が出た」という知らせが届いた……という背景があったとされています。

北脇 うまい話ですね。

國松 それ以前、近くに保良宮《ほらのみや》（天皇の離宮）があったといわれ、その鎮護のためでもあったようです。瀬田川には水運もあり、木材の集荷地、近江国府の出張所もありました。

北脇 伽藍山を背に寺名の由来となった石の上に立つ石山寺、西国一三番札所であり参詣の人々が絶えないですね。

國松 平安時代は真言密教の道場として、朝廷や貴族の厚い信仰を集め、石山詣が大流行、華やかな王朝文学に取り上げられています。

北脇 紫式部は、あの狭い「源氏の間」で十二単衣のようなたいそうな衣装を着て作品を書いたのでしょうか。

國松 ちょっと窮屈ですよね。式部はここに詣で滞在していたとき、源氏物語の構想が浮かび、書き留めたのが「須磨、明石の巻」といわれています。秋の月が美しい今ごろのことだったということです。

（＊）(689〜774) 奈良時代の華厳宗の僧。東大寺を開山し、通称「金鐘行者」といった。

水量調節する関所

40

人力で開閉に二日がかり

瀬田川・南郷洗堰

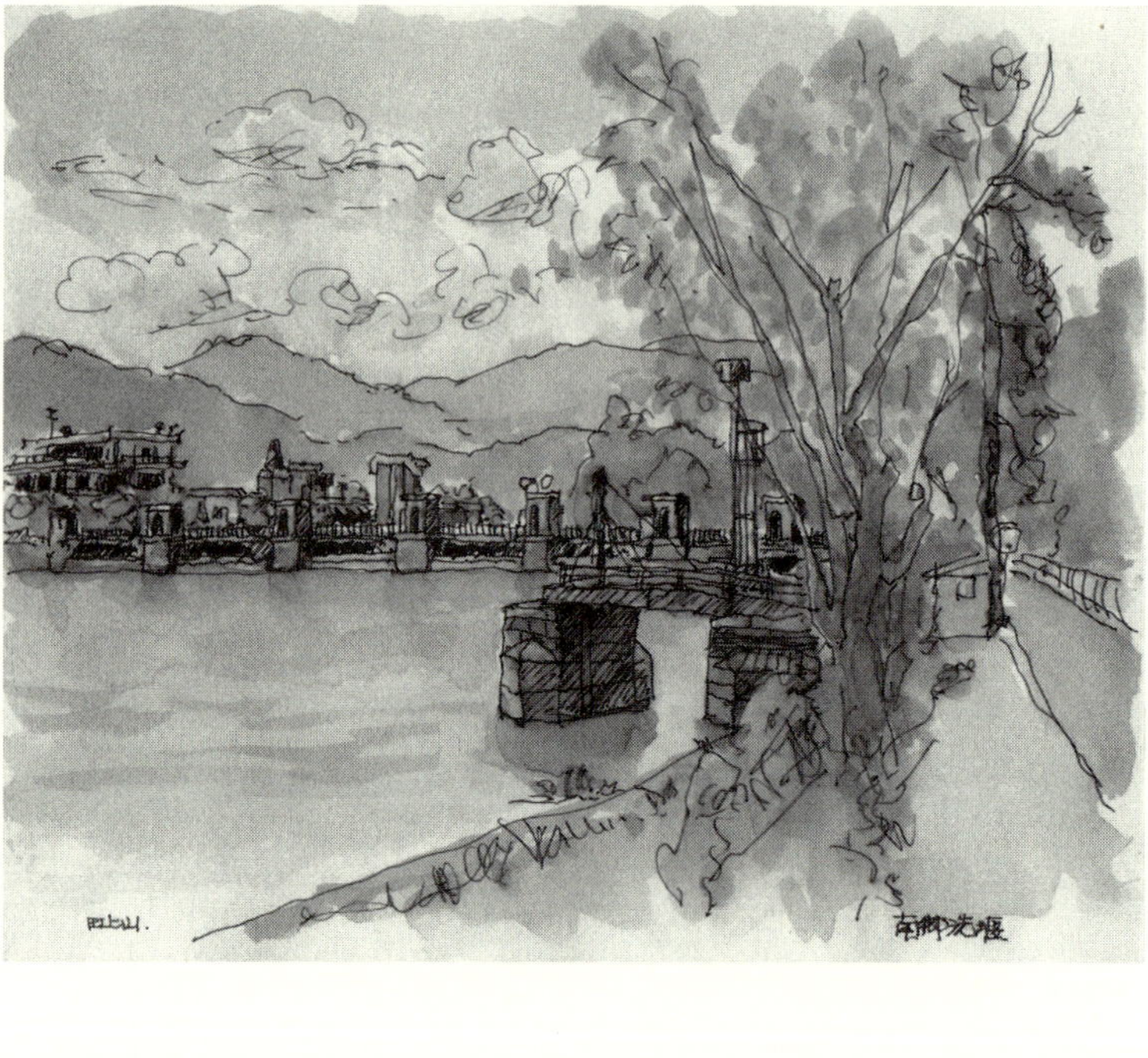

北脇 琵琶湖から流れ出る自然河川は瀬田川だけですが、流れ込む河川は何本ぐらいあるのでしょうか。

國松 約一二〇本あります。

北脇 多いですね。雪解けや梅雨、台風のときは大変ですね。

國松 明治二九（一八九六）年の大洪水では水位がプラス三・七六メートルまで上がり、多くの町が水没し、元に戻るのに三か月もかかったそうです。

北脇 旧洗堰《あらいぜき》の工事はそれがきっかけでしょうか。

國松 そうです。明治三八（一九〇五）年に建設された旧洗堰は、水量の調節に二〇〇キロもの松の角材を人力によって落とし、三二門の扉すべての開閉に一日から二日かかったそうです。

北脇 大変な作業ですね。

國松 昭和三六（一九六一）年に完成した新洗堰は、すべての開閉が電動式でわずか三〇分。洪水、渇水防止、水位調節、下流の工業、家庭用水の給水等大切な役割をしています。

北脇 いってみれば川の関所。

國松 滋賀、京都、大阪、流域の豊かな水や自然の恵みを大切に、次の世代へ伝えていかなくてはと思います。南郷の風景もいい所です。

近江国庁跡 41

古代行政の中心地

大津市三大寺大江

北脇　近江国庁とはどういうものですか。

國松　天皇を中心とする統一国家をつくろうと、中国の法律制度にならって大宝元（七〇一）年に大宝律令が制定され、全国六八か国に設置された役所の一つです。

北脇　今でいう県庁のようなものですか。

國松　国、郡、郷（里）という行政の仕組みがつくられ、都から派遣された国司《こくし》を中心に徴税、裁判、軍事などを統治しました。

北脇　場所はどこですか。

國松　今は大津市瀬田、当時は栗太郡勢多郷に国庁が置かれ、その下に近江では一二の郡と八七の郷が置かれました。勢多には東海、東山両道の大幹として全国でも第一という古代の大駅（公務で使用する馬を常備）があり、大切な要地でした。

北脇　この跡からどんなことがわかったのですか。

國松　昭和三八（一九六三）年に発掘調査が始まり、詳しい位置や建物跡、構造など国庁の中心部の様子、そして地方行政のありようが全国でも初めて明らかになりました。近江国庁は奈良時代前半より平安時代後半まで存続したようで、近江国は大国だったのです。

北脇　近江国という名称は……。

國松　大和の国から見て近いので「近淡海《ちかつおうみ》」と呼ばれ、淡海《あわうみ》から近江《おうみ》に転じ、近江と定められたのは大宝律令においてです。

42

貴船神社例大祭

珍しい組み立て式鳥居

大津市大萱・浜口地区

北脇　貴船神社といえば鞍馬の貴船神社をすぐ思い起こしますが……。

國松　そこの末社です。貴船神社は、昔は社《やしろ》を構えることなく、「貴船講」をつくって参拝を旨《むね》とする信仰でした。大萱の貴船も、昔は社や鳥居がなかったのです。

北脇　祭りはどうしていたのですか。

國松　祭礼当日の早朝、鞍馬の貴船神社へ御札《おふだ》をもらいに行って、御札を祀《まつ》って祭礼がはじめられました。

北脇　それでこの鳥居が……。

國松　年に一度、例大祭（毎年九月）に田船の帆柱《ほばしら》、舵や櫓《ろ》、竿《さお》、ゴへという水杓《みずしゃく》を使って組み立てられる大変珍しい鳥居です。

北脇　抜群のアイデアですね。いつごろ、誰が考えたのですか。

國松　古老によると一〇〇年以上も前からといいますが、いつ、誰がかはわかっていません。

北脇　船の道具ばかりですね。

國松　昭和の中ごろまでは常夜燈の辺りまで湖から水路が入り、葦《よし》原にはえり船（*）、田船が出入りして、米や農作物を大津、膳所へ運んでいましたから、船の安全や水難防止のための信仰だったのでしょう。

北脇　琵琶湖周辺の他の地区にも同じような風習があるのか、興味を誘いますね。

（*）「えり」とは定置網の一種で、川や湖の波の静かな場所での漁獲に使われる。琵琶湖や霞ヶ浦の風物詩として有名。

1300年前のコンビナート 43

工人は百済からの渡来人

大津市一里山・山ノ神遺跡

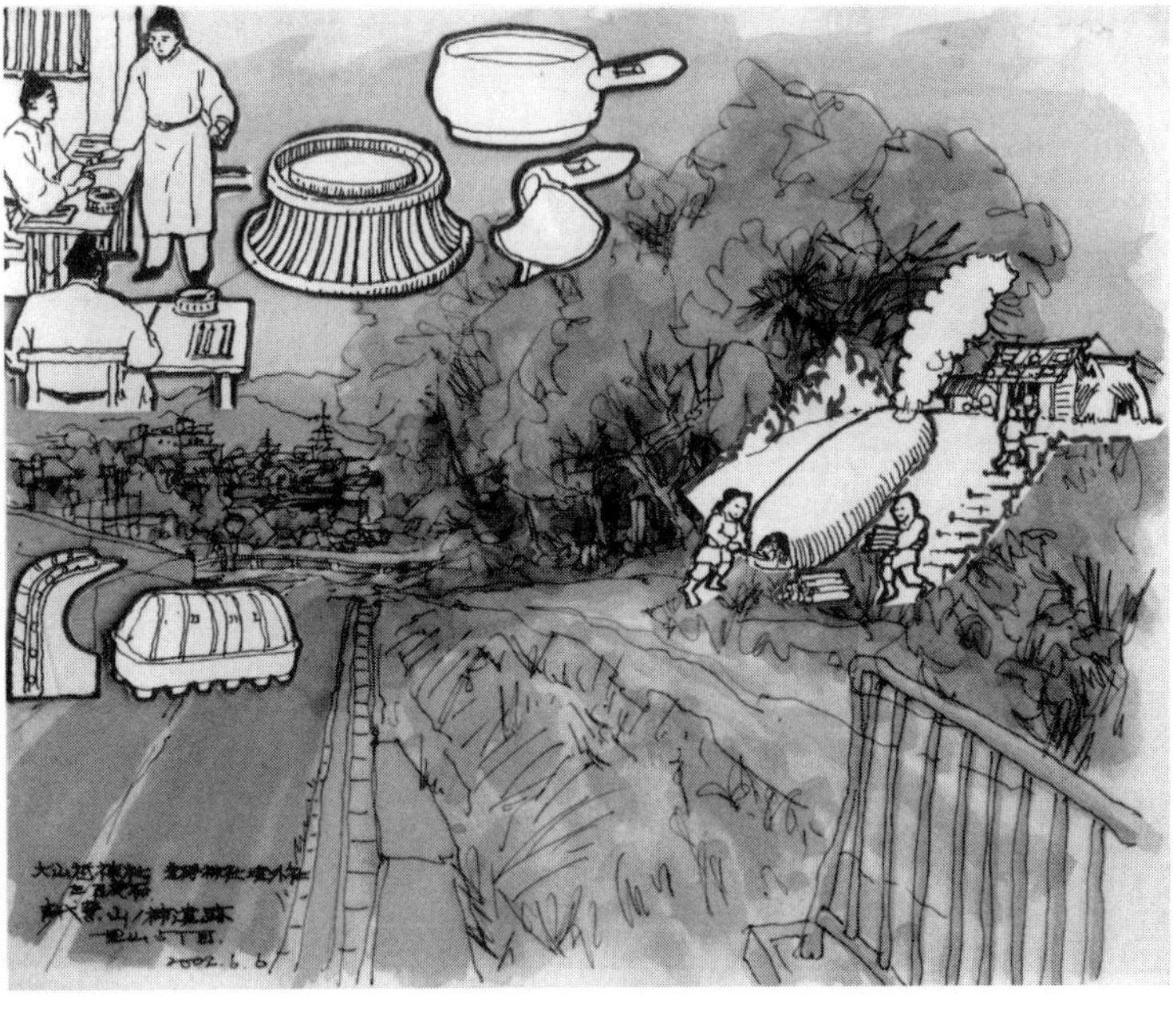

北脇 大津宮からはかなり離れた所ですが、関係あるのですか。

國松 山ノ神遺跡は、大津宮の宮殿や寺院で必要な硯《すずり》や食器類を焼いた窯跡です。最近の発掘では、焼く状態のまま埋まっていた鴟尾《しび》が(＊)発見されています。

北脇 丘の傾斜を利用した登り窯のようですが、製作に携わっていたのはどういう人たちなんでしょう。

國松 百済の滅亡後、百済の貴族たちが逃れてきて近江に住んでいました。農耕、織物、建築、石工といろいろな技術に優れていた渡来人の技術や知恵を、天智天皇（六二六〜六七二）は都造りに生かしたのです。

北脇 大勢の工人たちがこの辺りに住んでいたのですね。

國松 近くの源内峠遺跡からは鉄製品、鎹《かすがい》や釘《くぎ》をつくり出した炉が発見されています。燃料の薪《まき》、材料の土や鉱石、運び込むルートがそろっていました。

北脇 湖岸の漁民や農民は、丘陵地帯に立ち上る煙や炎を見て驚いたでしょうね。

國松 瀬田丘陵から草津にかけては、さながらコンビナートです。

北脇 一三〇〇年前のコンビナートですか。

國松 今は国道1号線、名神高速道路、京滋バイパス、東海道線、新幹線が、当時のコンビナート地帯を競うように走っています。

（＊）瓦葺屋根の大棟の両端につけられる飾りの一種。

44

鞭崎八幡宮

頼朝が問うた鞭の先

草津市矢橋町

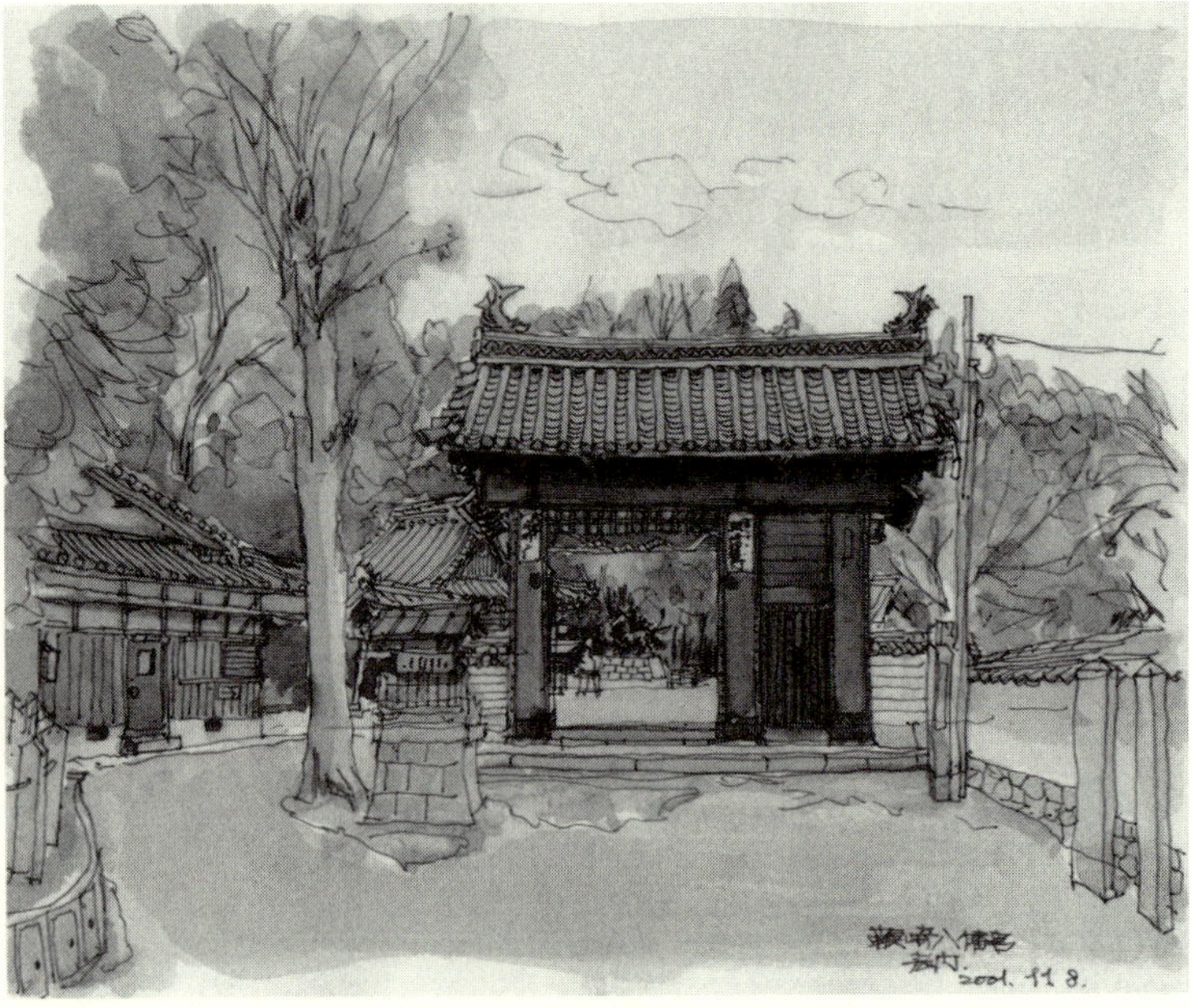

北脇　鞭崎《むちざき》八幡宮、変わった名前ですね。鞭そのものがそんなに身近なものではないですし。

國松　馬を打って走らせたり、罪人の仕置に使ったり、人にものを指し示すときに使う鞭ですが、この神社の名はそこからきています。

北脇　というと……。

國松　源頼朝（一一四七～一一九九）が平家を滅ぼし、天下平定、上洛の折のことです。

北脇　鎌倉幕府成立前の一一九〇年のことですね。

國松　ここを通りかかった頼朝が、馬上から「あそこは何という神社ぞ」と鞭の先を八幡宮に向けて村人に尋ねたといいます。

北脇　そこから、鞭崎八幡宮と呼ばれるようになったのですね。

國松　翌年、頼朝は神領を寄進して、殿舎を再建しています。

北脇　ここ矢橋は、近江八景「矢橋の帰帆」で有名です。

國松　万葉にも詠《うた》われ、古くから交通の要衝。歴史上の人物の多くがここを通るときに、この神社に参拝しています。創建は天武五（六七六）年、天武天皇の命により建立されました。神職は紀氏、現在はその四一代大神氏です。

北脇　昔の風情の残る所ですね。

國松　表門は膳所城南大手門を移築したもので、膳所の篠津神社と同じ高麗門、軒丸瓦には本多家の家紋である立葵がついています。慶長年間の建築で、重要文化財になっています。

45

川の下通った鉄道

この地に多い天井川

草津市南笠

北脇 鉄道のトンネル跡ですか。

國松 旧東海道線のトンネルです。狼川の川底の下を掘って列車が通っていました。当時、この辺りではトンネルは「マンボ（ポ）」といわれて親しまれていました。

北脇 天井川ですね。

國松 草津市には葉山川、草津川、伯母川、北川、十禅寺川、狼川がありますが、いずれも天井川です。狼川は古名を「老上川《おいかみ》」といいますが、老上の郷からです。

北脇 天井川が多いのには何か理由があるのですか。

國松 上流の湖南丘陵は洪積層の砂や礫《れき》、粘土からなり、土砂の流出が激しくて下流では洪水を起こし、川床も堤防も平野面よりはるかに高くなってしまうのです。

北脇 高架になったのはいつのことですか。

國松 昭和三一（一九五六）年、東海道本線の京都～米原間が電化されるに基づいて天井川の改修が行われ、川の下から川の上になりました。草津側に一か所だけ、レンガ造りのトンネルの入り口が残っています。

北脇 無造作に残っていますが、これも歴史の貴重な一コマなんですね。

國松 トンネルの天井にはＳＬの煙のススが黒く残っており、往時をしのばせています。旧草津川には、今も東海道本線や国道一号線が川底の下を通っています。

46

東海道と矢橋道の分岐

瓢箪《ひょうたん》もかつて草津名物

草津市矢倉二丁目・道標

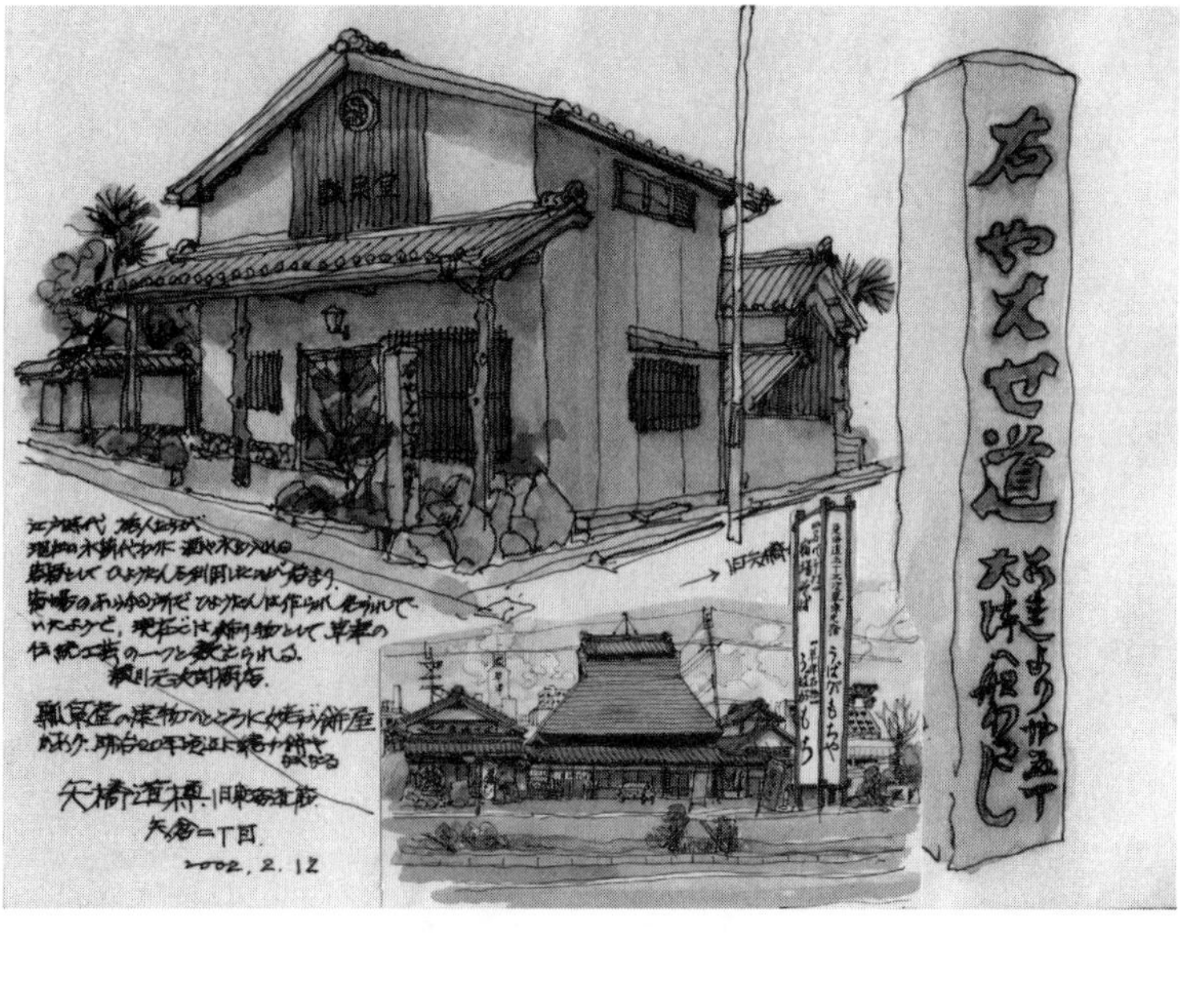

北脇 昔も今も旅の楽しみは旨《うま》いものですが、今はどこでも買えて旅の情緒がうすれました。

國松 草津は東海道と中山道の分岐する宿場町として賑《にぎわ》い、姥《うば》ケ餅《がもち》は江戸時代からの草津名物です。

北脇 安藤広重（一七九七〜一八五八）の「東海道五十三次」にも描かれていますね。

國松 当時は矢橋道との追分、道標のある矢倉です。

北脇 というと現在は……。

國松 国道1号線です。徒歩から船、鉄道、車と時代の流れとともに、店の場所も経営も変わりました。

北脇 広重の描く草津宿はどうなりましたか。

國松 瓢泉堂という瓢箪屋が残っています。昔は、旅人の水筒用として瓢箪がこの辺りでたくさん栽培されていたのです。

北脇 瓢箪も草津名物だったんですね。

國松 交通の要衝だった矢倉には十数軒あったという瓢箪屋も、今はこの店一軒となり、現在は六代目です。

北脇 瓢箪からペットボトル。

國松 最近は無病（瓢）息災のお守り、酒器、装飾品です。

北脇 時代の流れに合わせて生き残るのも大変ですね。

放浪の画僧・金谷

47

うらやましい自由人

草津市下笠・宗栄寺

國松 姓は横井、名は金谷《きんこく》、二一歳のときに京都北野の金谷山極楽寺の住職になり、金谷と名乗りました。

北脇 気ままな放浪生活であったとか……金谷とはいったい何者なのですか。

國松 江戸後期の画僧。住職と思えば山伏修行、仏画、俳画を描いて旅をし、波乱に富んだ生涯を送った人です。五〇歳のころの作という「金谷上人御一代記」は、自作自画の絵巻（七巻）です。俳画風の絵とともに当時の庶民生活を写し取ったこの作品は、近代ユーモア文学へつらなる傑作の一つです。

北脇 いつごろの話ですか。

國松 宝暦一一（一七六一）年に栗太郡下笠村で生まれています。「御一代記」は、文化七（一八一〇）年の富士登山で終わっています。

北脇 歩きつづけて、その後は……。

國松 晩年は故郷下笠の対岸、比叡山麓《ろく》の一庵で作品三昧《ざんまい》に暮らしました（一八三二年没）。

北脇 ちょっとうらやましい自由人ですね。

國松 晩年の作が県下各地に残っています。山伏の行場飯道山《はんどうさん》を望む矢川神社（甲賀市甲南町）に伝わる大作「山水図襖《ふすま》」は代表作の一つです。近年、アメリカで注目されたこともあって、作品の多くが渡っているそうです。

北脇 ここは菩提寺ですか。

國松 自由人、金谷の画風を愛した山田兵治という人によって墓が建てられました。

48

淡水真珠と虎之助

琵琶湖の恵みで育まれ

草津市志那町

國松 琵琶湖の天然真珠は「近江の白玉」と、『万葉集』(*)にも詠われています。

北脇 天然真珠はまさに宝物ですが、淡水真珠も魅力ありますね。

國松 琵琶湖では、鳥羽の真珠王・御木本《みきもと》幸吉に触発されて、藤田昌世らが大正時代から淡水真珠を研究し、養殖が始まりました。

北脇 うまくいきましたか。

國松 失敗を重ねながら、昭和の初めに吉田虎之助と藤田昌世が、草津市志那の平湖でやっと小粒の真珠を手にしたのです。

北脇 本格的に養殖がはじまったのはいつですか。

國松 昭和五（一九三〇）年に初めて無核の真珠がつくられてからで、軌道に乗ったのは戦後のことです。虎之助は衆議院議員を務め、引退後は水産業発展に尽くし、淡水真珠養殖の基礎づくりに貢献しています。

北脇 無核というのは……。

國松 海水の養殖はアコヤガイを使うので有核ですが、琵琶湖ではイケチョウガイ(**)を使っているので無核で、真円ではないですが、形と色に特色があります。イケチョウガイは数年で一五センチに成長し、一つの母貝から四〇～五〇個もの真珠がとれるそうです。

北脇 琵琶湖の恵みの中で育まれた一粒一粒、湖からの美しい贈り物が消えませんように。

國松 現在も、近江八幡市の西の湖や堅田の内湖などで養殖されています。

(*)近江《あふみ》の海のしづく白玉知らずして恋せしよりは今こそ増《ま》され　（訳）近江の海に沈んでいる白玉のように、よく知らないで恋慕っていた時よりも、今こそ恋が増さっている。『巻11、2445』

(**)池蝶貝。淡水に棲むイシガイ科の二枚貝で、絶滅危惧種となっている。

49

蓮海寺

草津三港の一つ担い

草津市志那町

北脇 蓮海寺《れんかいじ》と号する寺名は、蓮の名勝地だった所からとか……。

國松 江戸時代の『近江名所図絵』では志那の浜に蓮の群生が描かれ、『近江輿地志略』にも、蓮の花咲く志那の浜は心なごむ湖の絶景と書いてあります。

北脇 志那は重要な港でもあったということですね。

國松 守山、今宿に至る志那街道の起点であり、草津三港として、矢橋の帰帆島、北山田港と肩を並べるほどでした。

北脇 今は、その面影がないですね。

國松 変わらないのは小さなお堂と中におられる地蔵尊、そして向かいに見える湖西の山々でしょうか。

北脇 地蔵尊は古いのですか。

國松 一・五メートル以上もある鎌倉時代の木造地蔵菩薩立像（国指定重要文化財）です。かつて、最澄が比叡山の一本杉で三体の地蔵尊を刻んだうちの一体といういい伝えがあります。

北脇 お堂のすぐそばに句碑(＊)がありますね。

國松 室町・戦国時代の俳人、山崎宗鑑です。ここ志那の生まれで、近江源氏佐々木氏の末裔《まつえい》、足利義尚に仕え、俳諧《はいかい》の開祖として知られています。

北脇 芭蕉の大先輩ですね。

國松 晩年は山城国山崎に住み、調度品はやかん一つといわれたほど簡素に暮らした洒脱《しゃだつ》の人だったといわれています。

(＊)元朝の　みるものにせん　不二の山

門前市なしたもんもん　50

灸は天日槍もたらす？

草津市穴村町・志那中町

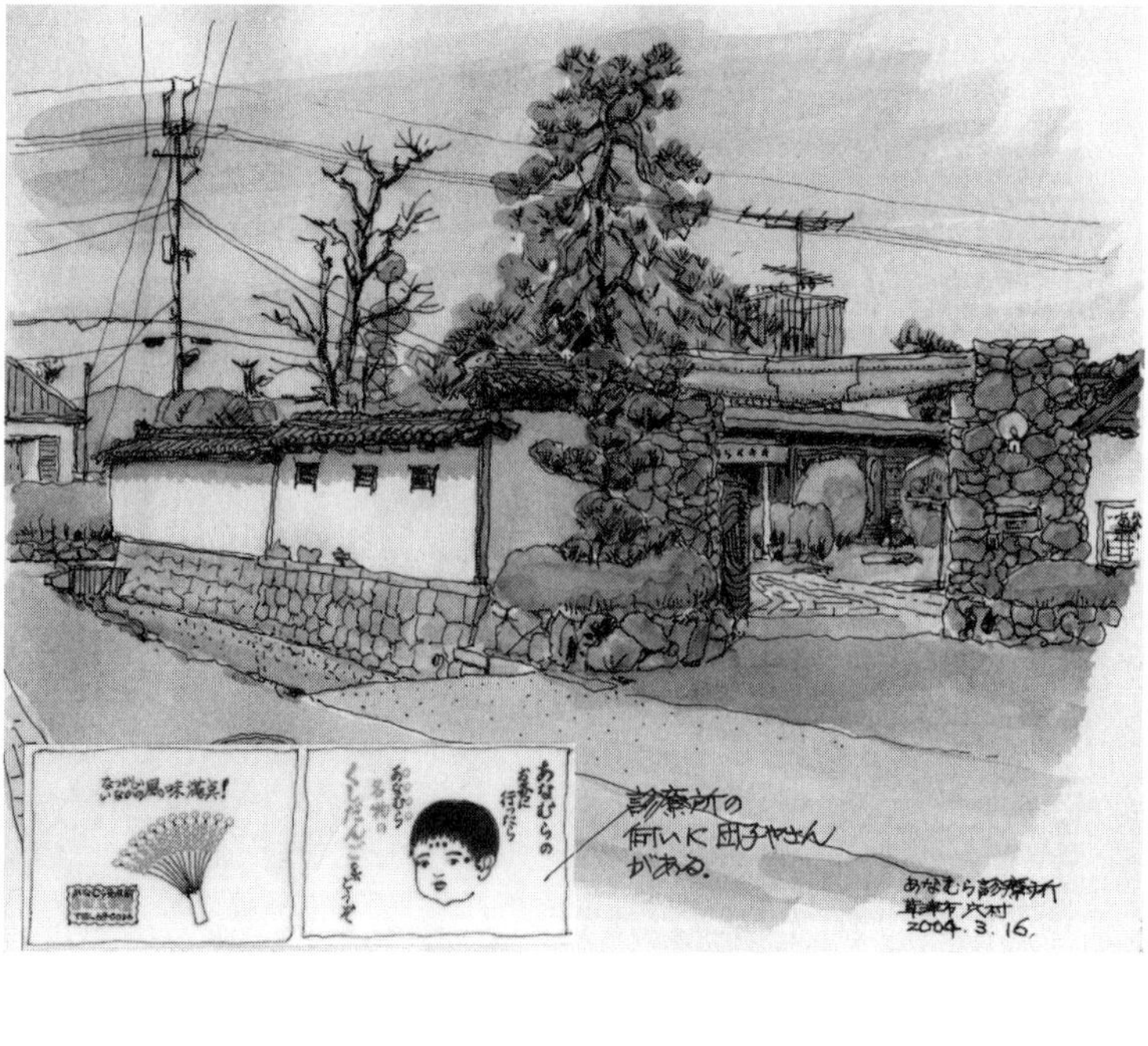

北脇「お前、もんもん行ってきたんやな」とすぐにわかる、墨灸《すみきゅう》の跡を顔に付けた幼いころを懐かしく思う方も多いのではないでしょうか。

國松「穴村の灸」で知られる「もんや」と称する駒井家は、昭和の初め、門前市をなす大変な人気だったそうです。

北脇 京都や大阪などの近隣からわんさかやって来て、みんな待たされた。

國松 一五代前の駒井主計が痛くない墨灸もんを発明し、夜泣きや癇《かん》の虫によく効いたのです。

北脇 当時は、もんもんへ行ったというのは子ども時代の一つの通過点でした。そんな親子を見つづけてきた立派な松がありますね。

國松 近所の人は、松の下を裸足《はだし》で子どもたちをよく歩かせたそうです。足の裏のツボを刺激したのでしょう。

北脇 近くの安羅《やすら》神社には、古くから使われた「温石《おんじゃく》」が社宝としてあるそうですが……。

國松 数十個の小判型をした黒色の石は、火にあぶって患部にあてて治療しました。日本医術の祖神とされる渡来人の王・天日槍《あめのひぼこ》がもたらしたとわれています。なぜ、ここに灸が……ぜひ、神社の由来を読んでほしいですね。

北脇 最近はこの古代の温石が見直され、美容・エステと若い人に人気がありますね。今ものどかな穴村ですが、下船して馬車に乗ったという風景が目に浮かびます。ところで、水辺になんでもない古い民家がありますが……。

國松 大正から昭和にかけて大変賑わった穴村港の券売所です。

2006.6.28

北脇　ここから「もんや」を目指したわけですね。

國松　そう、その「もんや」へと押しかける人々のために、大津―志那中を結ぶ穴村航路は一時間ごとに就航していたのです。それでも、母子の乗船客であふれかえっていたぐらいです。

北脇　この券売所も長蛇の列だったでしょうね。

國松　当時は売店や宿屋もあり、二五台あった人力車はフル回転で、一〇〇台の貸し乳母車はほとんど借り切りだったそうです。

北脇　子どもを大切に思う親心が、評判に拍車をかけたのでしょうね。

國松　昭和に入ると、乗合馬車がここから穴村までの二キロの道のりを往復するようになりました。

北脇　「もんもんの馬車の匂いや春の道」昔を知る人には懐かしい思い出でしょう。

國松　現在は湖周道路にさえぎられ、港であったという面影はなくなりました。往時にそびえていた松の木はすっかり枯れて、樹《みき》のみの姿です。「もんや」が、先ほどいった古代の渡来人天日槍《あめのひぼこ》につながることを知る人も少ないでしょう。

芦浦観音寺

51

権力・財力誇った船奉行

草津市芦浦町

北脇　城のような立派な門構え。裃《かみしも》を着た侍が出てきそうで、寺とは思えないですね。

國松　信長、秀吉、家康の時代と、長きにわたって歴代の住職が船奉行を務めてきました。とくに九代詮舜《せんしゅん》(＊)は、秀吉に重用されて琵琶湖の水運に力を得て大活躍したのです。

北脇　船奉行とは……。

國松　琵琶湖を航行するすべての船に許可証（焼印）を与え、通行税を取ったりしていました。それは、大変な権力と経済力を得ることになります。そのうえ代官も務めていたのです。

北脇　いつごろまで権力を握っていたのでしょう。

國松　五代将軍綱吉のときに権利はお取り上げとなっています。今でいうリストラです。それ以来、広大な寺領を守りつづけるのは大変ですが、現住職で三〇代目だそうです。

北脇　湖を隔てて山門に対する巽《たつみ》の守り、天台宗の有力寺院で拠点の一つだったとか……。

國松　信長の比叡山焼き討ちのとき、延暦寺の寺宝をここに避難させたといい、重文の阿弥陀《あみだ》堂や書院、秘仏の十一面観音、古文書など多くの文化財が残ってます。

北脇　大津市尾花川に観音寺町がありますね。

國松　代官所をここに置き、観音寺屋敷といわれた名残です。

(＊)(1540〜1600) 戦国時代の天台宗の僧。比叡山延暦寺の焼き討ちの後、施薬院全宗《ぜんそう》らとともに復興に尽くした。

52

金勝山金勝寺

良弁活躍の原点？

栗東市荒張

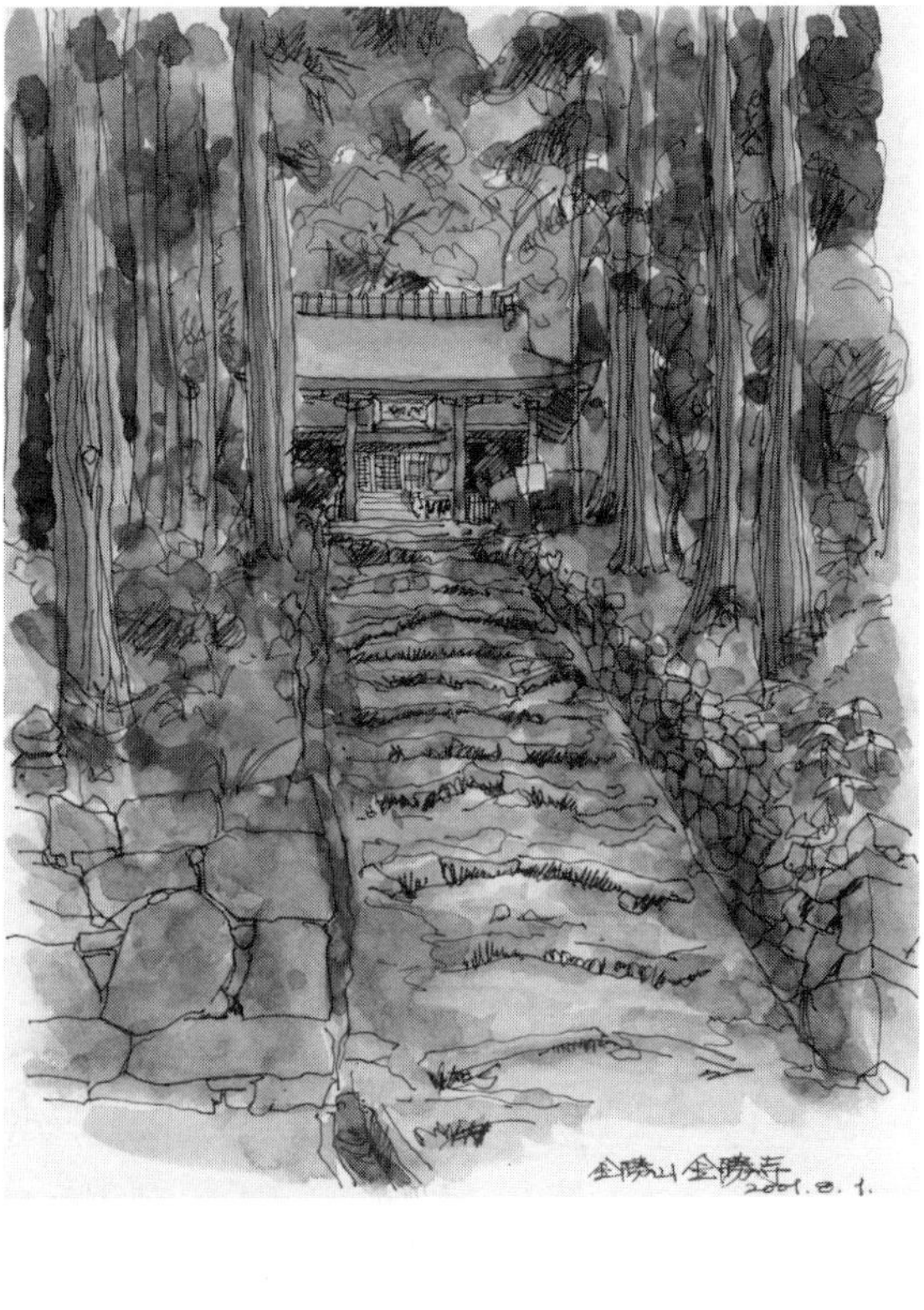

北脇 金勝《こんぜ》の里から登ってくると、杉並木の向こうに山門と本堂が見え、ひっそりとした山寺ですね。

國松 平安時代には二五もの別院を有し、湖南仏教文化の中心として栄えました。

北脇 ここも聖武天皇勅願、良弁《ろうべん》の開基ですが、良弁（六八九～七七四）とはどういう人ですか。

國松 一説によれば百済の帰化人の子孫で、東大寺の開祖であり、晩年は石山寺造営のときの最高責任者です。

北脇 大変な活躍ですね。

國松 大仏鋳造には多くの職人と金を必要としたのですが、この辺りの金勝族《こんしょうぞく》という技術者集団を統率指導して、力を借りたのでしょう。

北脇 金粛《こんしょう》菩薩《ぼさつ》、金鷲行者《こんじゅぎょうじゃ》ともいわれていますが……。

國松 幼いときに鷲《わし》にさらわれ、奈良春日山の大杉の根本で発見されたという伝説があり、浄瑠璃や歌舞伎（『良弁杉由来』別名『二月堂』）にもなっています。

北脇 この辺りは、鷲も棲んでいそうな荒々しい岩山ですね。

國松 渡来人には故郷朝鮮に似た風景だったかもしれません。

北脇 ハイキングコースとしてもおもしろい。

國松 磨崖仏が点在し、山麓《さんろく》西の狛坂廃寺にある磨崖仏は、歴史を物語る貴重な遺跡です。

53

狛坂磨崖仏

渡来人の寄進か

栗東市荒張

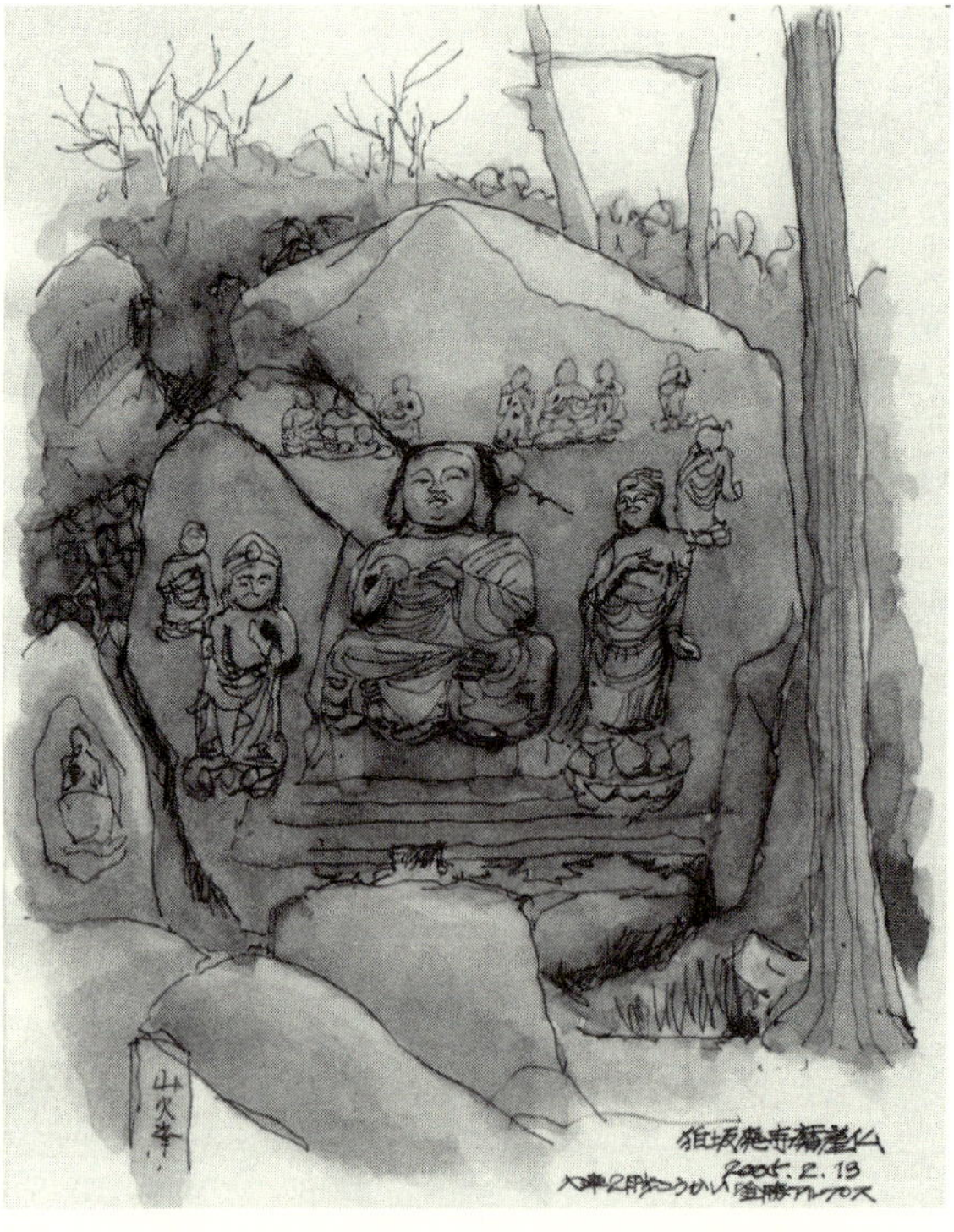

北脇 足のむくままとはいえ、この磨崖仏《まがいぶつ》に会いに行くのは大変ですね。

國松 湖南アルプスのハイキングコースを行くと、いくつもの大岩や奇岩、石仏と出会います。ここの風景は素晴らしいです。

北脇 大きいですね。

國松 高さ六メートル以上の花崗岩《かこうがん》に厚く浮き彫りした三尊仏、それを小さな仏様が取り囲んでいます。造立は奈良時代とも平安時代ともいわれ、見事なものです。

北脇 苔《こけ》むした石垣がありますが……。

國松 ここは奈良、平安時代にかけて仏教文化の栄えた金勝寺《こんしょうじ》の別院として、弘仁七（八一六）年に建てられた狛坂廃寺跡です。

北脇 狛坂というと渡来人にかかわりがありますか。

國松 田上《たなかみ》、金勝《こんぜ》一帯は鉱物資源が豊富にあり、それを求め扱う技術集団の金勝族が古くからいました。彼らに新しい技術を教えたのが渡来人で、この磨崖仏も渡来系の人の寄進ではないかといわれています。

北脇 金勝寺を建てたのも帰化人の良弁《ろうべん》、良弁の足跡が多くありますね……。

國松 金鷲行者《こんじゅぎょうじゃ》、金鐘菩薩、金粛菩薩と「金」のつく名で呼ばれ、工人たちを率いて近江から大和へと活躍した良弁です。

北脇 こんな迫力ある芸術品をつくった当時の工人の技はたいしたものですね。

國松 貴重な磨崖仏が山奥深くで、訪れるハイカーたちを遠い昔に誘ってくれます。

井口天神社

54

珍しい鋳物の鳥居

栗東市辻

北脇　鋳物というと鍋、釜、梵鐘《ぼんしょう》などですが、鳥居は珍しいですね。

國松　辻の鋳物師《いもじ》たちは全国で活躍し、鋳銅製の鳥居は元禄七（一六九四）年、田中七衛門と太田六衛門が大旦那となり、江戸を中心とする関東の鋳物師たちと辻村の人々が寄進した貴重なものです。

北脇　辻でつくられたのですか。

國松　江戸・深川で鋳造し、船で運んできました。井口天神社はこうした辻の鋳物師の氏神です。

北脇　歴史は古いのでしょうか。

國松　奈良時代、高野太夫が和同開珎《ちん》を鋳金したといわれています。江戸時代には各地で名声を誇りました。

北脇　近江は商人だけでなく、モノづくりの技術者も活躍したのですね。

國松　近江商人と同様に家屋敷、妻子を近江に残し、全国へ進出して成功しました。

北脇　どんなものが残っていますか。

國松　油日神社、長寿寺の梵鐘、水口の大徳寺の湯釜、この釜は千利休（一五二二〜一五九一）につかえた与次郎作と伝えられています。東京・両国の回向院《えこういん》の阿弥陀如来は、太田六衛門の代表作です。ほかにもたくさんあります。

北脇　現在、辻の鋳物師は……。

國松　辻では、昭和三六（一九六一）年、太田鋳造所を最後に消えましたが、東近江市長《おさ》町の金壽堂、同市五個荘の西澤梵鐘鋳造所が伝統技術を守っておられます。

中山道・焔魔堂町　55

小野篁　えんま大王の友達？

守山市・五道山十王寺

北脇　「嘘ついたらえんまさんが……」の焔魔堂《えんまどう》町、変わった町名ですね。

國松　町の閻魔《えんま》堂にえんま大王の像があり、この名前が付いたと江戸時代の本に書かれています。

北脇　場所はどこですか。

國松　中山道守山宿の近くです。今は「五道山十王寺」といい、門前の石柱に「閻魔法皇、小野篁《たかむら》作」と刻んであります。

北脇　湖西小野氏の一族、遣唐副使にも選ばれた漢学者、歌人で参議にもなった実力者ですね。

國松　この人にはおもしろい逸話があります。「又《また》行ってくる、と篁ちょっと死に」。毎日、冥土《めいど》へ行き、地獄、極楽の入り口でえんま大王の仕事（死んだ人間の生前の行状を裁く）を手伝い、また生き返ってこの世に戻ってきたという話です。地獄に通ったという伝説の井戸も、六道珍皇寺《ろくどうちんのうじ》（＊）の境内にあります。

北脇　まるでえんま大王の友達のようですね。近ごろメディアに出てくる世界中のウソツキを、この町に連れてきたいですね。

國松　えんま大王は、人の生まれたときから肩の上にあって、人の善悪を記録するという倶生《ぐしょう》神《しん》、慈悲を示す地蔵尊と並び、脇には冥土で生前の罪を裁くといわれています。懲らしめるだけでなく、救いの手も差し伸べています。

（＊）京都市東山区大和大路四条下ル。拝観：午前9時～午後5時。無料。

湖国に残る唯一の一里塚　56

秀忠が全国に整備

守山市今宿

國松 野洲川の西、中山道守山の南に位置する今宿の一里塚です。

北脇 一里は何キロですか。

國松 約四キロです。江戸日本橋を起点とし、一二八番目にあたる一里塚で、日本橋より約五〇〇キロの距離になります。

北脇 いつごろできたのですか。

國松 二代将軍秀忠のころに全国の街道が整備され、一里ごとに五間（約九メートル）四方の塚を築き、榎《えのき》を植え、街道の両側には松を植えて旅人の目安にしたのです。

北脇 いい考えです。

國松 夏は榎の葉陰に休み、秋はその実をとって空腹を満たし、人夫や馬子の駄賃の基準にもなりました。また、日本橋からの里程《りてい》を知らせる役にも立ちました。

北脇 一里塚はたくさん残っていますか。

國松 明治以降、道路拡張や農地、宅地への転用などでほとんどが消えていき、今宿の一里塚は県下に残る唯一のもので、全国でも珍しいものです。

北脇 榎は当時からのもの？

國松 今は、脇芽から成長した二代目が大きく育っています。

57

境川にかかるどばし

江戸期、20間もの御普請橋

守山市今宿

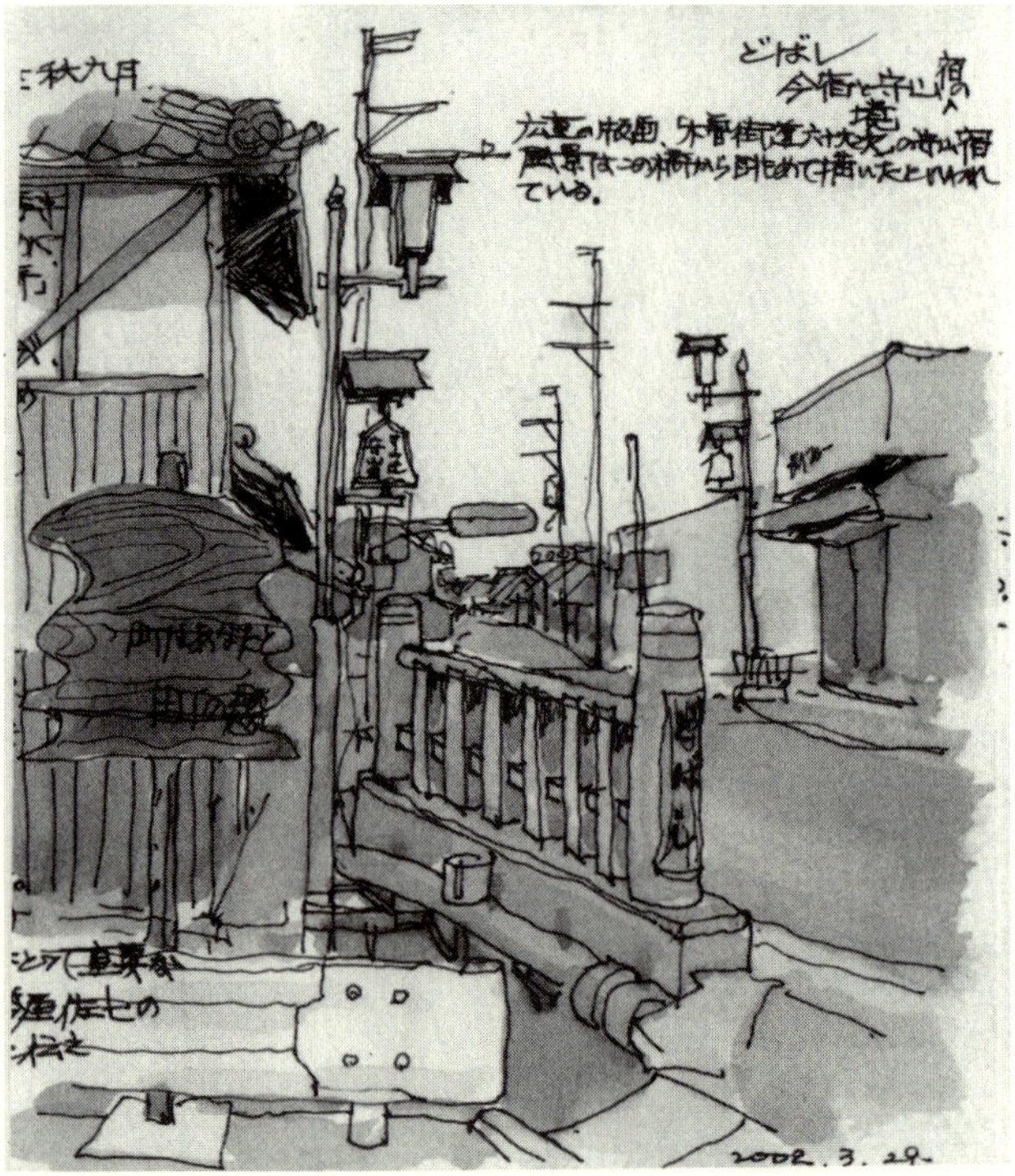

北脇　小さな川の小さな橋。

國松　今は川幅四メートルほどの境川（吉川）に架かるどばしですが、古代は野洲川本流の旧河道で、扇状地烏丸半島をつくったほどの大きい川でした。

北脇　ここは中山道の今宿。

國松　本宿守山と加宿今宿を結ぶ橋で、昭和一六（一九四一）年までは境川が栗太郡と野洲郡の境界でした。

北脇　昔は土の橋だった……。

國松　現在はコンクリートの橋ですが、江戸時代は御普請《ふしん》橋の一つで、瀬田川の唐橋の架け替え時の古材で築橋されていました。ちょっと目を閉じて……。橋の長さは二〇間（約三六メートル）、川には屋形船が何艘《そう》も浮かび、両岸には宿屋や茶店が建ち並び賑《にぎ》わっていた風景が浮かぶでしょうか。

北脇　広重の「木曽街道六九次」守山宿の版画は、このどばしからの眺めだそうですね。

國松　橋の袂《たもと》には石造の常夜燈がありました。隣の樹下《じゅげ》神社境内に移されていますが、たびたび氾濫《はんらん》した大川（吉川）を行き交う船便や街道を往来する人々の安全を祈願して、天保二（一八三一）年に伊勢屋佐七が商人仲間と建立したものです。

北脇　住時の風景とはずいぶん違って、今は住宅街を流れる川と橋です。

58

比叡山東門院

比叡山寺鬼門の守り

守山市守山町

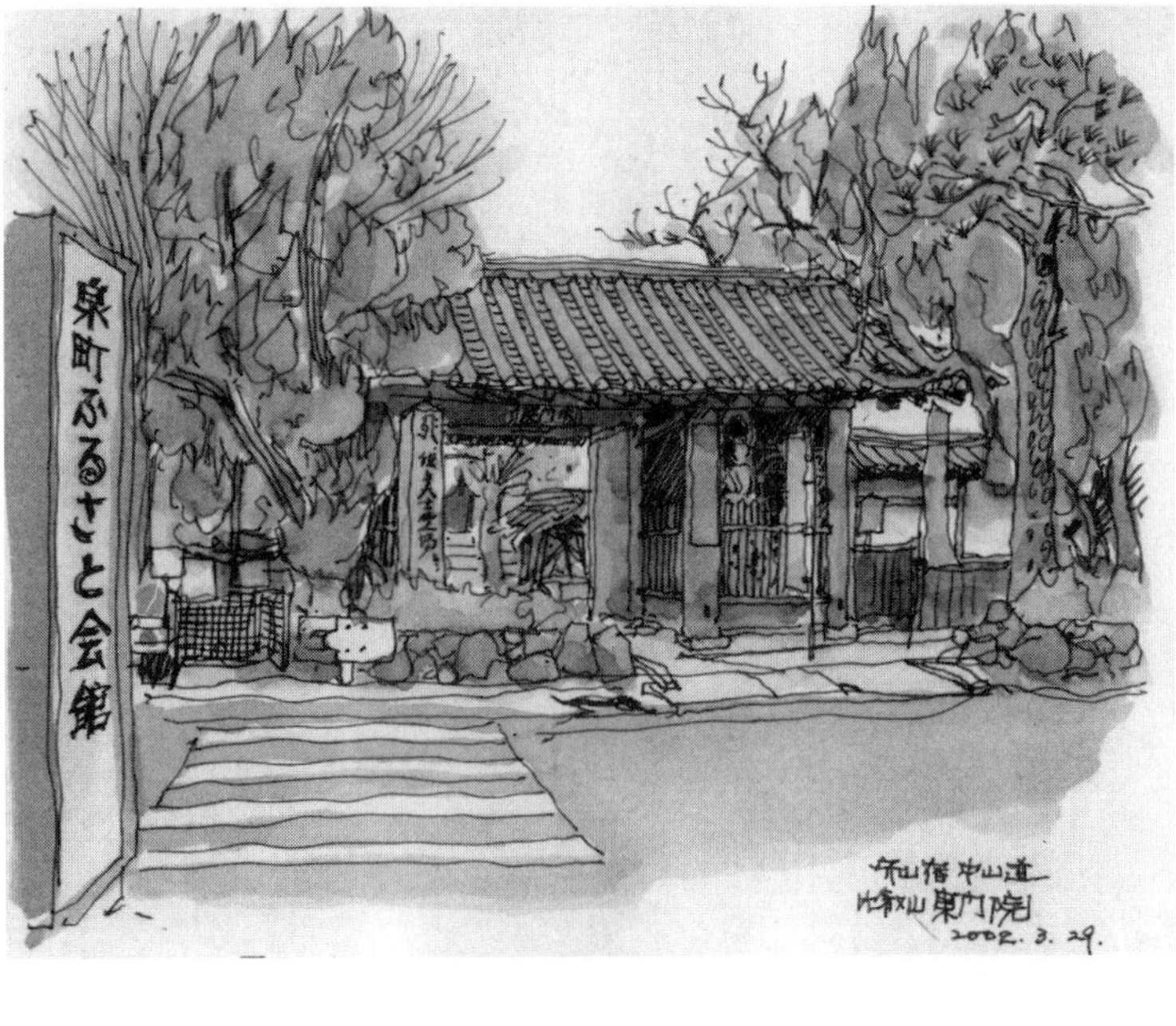

北脇 守山はちょうど比叡山の真東に当たりますね。

國松 延暦七（七八八）年、最澄（七六七〜八二二）が比叡山寺（のちの延暦寺）を建てたとき、その東の鬼門を守るために東門院が創建されました。

北脇 守山という地名の起こりは東門院ですか。

國松 命名者は桓武天皇（七三七〜八〇六）といわれています。坂上田村麻呂が東征の際、寺の仁王に戦勝祈願をし、勝利を収めたのちに本堂を建立し、千手観音を安置して天皇より寺号「守山寺東門院」と寺領を与えられたということです。

北脇 当時のこの辺りはどんな所だったのでしょう。

國松 人もあまり住んでいない所で、最澄の従者七人が門前に住み、茶店を設けたところから「七軒在家」と呼ばれ、この七軒を中心に門前町ができていったのです。

北脇 平安時代の初めからという歴史あるお寺ですね。

國松 かつては「守山の正倉院」といわれるほどでしたが、昭和六一（一九八六）年の火災で多くを焼失しました。木造の不動明王坐像、石造五重塔、石造宝塔などがあります。

北脇 中山道守山宿の正倉院、焼失とは惜しいです。

國松 源頼朝が幕府を開いてからは鎌倉―京の往来が盛んになり、頼朝上洛のとき、東門院の青柳の水を馬に飲ませたという伝説があり、良質の地下水が得られ、今も醤油《しょうゆ》や酒が造られています。朝鮮通信使の宿にもなりました。

山賀のモダン社 59

天満宮と貴船神社　並んで鎮座

守山市山賀町

北脇　山賀《やまが》といっても知らない人が多いでしょう。どの辺りですか。

國松　琵琶湖南岸の湖辺にあり、地名は伝教大師が六坊を建立し、「山家」と称したことに由来します。

北脇　昔からの農家が多い土地柄にしては、とてもモダンな建物ですね。

國松　この社《やしろ》の中に、古い天満宮と移してきた貴船神社の二社が鎮座しています。

北脇　地元の反対はなかったのでしょうか。

國松　昭和五五（一九八〇）年、守山川の改修の折に京都の設計会社に依頼しましたが、反対はなかったそうです。

北脇　屋根など神社の型を取り入れていますが、ステンレスのようですね。

國松　ステンレス、銅板、ガラス、コンクリート、木材と多様な資材を使い、ガラスの壁面からは中がよく見えます。

北脇　ちょっと見るぐらいでは、神社とは思えないです。

國松　喫茶店やレストランにまちがわれることもあるそうです。大変ユニークな発想とデザインで、よくできているなと感心しました。

お満燈籠 60

湖に沈んだ娘の無念

守山市・琵琶湖大橋東詰

北脇　近江にはたくさん昔話が伝わっていますが、お満燈籠《みつとうろう》もその一つですね。

國松　鏡村のお満という美しい娘と、比良村の美男力士八荒《はっこう》との悲恋物語です。

北脇　湖を挟んだ二人はどこで出会ったのですか。

國松　鏡の宿で豊作を祝う奉納相撲があり、集まった力士の中に八荒がいました。娘は八荒に一目惚《ぼ》れし、彼が比良村に帰ったあとも想《おも》いは募るばかりでした。

北脇　心の内を伝えられたのですか。

國松　たらい舟に乗って湖を渡り、八荒を訪ねて「お嫁さんにしてほしい」と頼みました。彼は「私は修行中の身。今日から一〇〇日、湖を渡って毎晩通ってきたら想いをかなえよう」と言いました。

北脇　暗い湖を一〇〇夜とは……。

國松　常夜燈を頼りに通い続けて九九日目の夜、灯明は消されていました。突然吹いた比良おろしの大風に、舟もろともお満は湖の底に沈んでしまったのです。

北脇　満願はあと一日、どんなにか心弾んでいたことでしょう。

國松　人々は、お満の霊をなぐさめるために湖岸に燈籠を建てて供養しました。比良八荒の伝説はいくつもあり、登場人物は違っても「たらい」、「百日百夜」、「灯を消す」は同じです。三月下旬、突風が吹き荒れるとそれは娘の呪い荒れで、「比良八荒、荒れじまい」といわれて、湖国にも春が訪れます。

兵主大社

61

武将の信仰厚く

野洲市中主町

北脇 松並木の参道を抜けると美しい朱塗りの楼門、立派ですね。

國松 左右に翼廊のある楼門は、足利尊氏（一三〇五～一三五八）の寄進といういい伝えがあります。

北脇 シーンとした境内はすがすがしく、おごそかな気持ちになります。歴史は古いのですか？

國松 祭神は大国主命《オオクニヌシノミコト》。縁起によれば、養老二（七一八）年に対岸の大津市穴太《あのう》（高穴穂宮）から亀に乗って湖水を渡り、鹿に乗ってこの地へ移されたとなっています。

北脇 兵主《ひょうず》という神社名はあまり聞きませんが……。

國松 全国に五〇社ほどあり、ここは大社に列せられています。中国で信仰されていた八神の一つで、兵を司《つかさど》る神です。

北脇 武将の信仰が厚かったというのもうなずけますね。

國松 頼朝や尊氏が社殿や神領、武器武具を寄進し、現在重要文化財になっている多くの社宝があります。

北脇 庭園がまた素晴らしい。

國松 「近江の苔寺」と称賛される名園は、平安期にもさかのぼる神社庭園として貴重なものです。緑の絨毯は心がなごみます。

北脇 そして、周囲は広大な稲田……。

國松 大昔から豊かな穀倉地帯で、兵主十八郷の総氏神として人々の信仰を集め、五月五日の兵主祭りは、御輿が四〇基、かつぎ手二〇〇〇人といわれ、見ごたえのある祭りです。

天保義民碑 62

不正を訴え、命かけた四万人

三上山麓

北脇　良質の米どころ近江で大一揆を起こしたというのは、よほどのことですね。

國松　このころの幕府政治は乱れていて、財政の立て直しが急務となっていました。幕府の検地役人市野茂三郎が近江に来たのは天保一二（一八四一）年一二月です。年貢を多く取り立てるためでした。

北脇　天保の時代は飢饉つづきで、民は貧困と飢えで苦しんでいたのでは。

國松　土川平兵衛（一八〇一～一八四三）をはじめとする甲賀郡、栗太郡の庄屋たちは検地中止の相談を何度もしましたが、我慢ができないほどのあくどいやり方で検地を行いました。いいかげんな目測、本来の六尺一寸の間竿《けんざお》でなく五尺八寸を一間としたインチキな検地竿を使用して、大藩には甘く、小藩には厳しく、賄賂《わいろ》や饗応《きょうおう》は当たり前という有りさまでした。

北脇　とうとう堪忍袋の緒が切れた！

國松　天保一三年一〇月一五日、百姓たちは矢川神社に集結し、棒きれ、鋤《すき》、鍬《くわ》、鎌《かま》を持って、市野の滞在する三上村本陣になだれこみました。約四万人という大変な強訴に、市野は「検地一〇万日延期」の証文を書き与え、百姓は事実上、検地の中止を勝ち取ったのです。

北脇　ところが、「めでたし」とはいえない。

國松　一揆への追及は過酷で、多くの人が牢獄《ろうごく》でせめ殺され、平兵衛ほか主だった者一一人は江戸送りとなり、三名は途中で絶命し、残りも獄死しました。何よりも大切なことは、命をかけて江戸北町奉行所で役人の理不尽な検地や不正を訴え、それを正したことです。天保義民碑は、三雲伝芳山《でんぼうさん》上と三上山麓に建てられています。

大笹原神社

63

鏡餅の元祖？

野洲市大篠原

北脇　篠原という地名は、篠竹の多い原からだそうですね。

國松　今も、田んぼの中に篠竹のはえた一画があります。この辺りはウルチ米を植えてもモチ米に変わると伝えられ、良質のモチ米を産することで有名です。

北脇　大笹原神社の本殿脇に餅の宮がありますね。

國松　篠原は奈良、平安、鎌倉と宿駅として栄え、中山道（東山道）を行き交う人々に保存食、携帯食として珍重されたのが篠原餅、鏡餅の元祖です。

北脇　よほどいい米だった……。

國松　江戸時代の本に、(*)「他産と異なり大変強く、近江みやげとしてもおすすめ」と書かれています。最高品質のオブラートは、ここのモチ米でつくられているそうです。

北脇　大笹原神社の本殿は国宝ですね。

國松　応永二一（一四一四）年に領主の馬渕氏が建てたもので、室町期の数多い神社の中でも名建築といわれています。とくに、社にほどこされた彫刻は素晴らしいものです。

北脇　神社は8号線に沿った中山道をちょっと入った所ですが、この街道はもともと堤だったのですか。

國松　良質の米を産するための天水《てんすい》を、(**)無駄なく使うために築かれたのが篠原堤です。平安期からすでに有名で、そのまま道となり、現在ではそれとは知らずに人々が通っています。

(*)『近江輿地誌略』（1734年）や浄瑠璃『難波丸金鶏―深草砂川の段』（1759年）による。

(**)この辺りは水に恵まれていなかったため、川の水だけでなく雨水なども大切に利用していた。

平家終焉の地

64

総大将　無念の胴塚

野洲市大篠原

北脇　平家は、長門の国壇ノ浦で滅亡したと思っていました。

國松　一一八五年の壇ノ浦の合戦では、平家一門の多くは討ち死にや入水をしましたが、清盛の次子、総大将宗盛とその子清宗は捕らえられ、義経は彼らを護送して鎌倉へ向かいました。

北脇　兄頼朝のいる鎌倉へですね。

國松　ところが、一行は鎌倉へ入ることを許されず、むなしく帰京したのです。

北脇　ここ篠原が平家終焉《えん》の地なのですか。

國松　篠原から京都へはあと一日という所なのですが、父子は篠原に着くと引き分けられて、宗盛はこの場所で、息子清宗は草津の野路で斬《き》られました。宗盛三九歳、清宗一七歳でした。

北脇　そのとき、義経は……。

國松　義経は前もって京都・大原より本性房湛豪《ほんじょうぼうたんごう》という僧を呼び寄せ、臨終に立ち会わせたのです。そして、この地に胴を葬り、塚を建てさせました。それが胴塚です。

北脇　首を洗った池も近くにあるそうですね。

國松　「首洗池」といわれ、平家物語などによれば、殺された無念が通じたのか、以来、蛙《かえる》が鳴かないので「蛙不鳴池《かわずなかずのいけ》」とも「不帰池《かえらずのいけ》」ともいわれました。開発によって狭くなり、数年前になくなりました。

北脇　栄華を極めた平家ですが……。

國松　平家最後の総大将である宗盛は、悲劇の地篠原にひっそりと眠っています。野路には清宗胴塚があります。

阿星山常楽寺

65

山門　今は三井寺仁王門

湖南市・西寺

北脇　「西寺」と地元の人が呼び、親しまれている常楽寺ですね。
國松　元明天皇の和銅年間（七〇八年）に良弁《ろうべん》によって建てられ、阿星《あしょう》山五千坊といわれた多くの寺院の中心寺院でした。
北脇　当時のこの辺りは……。
國松　奈良では東大寺、西大寺と仏教文化が花開いた時期で、ここ阿星山から栗東の金勝《こんしょう》山にかけても一大仏教文化圏が形成されていたのです。
北脇　建物は当時のものですか。
國松　室町時代の火災後にすぐ再建されています。本堂と三重の塔は国宝です。本堂の両脇には米倉があり、当時の隆盛がしのばれます。
北脇　中にズラリと並ぶ二十八部衆像（重文）も見事ですね。
國松　見事といえば、ここの山門です。
北脇　かわいい山門ですよ。
國松　現在はね。有名な三井寺の仁王門、元はここの山門でした。
北脇　あの立派な大きい楼門がですか！
國松　秀吉が伏見城に移し、さらに慶長六（一六〇一）年に徳川家康の寄進で三井寺へ移されました。
北脇　当時は、あの大門がふさわしい七堂伽藍の常楽寺だったということですね。

阿星山長寿寺

66

良弁開祖　聖武天皇の勅願寺

湖南市・東寺

北脇　長寿寺とは、めでたい名前です。

國松　土地の人は「東寺《ひがしでら》」といい、近くの常楽寺（西寺《にしでら》）とともに古くは阿星《あしょう》山五千坊の一つで、創建は奈良時代、良弁《ろうべん》が開祖の聖武天皇勅願寺です。

北脇　良弁といえば石山寺、東大寺が有名ですが……。

國松　聖武天皇は大仏造営のため紫香楽宮に一時遷都したのですが、長寿寺は都の鬼門にあたり、皇女誕生にちなんで子安地蔵を行基に命じて刻ませ、それを本尊として寺号を長寿寺としたといいます。

北脇　本堂の屋根の曲線は美しいですね。

國松　鎌倉時代初期の建物で、檜皮葺《ひわだぶき》、一重寄棟造、内部構造も藤原時代の名残をとどめ、国宝に指定されています。

北脇　左奥にはかつて三重塔があり、常楽寺（西寺）と同じ七堂伽藍であったと聞きますが。

國松　三重塔は信長によって安土山西山麓《ろく》の総見寺(＊)に移築され、今も残っています。

北脇　山門から本堂への長い道は風情があり、いいですね。

國松　右手奥にある聖武天皇の菩提を弔《とむら》う石造多宝塔は日本最大といいます。春の桜、若もみじ、秋の紅葉、四季折々、訪ねてみたい寺です。

（＊）滋賀県近江八幡市安土町下豊浦6367

67

本尊の胎内に大唐米

山岳仏教で栄えた地

湖南市・善水寺

北脇　ここは岩根の山中ですね。

國松　西尾十二坊といわれ、山岳仏教の地として平安時代には栄えていました。

北脇　桓武天皇のときですか。

國松　病の桓武天皇に、最澄がここの「霊水」を献上したらたちまち病が治り、「善水寺」の寺号を賜ったということです。

北脇　本尊の薬師如来座像は貴重な仏像と聞きましたが……。

國松　修理の際に、胎内から本尊造立を担った人々の名簿が出てきました。その年代から、仏像は九九三年（平安時代）の作とはっきりわかったのです。こういう像を基準作例といい、きわめて重要なものです。本堂の中には三十余の仏像がズラリと並び、見ごたえあります。もう一つ変わったものがありますよ。

北脇　何でしょう。

國松　袋に入った種籾《もみ》。しかも大唐米。つまり、インディカ米のことです。

北脇　それは意外ですね。お米には人々の思いが込められているのでしょうか。

國松　農業の安定と発展を願い、また飢饉の折の種籾だったかもしれませんね。

北脇　私も善水をいただいてきました。

國松　国宝の本堂、数々の重要文化財の仏像を有する善水寺、長寿寺、常楽寺は、「湖南三山」として近年人気があります。

68

雲照山妙感寺

障子に秘蔵の歌

湖南市三雲

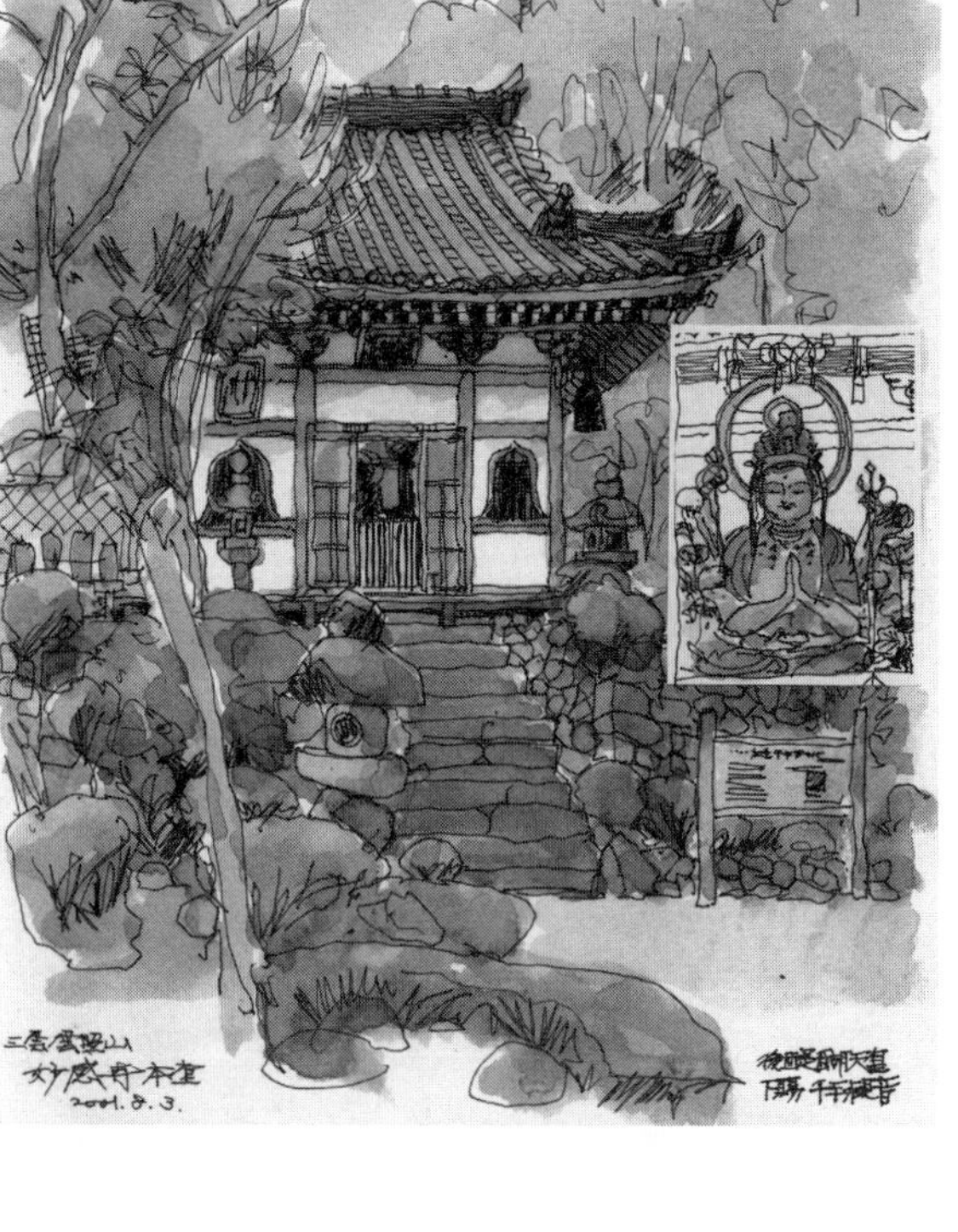

北脇 南北朝時代といいますが、これはどういうことでしょうか。

國松 朝廷が南（吉野）と北（京都）に分裂した時代です。鎌倉幕府の政治に不満をもつ武士が増え、彼らの力を集めて後醍醐天皇は、天皇を中心にした政治を取り戻そうとしたのです。

北脇 この舞台に登場する人たちは……。

國松 初めは天皇方として足利尊氏、新田義貞、楠木正成、側近の万里小路《までのこうじ》藤房が活躍しました。のちに敵と味方に分かれ、天皇による公家中心派と尊氏による武家中心派の政権争いは五〇年以上もつづいたのです。

北脇 妙感寺（臨済宗妙心寺派）は、天皇の側近だった藤房が創建した寺だそうですね。

國松 藤房は公卿時代から大徳寺に参禅し、出家したのちに京都妙心寺で修業し、妙心寺を盤石にした禅の高僧です。

北脇 そのような人がなぜ三雲の里に……。

國松 三雲は公卿時代の知行地でした。晩年ここに隠栖《いんせい》し、「世のうさをよそに三雲のくもふかくてる月かげや山居の友」と詠み、草庵の障子に書かれた歌が秘蔵されています。持仏堂には、後醍醐天皇下賜の千手観音があります。

北脇 寺の裏山に磨崖仏《まがいぶつ》がありますね。

國松 南北朝時代前期といわれる石造地蔵菩薩で、一七三センチの県下最大クラスです。両脇に小さな童子像が浮き彫りになっていますが、この形式は近江形式といわれています。

紫香楽宮跡

69

聖武天皇大仏建立への願い

甲賀市信楽町

北脇 立派な礎石です。

國松 紫香楽宮造営の一環として建てられた寺院の跡で、東大寺に先立つ寺院の遺構で貴重なものです。甲賀寺（のちの国分寺）と推定されています。

北脇 聖武天皇の時代ですね。

國松 天平一四（七四二）年、聖武天皇は奈良の都を逃げ出し、「恭仁（山背国《やましろ》）に都を、いや紫香楽だ、難波だ」とコロコロと心変わりをし、紫香楽へひんぱんに行幸していました。

北脇 ノイローゼだったのでしょうか。

國松 地震、天然痘による藤原四兄弟の死、反乱、暗殺……と心休まるときがありませんでした。そして、紫香楽で大仏建立という大事業の詔《みことのり》が発布され、大仏の骨柱まで造られたのです。

北脇 奈良から遠く、山深いこの地に離宮を造ろうとは……。

國松 背景にあるものは、良弁《ろうべん》という桁はずれの人物と、この辺りの帰化人の財力、技術だったのかもしれません。

北脇 大仏鋳造にすがるしかなかったのでしょうね。

國松 ところが、周辺の山々に大火災がつづき、人心の不安が募って三年足らずで消滅し、大仏も都も奈良へと移ったのです。

北脇 大変な無駄遣いをして、紫香楽から人が消えたのですね。

國松 奈良から恭仁《くに》京を経て朝宮へと出る古い街道、雲井、牧、勅旨、宮尻などの地名が古《いにしえ》の都をしのばせます。

70

住人よりタヌキの多い街

紫香楽宮瓦づくりが始まり

信楽高原鉄道・信楽駅

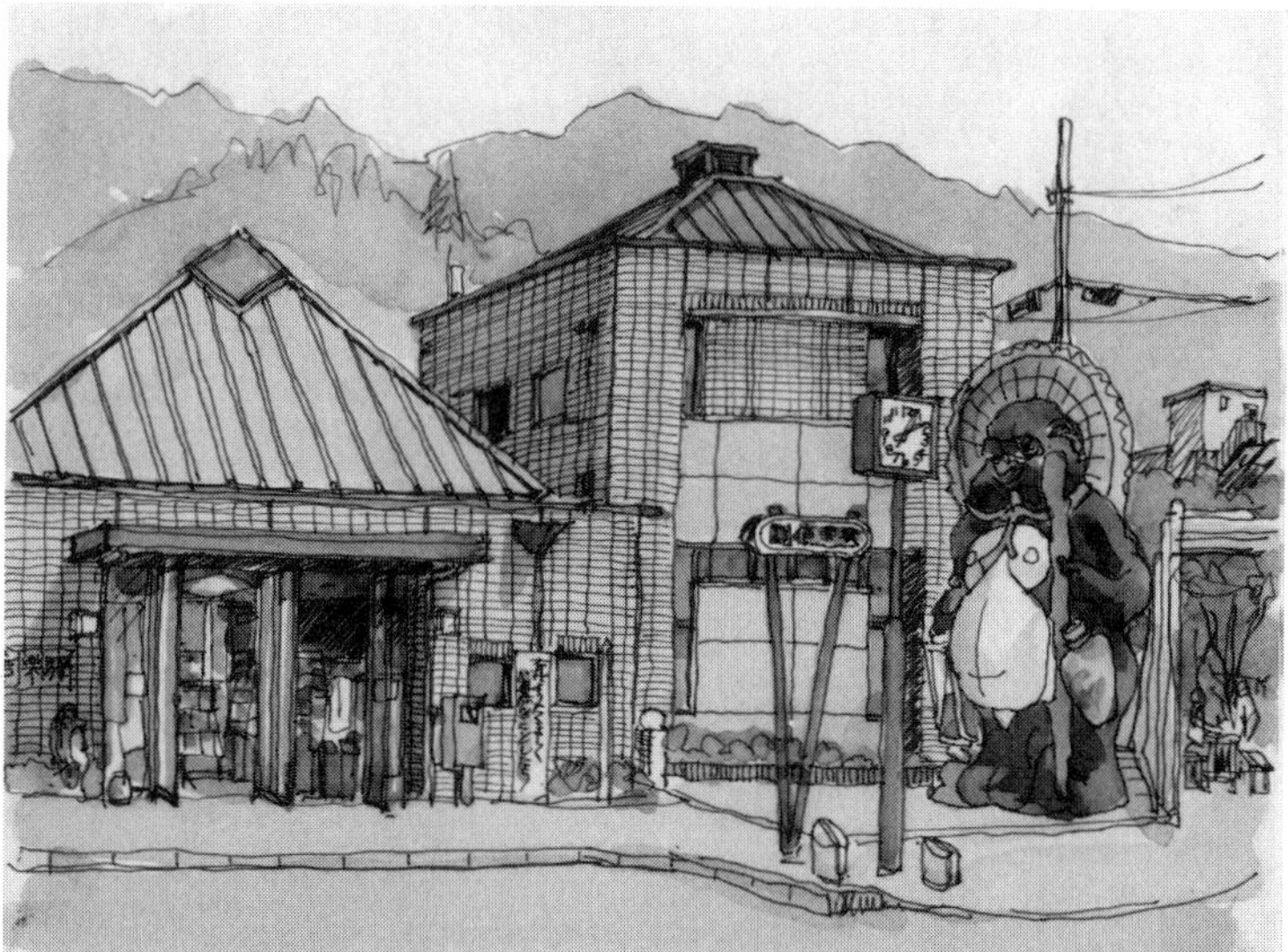

北脇 大きいですね。

國松 ひょうきんな大ダヌキが乗降客をほのぼのと迎えてくれます。実は、公衆電話です。

北脇 街は大小さまざまなタヌキがいっぱいですね。住人より多い？

國松 人口の約五倍とか。数センチから最大八メートルもの大ダヌキまで年間一〇万個以上が生まれているといいますから。

北脇 信楽は陶器のふる里ですね。

國松 奈良時代、紫香楽宮の瓦をつくったのが始まりといわれています。鎌倉時代になると本格的に製造されるようになり、茶道文化とともに発展し、さらに江戸時代に登り窯が築かれて大きな陶器づくりが盛んになったのです。

北脇 タヌキはいつごろからですか。

國松 明らかではありませんが、江戸時代です。

北脇 タヌキの定番のスタイルには意味があるのでしょうか。

國松 「笠は災難よけ」、「大福帳は商売繁盛」、「徳利《とくり》は徳が持てる」、目、顔、腹、金袋、尾、八相縁起で福をもたらすのです。

北脇 なるほど。本物はケモノヘンに里を書く「狸」、タヌキの里も高速道路建設で変わりつつありますね。

國松 自然豊かな信楽ですので、タヌキにも人にも住みよい所であってほしいです。

71

米軍に恐れられた怪地雷

鉢巻きしめ働く小中学生

信楽町・窯業試験場

北脇 四方を山々に囲まれた緑豊かなタヌキの里で、手榴弾《しゅりゅうだん》や地雷がつくられていたとは……。

國松 昭和一三（一九三八）年ごろから、不足する金属の代用陶器としてガス七輪、分銅、ボタン、湯タンポなどがつくられました。そして、地雷や手榴弾などは、戦時体制下にあった当時は大変重要なものでした。

北脇 秘密兵器だったとか……。

國松 電波を使った地雷探知に絶対かからない「怪地雷」として、米軍に恐れられたといいます。

北脇 形が湯タンポのようですが。

國松 軍用湯タンポ研究の過程でできたものです。強化ガラスに劣らぬ強さで、しかも安くたくさんできて、電波にかからないことがヒントになったようです。

北脇 実戦で使われましたか。

國松 沖縄や硫黄島で使用されたともいわれていますが、確かなことは軍事機密でまだはっきりとしていません。

北脇 誰がつくっていたのですか。

國松 働き手たちは応召されて町にいないので、小中学生が動員されて朝から日没まで日の丸の鉢巻きをしめて働いたそうです。

北脇 信楽焼の兵器のことを知る人は少ないでしょうね。

國松 そういう苦しい時代があったということを、忘れずに伝えていかなくてはと思います。

72

岩谷山仙禅寺

朝宮《あさみや》茶発祥の地

信楽町上朝宮

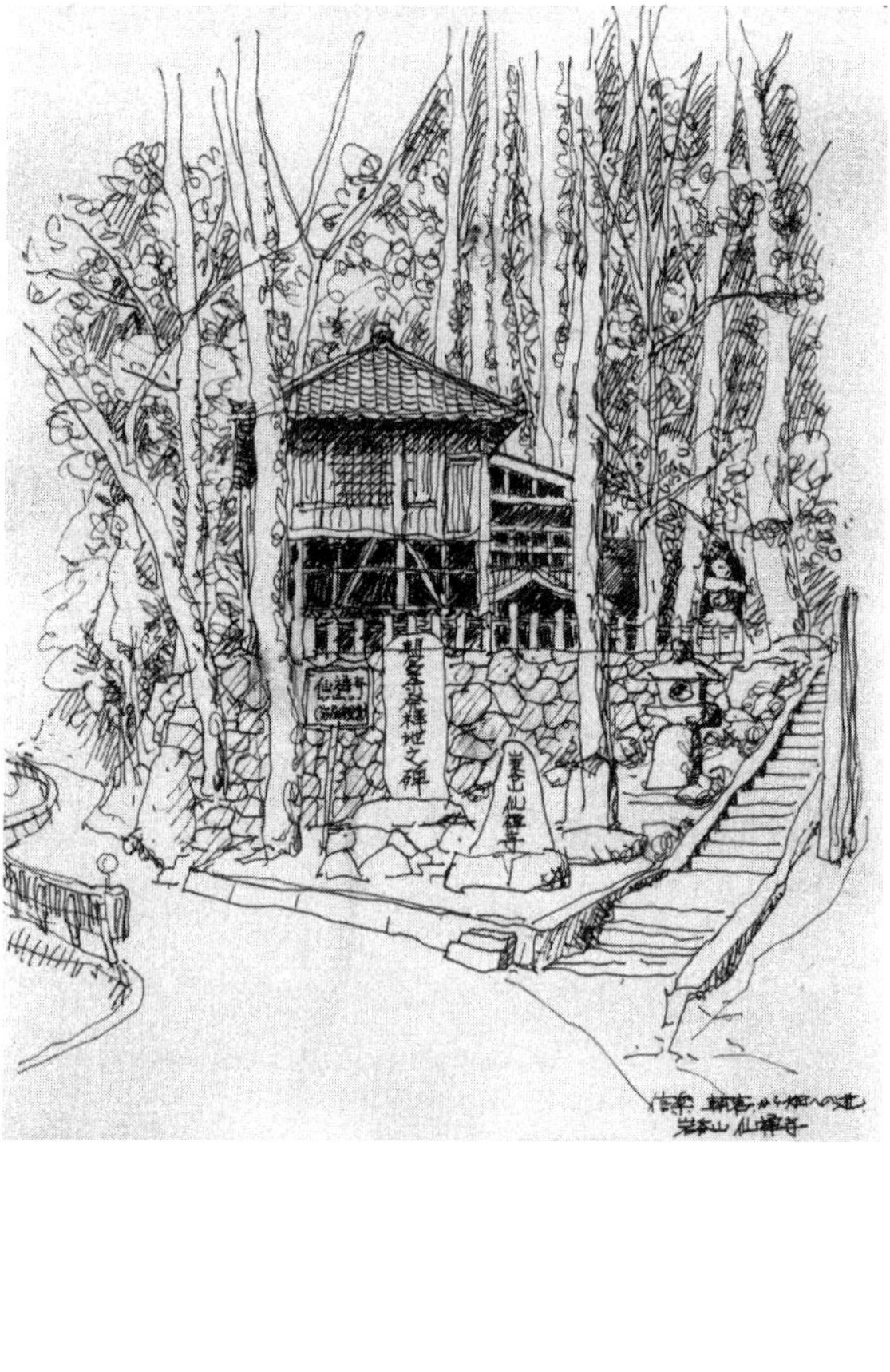

北脇　国道３０７号線沿いに東西へ延びる山間の集落、細い山道の間に茶畑が広がっています。

國松　一二〇〇余年の歴史を誇る朝宮茶の中心地です。

北脇　そんな昔からお茶の栽培を……。

國松　八世紀、最澄が唐から帰国後、比叡山寺（のちの延暦寺）を創建したころです。天台宗の普及のために朝宮の岩谷山仙禅寺に来た折、この地が霧が深く茶に適した土地と思い、唐から持ち帰った茶の実を蒔《ま》いたのが最初だといわれています。

北脇　そのころ、仙禅寺の辺りは……。

國松　最澄が開いた山城国、鷲峰山金胎寺の別院として、七堂伽藍の大寺院であったと伝えられています。今は、岸谷観音堂として名残をとどめています。

北脇　磨崖仏がありますね。

國松　この辺りは岩の多い渓谷です。観音堂は巨岩の上にある舞台造りで、堂の下にある巨石に三メートルほどの磨崖仏が刻まれています。

北脇　いつごろのものでしょう。

國松　建長元年と刻まれているので、鎌倉時代のものです。大昔から和束《わづか》―木津―奈良への古道があり、聖武天皇の恭仁《くに》京や紫香楽宮とを結ぶ道もあり、仙禅寺は県下でも古い寺院(*)です。

北脇　朝宮茶は高級茶であるとか……。

國松　気温一五度前後と、傾斜地を利用して上質の煎茶を生産しています。

(*)境内には「木隠れて　茶摘みも聞くや　時鳥《ほととぎす》」という芭蕉の句碑もある。

73

甲賀売薬の元祖　渡邉詮吾

利益は153万本もの植林へ

甲賀町滝

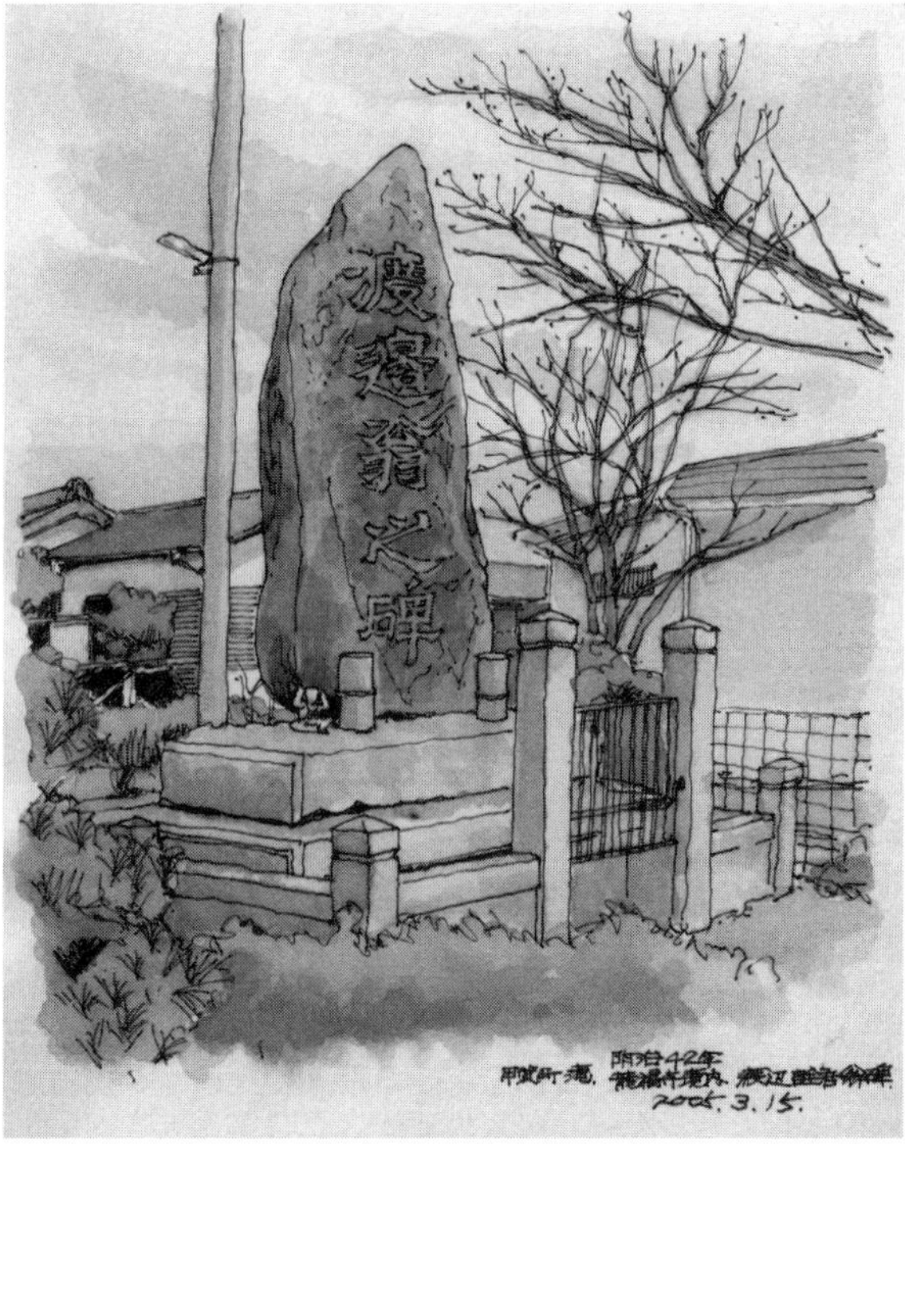

北脇　家庭配置薬といえば越中富山の薬売りですが。

國松　富山、奈良と並んで滋賀も三大配置薬生産県です。近江商人が売り歩いた日野売薬「萬病感応丸」、東海道、中山道の道中薬として売られた「和中散」や鳥居本の「赤玉神教丸(*)」、それに修験者が広めた甲賀売薬などがあります。

北脇　渡邉詮吾とはどういう人ですか。

國松　江戸時代の末期に甲賀町滝に生まれ、修験道場の飯道寺の配札と製薬法を学び、売薬の将来性に着目しました。羽織袴姿でお供を従えてお経をあげ、祈祷《きとう》をして、お札《ふだ》とともに家々に常備薬を置いて回ったのです。

北脇　医療に恵まれない土地の人には喜ばれたでしょう。

國松　配置薬の先駆者で甲賀売薬の元祖ですが、それだけでないのが渡邉詮吾のエライところです。

北脇　というと……。

國松　今でこそ盛んになった緑化運動を進め、乱伐で水不足や渇水の被害をもたらした旧甲賀郡内各地に植栽しました。その数なんと一五三万本！

北脇　吉野山の桜が三万本といいますから、ものすごい数の植林ですね。環境保護活動でノーベル平和賞を受賞したマータイ(**)さんもびっくりですね。

國松　利益を地域に還元、緑の先覚者として昭和四七（一九七三）年に顕彰されました。

(＊)下痢、腹痛、食傷などに効果のある妙薬で、多賀大社の神教によって調合したため、この名があるといわれている。

(＊＊)(Wangari Muta Maathai,1940〜) ケニア出身の女性環境保護活動家。2004年、ノーベル平和賞を受賞。

74

土山茶の始祖　鈍翁和尚

今も昔もあけぼの茶

南土山・常明寺

國松 土山は、鈴鹿山地の西斜面にあたる内陸部です。

北脇 古くから伊勢と結ぶ交通の要衝だったとか。

國松 その昔、歴代の皇女が伊勢神宮に奉仕される斎宮として通った垂水頓宮跡があります。

北脇 開基が元明天皇とは古いお寺ですね。

國松 和銅五（七一二）年の奥書きをもつ国宝の大般若経が二七冊が残っています。時代は下って約六五〇年前、常明寺住職の鈍翁了愚《どんおうりょうぐ》（?～一三五二）が京都大徳寺より種を持ち帰って、初めて土山に自家用に植えたのです。土山茶の始祖といわれています。

北脇 鎌倉時代、栄西が宋から伝えたと習いましたが……。

國松 近江茶の歴史は最澄のころと、さらに古いのです。

北脇 土山の茶業が盛んになったのはいつごろでしょう。

國松 江戸時代に入ってからです。鈴鹿峠をひかえ、東海道の宿場が置かれました。坂上田村麻呂の開創という永雲寺の天嶺《てんれい》和尚が天保年間（一六八一～一六八四）に茶園をつくり、街道を行く旅人にも売られるようになりました。

北脇 宿場名物ですね。

國松 「あけぼの茶」は名物の一つとなりました。

北脇 茶畑の広がる風景は美しいです。

國松 現在、県内の茶畑の三分の一に及ぶ面積が広がっています。

75

蟹塚

村人苦しめた大化けガニ

甲賀市土山・蟹が坂

北脇 海から遠い土山に、蟹塚とはおもしろいです。

國松 昔々、鈴鹿の山に大化けガニがいて、村人や旅人を苦しめていました。比叡山の恵《え》心《しん》僧《そう》都《ず》(*)は、夢に坂上田村麻呂の念持仏観音が現れ、「私が守る故に大ガニを退治せよ」とのお告げによって鈴鹿に向かいました。田村橋を渡り、蟹が坂へさしかかると……。

北脇 出ましたか、大化けガニが。

國松 僧都は大化けガニを一喝、お経を唱えつづけると、不思議なことにカニは動けなくなり、バリバリッと甲羅が八つに破れ、大化けガニは成仏したのです。

北脇 蟹塚は、カニの霊をなぐさめるためにその甲羅を埋めたのですね。

國松 一説には、カニは賊であったともいわれています。古代、征夷大将軍坂上田村麻呂が東征の際にこの地の賊を退治したと伝えられており、田村麻呂を祀《まつ》る田村神社があります。

北脇 この神社の名物に「かにが坂飴《あめ》」があるそうですね。

國松 僧都がカニの血でつくらせたといわれ、厄除《やくよけ》飴として今も祭礼の日に売られています。

北脇 鈴鹿峠を越えていく旅人にとっては、この飴は元気の素になったでしょう。

國松 東の難所箱根に対して、西の難所は鈴鹿峠です。この峠と土山宿の間に「蟹が坂」があります。京からこの辺りまで来ると、旅人はかなりくたびれてくる。飴をほうばってひとふんばりして、関所へと登ったことでしょう。

(＊)(942〜1017) 本名は源信《げんしん》。平安時代中期の天台宗の僧侶。比叡山横川《よかわ》の恵心院に住まいしていたので「恵心僧都《えしんそうず》」とか「横川僧都」と呼ばれている。

悲運の水茎岡山城　76

逃げ込んできた将軍

近江八幡市

北脇 水茎岡山城にまつわる悲しい話ですが、いつの時代のことですか。

國松 一四〇〇年代、応仁・文明の乱で世の中が荒れていたころのことです。

北脇 九里伊賀入道浄椿《くのりいがにゅうどうじょうちん》とはどんな人ですか。

國松 九里一族は古くから九里村土着の古族といわれ、浄椿は嫡男に生まれながら、元服後、武より文を好んだため永源寺に預けられ、四三歳まで学問一筋の暮らしをしました。

北脇 四三歳のときに何があったのでしょうか。

國松 父が戦死のあと、家臣・領民のため九里館主となりました。

北脇 学者として、領主として、浄椿の手腕は？

國松 儒教に裏打ちされた彼の善政は、この地を領民にとって、王道楽土といわれる平和な村にしたのです。ところが、思いもよらぬ事態に……。

北脇 思いもよらぬとは……。

國松 足利一〇代将軍義稙《よしき》（一四六六〜一五二三）と一一代義澄《よしずみ》（一四八一〜一五一一）とが対立し、京を追われて逃げてきた義澄は、堅田浦に泊まっていた船に飛び乗ったのです。

北脇 その船とは？

國松 浄椿の息子信隆の湖上水軍でした。対岸の岡山まではわずかな距離だったので、成り行きから一行を匿ったのです。

北脇 足利将軍の一行とは、驚いたでしょうね。

國松 突貫工事で水茎岡山城を完成させ、義澄一行と城内で生まれた義澄の子である亀王丸、の

ちの一二代将軍義晴《よしはる》（一五一一〜一五五〇）を手厚く守っていましたが、父義澄が「亀王丸を……」といい残して死にました。そのころ、岡山城攻略は着々と進められていたのです。

北脇　相手は大軍。

國松　三〇〇余の軍勢しかもたない田舎の国侍ですから、敵にだまされ、謀られて、琵琶湖の浮城である水茎岡山城は、わずか一三年で歴史から消えてしまったのです。

北脇　浄椿《じょうちん》は善人すぎたのでしょうか。

國松　播磨の城主、赤松氏に預けられていた亀王丸が一二代将軍に就任したという報せを聞いて、彼は自刃しました。

昔、絵師があまりの美しい風景に、筆を取り落としたということから水茎の名がある所で、わずかに城跡の面影を残しています。

公礼の宮と吉士長丹 77

功績残した遣唐使団長

近江八幡市宇津呂町

北脇　小さな社《やしろ》ですが、深い歴史が秘められているそうですね。

國松　氏神の呉姫《くれはとり》と吉士長丹《きしのながに》の話です。

北脇　いつのころの話ですか。

國松　古代大和朝廷草創期、中国から漢姫《あやはとり》・呉姫という縫工女が献上されました。桑の栽培に向いている近江国大島郡に天皇は二人を遣《つか》わし、宇津呂村に来た呉姫は村人に機織《はたおり》を教え、そのおかげで村が豊かになったという話です。

北脇　珍しい行事がつづいているとか。

國松　冬の機織は辛く、手足はシモヤケで真っ赤です。春がすぎて農作業の区切りのわずか一日、社裏の神泉に手足をつけるとその冬はシモヤケになりませんでした。旧暦六月一日、この池で手足を洗うとシモヤケにならないという信仰です。

北脇　ところで、吉士長丹とは？

國松　白雉四（六五三）年、大化の改新から七年後、そうそうたる顔ぶれの一二一名もの遣唐使の団長に任命され、命がけの航海ののちに多くの大陸文化を持ち帰りました。

北脇　二人はどこでつながるのでしょうか。

國松　長丹は功績により「高位」、「呉の姓《かばね》」、そして宇津呂荘に「封戸」(＊)を賜った。呉姫の子孫が住む地なので「呉の姓」を賜ったのかもしれません。近年、東京国立博物館に画像の写本が見つかり、研究されて明らかになりました。地元の人も知らなかった吉士長丹、今は呉姫と仲よく大切に祀《まつ》られています。

(＊)古代の貴族に対する封禄制度の一つで、特定数の公民の戸を支給するもの。「封《ふ》戸《こ》を食む」という意味から、実際に行われた支給制度を「食《じき》封《ふ》」とも呼ばれている。

78

日牟禮八幡宮

近江商人のあつい信仰

近江八幡市宮内町

北脇　八幡山（鶴翼山《かくよくざん》）の麓《ふもと》にある日牟禮八幡宮は、由緒によれば、成務天皇元（一三一）年に大島大神を祀《まつ》ったのが始まりだとか。

國松　昔々、長命寺山や八幡山は島になっていて、沖島と並び「奥津島」、「大島」と呼ばれていました。そのころの「白サギの恩返し」(*)という昔話があります。

北脇　どんな話でしょう。

國松　傷ついた白サギを日牟禮の社《やしろ》のほうから現れた大国主命《オオクニヌシノミコト》が助けました。何年か経ち、大島が火事になり、日牟禮の社が燃えそうになりました。そのとき、一羽の白サギが何度も沖島から飛んできて琵琶湖の水を必死で吹きかけ、その一念が通じたのか大雨が降り、火が消えたといいます。

北脇　三月の「左義長まつり」、四月の「松明祭」は二大火祭り、火除の神としても敬われているのはそのためですね。

國松　近江商人の信仰もあつかったといわれています。また、秀吉の甥《おい》秀次（一五六八〜一五九五）が開いた近江八幡の城下町ですが、信長、秀吉と楽市楽座令によって商人は守られ、近江商人として海外へも羽ばたきました。

北脇　その代表が西村太郎右衛門。

國松　江戸時代、安南（今のベトナム）との貿易で活躍した豪商太郎右衛門は、鎖国のため祖国の土を踏めずに異国の地で一生を終えましたが、望郷の想いを込めて「安南渡海船図」（重要文化財）を奉納しました。

（*）滋賀県小学校教育研究会国語部会『滋賀の伝説』（日本標準、1981年）を参照。

79

「神の島」沖島

恥は受けぬと果てた側室

近江八幡市

國松　「私は女だがどうして自害できないわけがありましょうや。わが一門の恥辱をもたらしとうはありませぬ」といって自害したのは、室町幕府八代将軍足利義政（一四三六〜一四九〇）の側室今参局《いままいりのつぼね》です。沖島の小高い丘にある奥津島神社に幽閉されてまもなくのことでした。

北脇　義政の側室に何が起きたのでしょう。

國松　愛妾として権勢をふるった今参局、通称お今が、正室の富子ににらまれたということです。

北脇　何か理由がないと……。

國松　富子が日野一族の期待を受けて男子を出産したのですが、死産でした。富子の出産直前に安産祈願に春日大社へつかわされたのが、お今の兄である大舘教氏《のりうじ》でした。富子をとりまく日野一族は、このことをとらえ、安産祈願ではなく胎児呪詛で、女の子しか産めないお今のねたみだという噂を広めたのです。

北脇　黒い噂は義政の耳に……。

國松　男子を失った失望と怒りから、お今を沖島へ流罪にした。すると日野一族は、数日後、お今を殺すための武者をさし向けたといいます。

北脇　お今は悪女だったのですか。

國松　そのように伝えられていますが、そうではない。将軍をとりまく女性たちの哀しい宿命でしょう。それからまもなく天候異変が起こり、干ばつや洪水、人々はお今の祟《たた》りだと恐れたといいます。

沖島漁港
2007.12.2.

北脇　今もこの島に眠っているのですか。

國松　奥津島神社に墓があり、大舘教氏もここに眠っているといわれています。

北脇　奥津島神社はいつごろに建てられたのですか。

國松　近江国守、藤原不比等（鎌足の子）が和銅年間に建立したといい、当時は「神の島」として湖上を行き交う舟人から崇《あが》められていました。人々が定住したのは、平安時代、保元・平治の乱の戦いに敗れた源氏の落ち武者が住み着いたことが始まりといわれ、茶谷、小河、南、北、西居、中村、久田の七人の侍が島の住人の先祖であるとされています。

北脇　古くから人々の心をとらえ、万葉歌にもある沖島。また、大佛次郎《おさらぎじろう》(＊)は、お今の忘れ形見をヒロインにして小説『桜子』を書いています。

國松　厳しい自然と向き合い、その時々の権力者の要請にこたえてきた島の人々。お今の最期の日はちょうど今の季節（二月上旬）。雪の舞う、寒い日であったといいます。

(＊)（1897～1973）作家・小説家。本名は野尻清彦《のじりはるひこ》。『鞍馬天狗』シリーズの作者として有名で、現代・歴史小説、ノンフィクション、さらには新歌舞伎や童話などまでを幅広く手がけた。

80

姫を尼にした罪

美声の念仏があだに

近江八幡市

國松　鎌倉時代の初めのことです。法然上人の高弟住蓮坊《じゅうれんぼう》と安楽坊は若くて美声のもち主でした。二人が開く念仏の会はいつも大入り満員で、とりわけ女性の信者が多かった。

北脇　テレビも週刊誌もない昔でも、アイドルを追いかける現代娘と同じですね。

國松　宮中にも話が伝わり、御所で念仏の会が催されたりもしました。後鳥羽上皇お気に入りの女御、松虫と鈴虫の両姫は念仏の美声に聴き惚れ、教えに傾倒し、上皇の留守に御所を忍び出て鹿ヵ谷《ししがたに》の草庵を訪れ、住蓮、安楽に出家を願い出たのです。

北脇　尼とは、よほどの覚悟があったのですね。

國松　一九歳と一七歳の姫たちですから、両上人は思い止まらせようと説得しましたが、決意は変わらずとうとう尼になりました。

北脇　宮中は大騒ぎになったでしょう。

國松　上皇はカンカンに激怒し、「尼にした罪」で法然は流罪、安楽坊と住蓮坊は首を切られました。「念仏を唱えれば誰でも極楽往生できる」と説いた法然の念仏宗を心よく思わない宗派が後押しして大事件になったといわれています。

北脇　田んぼの中の二つの墓はどこにあるのですか。

國松　住連坊の郷里、近江の馬淵の刑場近くです。

北脇　尼になった松虫と鈴虫は、その後どうなったのですか。

國松　隠れ棲んで両上人を弔い、念仏ざんまいの生活を送ったといいます。流罪から帰った法然は鹿ヶ谷に住蓮山安楽寺を建立して、二人を弔っています。

81

龍王寺（天台宗雪野寺）

鐘に秘めた悲しい恋

竜王町川守

北脇　龍王寺といえば、象徴的な存在である伝説の梵鐘《ぼんしょう》がありますね。

國松　鐘には、悲しい恋の物語があります。

北脇　どんな物語でしょう。

國松　大和国吉野の小野時兼が病気にかかり、この寺に祈願に来ました。川守の里で美しい女と出会い、夫婦になった三年後、「私は人間ではないのです。平木の沢に住むもの、今日かぎりで別れなくてはなりません」といい、形見として玉手箱を残していったのです。

北脇　その玉手箱を開けると……。

國松　紫の煙とともに梵鐘がわき出てきました。それが今に伝わる平安時代初期の作といわれるこの鐘で、時兼が寄進したもの、美しい妻は大蛇の化身だったといいます。

北脇　霊験あらたかな鐘だそうですね。

國松　旱天に鐘に祈ると必ず慈雨が降るといわれ、一条天皇（九八〇～一〇一一）より「龍寿鐘殿」の額を賜り、寺号も雪野寺から龍王寺と改めたといいます。

北脇　創建はいつごろですか。

國松　持統天皇の時代、雪野寺は行基の開基です。俗に「野寺」ともいわれています。

北脇　雪野山を背に緑豊かな田園地帯は、この鐘が雨の恵みをもたらしたからでしょうか。

國松　時兼が病気平癒に参ったように、薬師如来が本尊、比叡山安楽律院の末寺で、喘息《ぜんそく》の「へちま封じ」(＊)（旧暦八月一五日）でも有名です。雪野山を越えて北、八日市の上平木にある御沢神社では沢姫を祀《まつ》っています。

（＊）旧暦の８月15日には僧侶が喘息や子どもの咳止めに効果があるとされる加持祈祷を行い、病を封じ込める。信者はこのへちまと光明真言のお札を持ち帰って庭に埋め、49日間毎朝水を注いで光明真言を唱えると病気が治るという。

82

堀井親子のガリ版発明

エジソン(*)にも啓発されて

蒲生町岡本・ガリ版伝承館

北脇 ガリ版（謄写版）は、鉄筆で原紙をガリガリ切る音とともに、手を黒く汚してローラーで印刷した思い出が懐かしいです。

國松 高度経済成長後にコピー機やワープロが登場するまで役所、新聞社、商社、学校で大活躍し、明治期の印刷手段に一大革命をもたらしました。

北脇 簡単に書類作成ができるようになりました。今のＯＡ機器を先取りしたものですね。いつくらいに、誰が発明したのですか。

國松 明治二七（一八九四）年に、蒲生町出身の堀井親子が発明しました。初代新治郎氏は、明治二六年に「シカゴ万博」を視察し、発明王エジソンに出会って大いに啓発を受けたのです。二代目の仁紀氏とともに、親子で五〇〇件以上の発明登録をしています。

北脇 それはすごいですね。

國松 発明だけでなく、メーカーをつくって印刷技術者の養成と就職の道を開き、「孔版美術」と称される技術者を育て、ガリ版文化の担い手となりました。ガリ版による美術作品は素晴らしいです。

北脇 洋館は堀井家の元住居で、「ガリ版伝承館」(＊＊)として開館しています。

（＊）（Thomas Alva Edison,1847～1931）約1,300もの発明を行った発明家。

（＊＊）開館時間　土・日曜の午前10時から午後４時（要予約）。休館日：月曜から金曜日、年末年始。予約により開館あり。問い合わせ：東近江市観光協会　TEL 0748－48－2100

83

石塔寺阿育王塔

最大最古の石造三重塔

蒲生町石塔

北脇 わぁー！ これはこれは……。

國松 長い石段を上ってくると、ぬーっと現れる。出会いからしてドラマティックですよ。

北脇 不可思議な塔ですね。

國松 その昔に、インドの阿育王《あしょかおう》(＊)が世界中にばらまいた仏舎利塔の一つといい伝えられています。朝鮮風の帽子をかぶった人の姿にも見えてきます。

北脇 誰がなんのためにこんな塔を……。

國松 額田王《ぬかたのおおきみ》と大海人皇子《おおあまのおうじ》の相聞歌《そうもんか》で有名な蒲生野、古代百済が滅び、逃れてきた多くの貴族、学者、技術者たちを天智天皇は移住させました。鬼室集斯《きしつしゅうし》（?〜六八八?）を首長とする彼らは故郷をしのび、このような巨大な塔を建てたのではないかといわれています。

北脇 この山上にどうやって運び、積み重ねたのでしょう。

國松 高さ七・六メートル、石は愛知川上流からの自然石のようですが、日本最古で最大の石造三重塔、国の重要文化財です。一条天皇のころ（一一世紀初め）までは土中に埋まっていたらしく、まったくもって謎だらけです。

北脇 塔を中心に無数の五輪塔、石仏が置かれ、石は無言ですが、当時の人々のさまざまな思いや悲願が強く伝わってきますね。

國松 切っても切れない近江と渡来人との関係、ぜひこの塔に会いに来てみて下さい。

(＊)(BC304〜BC232) マウリヤ朝の第３代の王。インド亜大陸をほぼ統一した。釈尊滅後およそ100年（または200年）に現れたという伝説もある。古代インドにあって、仏教を守護した大王として知られている。

84

市辺押磐皇子の墓

罠にはめられた皇子

東近江市市辺町

北脇 大小二つの小山、お墓だそうですね。

國松 市辺押磐《いちのべおしは》皇子（?～四五六）とその従者佐伯部売輪《さえきべのうるわ》です。

北脇 初めて聞く名前ですが、市辺町や市辺駅がありますね。

國松 近江鉄道市辺駅南東、市辺の集落のはずれに墓はあります。土地に名が残り、今に伝わる皇子の大切な足跡です。

北脇 悲運の皇子とか……。

國松 五世紀半ば、祖父は仁徳天皇、その孫たちによる皇位継承の争いがあり、罠にはめられて射殺されたのが温厚で人望もあったという市辺押磐皇子です。倒したのが武勇に優れ、「古代の大王」といわれたオオハセノ王（のちの雄略天皇）です。

北脇 罠をかけた舞台はこの辺りだったのですか。

國松 狩りに誘われて蒲生野へ行き、来田綿《くたわた》の蚊帳野《かやの》（蒲生町、日野町鎌掛一帯をさす）で殺され、従者の売輪と一緒に飼葉桶に入れられて埋められました。のちに息子が探し出し、見つけた白骨を二つに分けて二つの塚を築いて葬ったといういい伝えです。

北脇 倒すか、倒されるか……どちらも胸に秘めての狩りだったのかもしれませんね。

國松 政治の中心は大和でしたが、近江は政権に深いかかわりがあったのです。蒲生野、田園の中に、伝承の通りささやかな墓が二つ並んでいます。

舟板壁の家　85

防火に美しく再利用

東近江市五個荘

北脇 白壁を舟板で囲み、側の流れには海芋《かいう》(*)が咲いている。心ひかれる風景ですね。

國松 落ち着いた風情の家です。

北脇 この辺りを歩いていると、舟板を張った家が多いですね。

國松 舟の古材を利用したもので、漆喰《しっくい》の白壁を強い雨風から守っています。舟の底板は杉材のシンを使い、とても堅いんです。水に十分さらされて耐久性もよく、火事除けとしても有効だったのです。

北脇 資源の再利用にもなりますし、木目も浮き出て美しい。

國松 木目をうまく組み合わせるのは大工の腕の見せどころでした。

北脇 ここは近江商人発祥の地。

國松 八幡や日野より少しあとの、江戸後期から明治にかけて、とくに織物販売を中心に明治の産業界をリードして成功を収めました。

北脇 金堂地区は、伝統的保存地区に指定されていますね。

國松 旧外村、中江、藤井家をはじめ豪壮な邸宅が立ち並び、清らかな流れには魚が泳ぎ、花があり、屋敷内に水路を引き込み洗い場にした川戸《かわど》があります。

北脇 過ぎ去った懐かしい空気の匂いが感じられるいい町です。

國松 舟板の実用性に目をつけたのはさすが近江商人。それを美しく生かしていますね。

(*)サトイモ科の多年草。カラーの一品種。江戸末期に渡来。夏に花茎を出し、漏斗状に巻いた白い仏炎苞の中央に白い肉穂花序を立てる。

86

北向岩屋十一面観音

鬼退治祈願の伝説

能登川町猪子

國松　安土、五個荘、能登川町にまたがる繖山《きぬがさやま》連峰の一つに猪子《いのこ》山があります。

北脇　どの辺りになりますか。

國松　繖山の北部山麓、ＪＲ能登川駅から歩いても一五分位で登り口に着きます。この猪子山の山頂（二六八メートル）に石造りの十一面観音が祀られています。

北脇　大きな岩屋の中ですね。

國松　山頂には巨岩が重なるようにそびえています。古代人の信仰には山や巨岩、奇岩に対する崇拝があり、神霊が宿るものとして信じられていました。

北脇　観音さまはいつごろのものですか。

國松　奈良時代に古代の磐座《いわくら》の中に安置されたといわれ、「北向観音さん」と呼ばれて親しまれています。また、平安時代の桓武天皇のころに、坂上田村麻呂が鈴鹿の鬼退治（東国平定）の際に石像を安置して、武運長久を祈願したとも伝えられています。

北脇　かわいい観音さまです。

國松　御丈七〇センチほどで、合掌の手には数珠がかけられていて、そのお姿はほかには見られないといわれます。

北脇　昔から今に至るまで、多くの信者を引きつけている北向観音さん。

國松　毎月一七日、そして毎年七月一七日の「千日会」には、京阪神、中京方面からも多くの人々が参拝に訪れて賑《にぎ》わっています。眼下に伊庭内湖が見え、能登川水車の回転が陽を受けてキラキラと光って見えます。

今代の富士神社　87

雷獣を生け捕りに

東近江市今代

北脇　名前は日本一の山「富士神社」ですが、見過ごしてしまいそうなささやかなお宮さんですね。

國松　富士の名は「封じ」から転じたのでしょう。

北脇　何を封じたのですか。

國松　雷です。「近江むかしばなし」(*)によると、この里へは雷がよく落ちた。ある日、旅の修験者が通りかかり、「雷獣が棲みついているからだ。わしが獲って進ぜよう」といいました。

北脇　生け捕りにしたのですか。

國松　麻の大きな網をつくらせて、村はずれの森の中に仕掛けたところ、乱雲がむくむくとおき、雷鳴とともに赤黒い獣が一匹現れました。「それ！」と網を引いて、黒いくちばしと鋭い爪《つめ》をもった犬のような怪獣を修験者は退治して、里を去っていったそうです。

北脇　以来、雷は静かになった……。

國松　雷の落ちることはピタリと止《や》んだそうです。里人たちは森に祠《ほこら》を建てて「封込《ふうじ》神社(**)」と呼んだのです。

北脇　広々とした田んぼが愛知川の境までつづいていて、こんな場所で雷にあったら恐いでしょうね。

國松　神社のおかげで安心して農作業ができたでしょう。近くに薬師堂といわれる庵寺があり、そこに雷獣のミイラが残されているそうですが、残念ながらミイラには会えませんでした。

(＊)駒・中川『近江の伝説』(角川書店、1977年)所収。

(＊＊)上記の本によると、「ふうじ」とルビが打たれているが、永源寺図書館に問い合わせをしたところ、今代の集落では「ふじこみ」と言い伝えられている。

88

旧大萩村

ぬくもり漂う桃源郷

東近江市愛東町・百済寺

北脇　百済寺から角井峠を越えて小椋へと抜ける山路を行くと、まるで桃源郷のような素晴らしい景色に出会いました。

國松　昭和四七（一九七二）年の台風でひどい災害を受け、全村が移転した旧大萩村です。今は、その跡に茗荷村がつくられています。

北脇　こんな山奥に村が……。

國松　大萩村は七〇〇年ほど前から開拓が始まり、祖先はたびたびの災害にもめげず、力を合わせて里を守ってきたのです。

北脇　どうして暮らしていたのでしょう。

國松　木挽き技術にすぐれ、記録によると秀吉の伏見城造築のときに召し出されています。

北脇　観音像がありますね。

國松　離村にあたって、祖先の霊を供養するために建てられました。一軒残された元村長の辻仁一氏の家には、僻《へき》地の経済、教育等に力を尽くした氏を讃え、像と顕彰碑があります。

北脇　茗荷村は、いつ、どうしてできたのですか。

國松　茗荷村は、元一麦寮《いちばくりょう》長（＊）の田村一二氏の理想郷で、障害のある人もない人も、老いた人も若い人もともに助け合い、自然を大切に自給自足で仲良く暮らす村です。辻仁一氏はこの村に協力し、地域の人たちも援助や奉仕をしています。昭和五八（一九八三）年の開村で、今もつづいてます。

北脇　人影はないのに不思議な静寂とぬくもりが漂う、いつまでも目に残る風景です。

（＊）昭和36（1961）年に、年長の知的障害児の施設として大津市に設立された。近江学園での教育の継続と発展を図るために設けられた。住所：湖南市東寺２－２－１。電話：0748－77－3029

89

惟喬親王像

木地師《きじし》のふる里

東近江市蛭谷町・筒井峠

北脇 永源寺ダムの奥の奥、なんとも山深く谷険しい所ですね。

國松 この辺りは「小椋谷《おぐらだに》」と呼ばれ、日本全国の「木地師のふる里」といわれています。深山を仕事場として木を伐《き》り、ロクロを使って盆や碗《わん》などの木工品をつくる人々で、東北のこけし職人も先祖はこの地といわれています。

北脇 木地師のふる里といわれているのはなぜですか。

國松 一〇〇〇年にもおよぶ伝承を誇り、文徳天皇の第一皇子惟喬《これたか》親王（八四四〜八九七）をロクロの祖と仰ぎ信じてきたからです。異母弟（のちの清和天皇）との立太子争いに敗れ、この山中に籠《こも》った親王がこの地の人にロクロの技術を教えたといい伝えられています。蛭谷《ひるたに》の筒井神社、君ヶ畑の大皇器地祖《おおきみきぢそ》神社は惟喬親王を祀《まつ》り、君ヶ畑の金龍寺には、親王が住んだという高松御所があります。

北脇 像は惟喬親王ですか。

國松 蛭谷、君ヶ畑よりさらに奥、鈴鹿のもっとも深い所への道に筒井峠があり、千軒屋敷跡や親王の御陵という所があります。そこに、この像が立てられています。

北脇 山々を渡り歩く木地師たちには、親王はありがたい拠り所だったのでしょうね。

國松 高貴の人につながる一六弁の菊の紋や五三の桐の紋のお墨付きをもつことで、自由にどこの山にも入れる。全国に散った木地師たちを強く結び付けたのが小椋の里です。

90

お菊と政之進

家宝の皿か自らへの愛か

彦根市・長久寺

北脇 夜な夜な古井戸のあたりから「一枚、二枚、三枚……」と数える声が……。「番町皿屋敷」で知られるお菊の哀しい物語の本家が彦根とは！

國松 元禄のころ（一七〇〇年）のことです。井伊家家臣、孕石《はらみいし》政之進は独身の当主で、足軽の娘お菊を侍女に召しかかえていました。若い二人のこと、いつしか相思相愛の仲になりました。

北脇 少々の家柄の差はあっても、同じ家中、遠からず二人は夫婦に。

國松 ところが、亡き父親が取り決めた許嫁《いいなずけ》がいて、叔母がやいのやいのと挙式をせき立ててきました。

北脇 お菊の心は穏やかではないですね。

國松 心変わりを案じたお菊は、たびたび政之進を問いつめました。その都度、「心配いたすな、妻はお前よりほかにいない」と固く約束していました。

北脇 そういわれても思い乱れるのが娘心。

國松 お菊は、なんとしても本心を確かめなければ気が収まらなかった。

北脇 確かめるといっても難しいですが……。

國松 先祖代々伝わる家宝の皿と自分への愛情を天秤にかけて試そうと、わざと一枚を割ってしまったのです。

北脇 それほど思いつめていた。

國松 あやまって取り落としたというが、何やらお菊の様子がおかしい。血相を変えて問いつめ

彦根-長久寺-本堂
2007. 6. 24.

ると、「わざと割った」とは……。

北脇 どうする政之進。

國松 なんということだ、武士の誠を信じてもらえなかった……。政之進は残りの九枚の皿をその場で割ると、泣く泣くお菊の首をはねました。

北脇 家宝の皿にはどんな由来があったのですか。

國松 初代井伊直政公（一五六一～一六〇二）が関ヶ原合戦の戦功により、家康公から拝領したものです。孕石家は早くから井伊家に仕え、大坂冬の陣で手柄をあげたことで、拝領の中国古渡りの皿一〇枚を賜ったのです。

北脇 ふちに州浜模様がついた白磁の洋皿、つなぎ合わされて残る六枚の皿を目の前にすると、お菊の一途な思いが伝わってくるようで、ぞくっとします。

國松 お菊の怨念のこもった皿は菩提寺の養春院に納められましたが廃寺となり、母親が供養のため長久寺に奉納したといいます。法名は「江月妙心」。境内無縁塔の中にひっそりと墓石が立っています。

91

母子供養の五百羅漢

逢いたい人の面影に出会える

彦根市・天寧寺

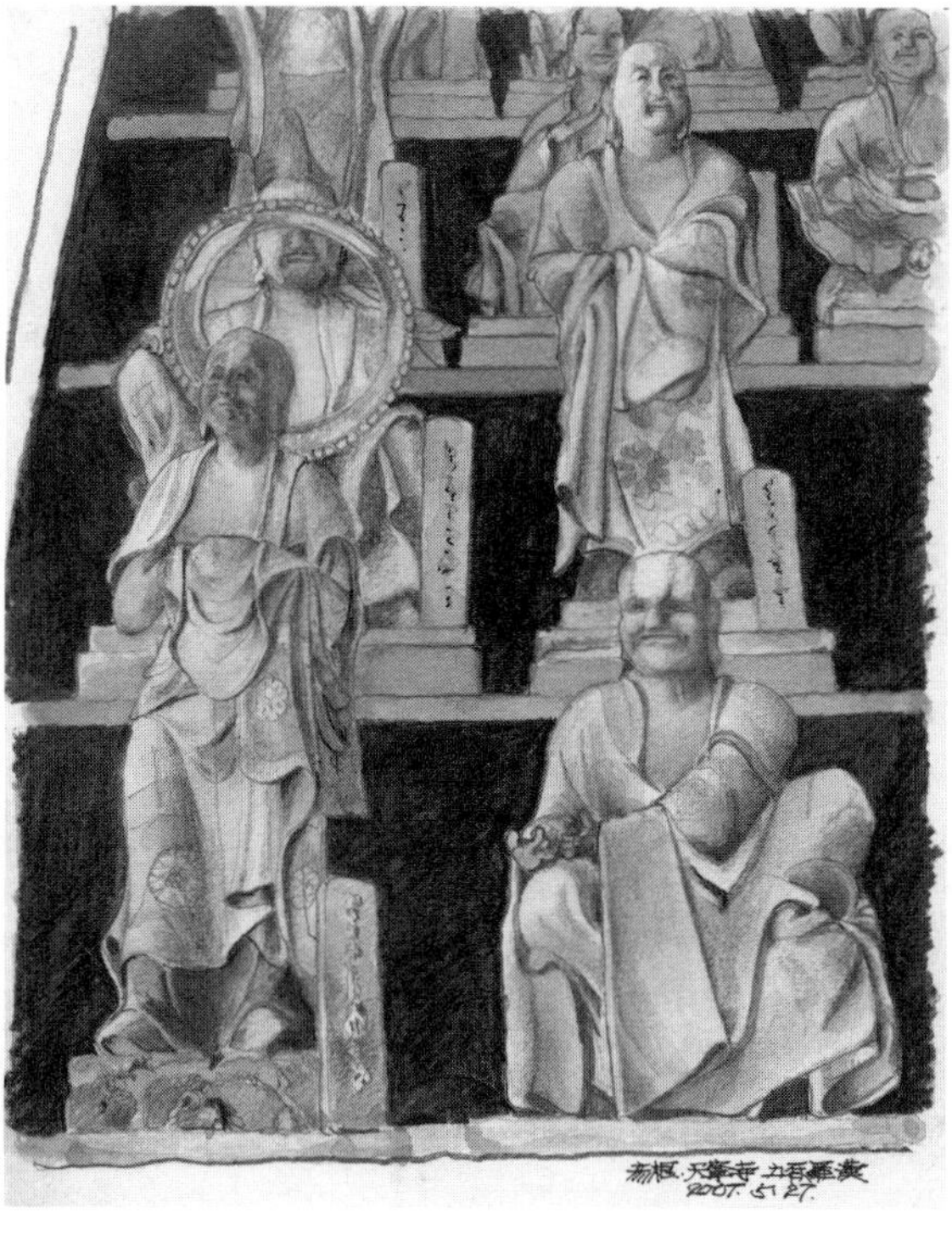

北脇　まあ！　思わず息をのむ光景！

國松　羅漢《らかん》堂の中に入ると、五〇〇体を超える羅漢が、階段のようにつくられた壇の上にずらっと並んでいます。

北脇　やさしく穏やかなお顔の羅漢に、正面から、横から、上から見つめられますね。この羅漢はどうしてここにあるのですか。

國松　約二〇〇年前になります。男子禁制の槻《けやき》御殿（現楽々園）に奉公する腰元若竹が、子を宿したことにはじまります。

北脇　そういう話はあっという間に広まるのは、今も昔も同じですね。

國松　井伊直弼の父である直中《なおなか》（一七六六〜一八三一）の耳にも届いて、事が事だけに見過ごせない。腰元若竹を呼んで厳しく相手の名を詰問しました。

北脇　彼女は打ち明けたのですか。

國松　懐妊は認めたのですが、「いかなるお仕置きも覚悟」といったあと、口を固く閉ざして相手の名をがんとして明かしませんでした。

北脇　それほど相手を気遣うとはよほどのことですね。

國松　不義はお家のご法度《はっと》という掟《おきて》、大奥の取締りのためにも、やむなく直中は若竹を手打ちにしたのです。

北脇　罪のないおなかの子までも……。

國松　あとになって、その子の親が直中の長男、病弱だった直清（一七九一〜一八一一）とわか

天寧寺本堂.
2007.5.27.

ったのです。

北脇　自分の手で孫と母親の命を葬ってしまった！　なんと痛ましい。

國松　歴代井伊家藩主の中でも名君といわれ、慈しみ深く敬われていた直中の心の痛手はいかばかりだったか。腰元ゆえ、戒名も墓もない。なんとか母子を供養してやりたい。苦悩のすえ、時の禅宗の名僧、寂室堅光《じゃくしつけんこう》（一七五三〜一八三〇）の教えを請い、天寧寺を建立して五百羅漢を造立したのです。

北脇　この羅漢は木造ですね。

國松　一〇年かけて、京都の仏師、駒井朝運と弟子たちが造りました。

北脇　「亡き親、亡き子どもに会いたくば、五〇〇羅漢の堂に籠《こも》れ」という伝承が広く知られていますね。

國松　いろいろな表情をした羅漢たちです。逢いたい人の面影に出会えるといわれています。

千代姫塚

92

かなわぬ恋に散った姫と兄弟

彦根市・慈眼院

北脇 恋わずらいで命を落とした可愛い姫がいたと……。

國松 一二〇〇年あまり昔、男女の仲もおおらかな天平時代のことです。近江の国守に任ぜられた藤原不比等（淡海公・六五九〜七二〇）が、彦根の神官の娘との間にもうけた千代姫といいます。美しく成長した姫に多くの男たちが思いを寄せていましたが、名門の家柄だったので手を出せませんでした。その中に、笛の名手といわれた高音丸と時雨丸の兄弟がいました。

北脇 二人はどこで姫と出会ったのですか。

國松 兄弟は御殿の宴に召されて、淡海公の前で笛を奏すことがしばしばありました。二人とも、その折に見かけた千代姫の虜になってしまったのです。そして、仲がよかった二人は憎しみ合うようになり、笛の音まで乱れるようになりました。思い悩んだ千代姫はとうとう病に伏して、あえなく世を去ってしまいました。

北脇 恋の相手を失った兄弟のその後は？

國松 笛を形見に残して、手を取り合って湖に身を投げて姫の後を追ったのです。

北脇 なんと痛ましい……。それで、形見の笛はどうなりましたか。

國松 それ以来その笛は「高音丸」、「時雨丸《しぐれ》」と呼ばれるようになり、竹生島の宝厳寺に寄進されて「青葉の笛」として宝物殿にあるそうです。

北脇 淡海公の嘆きは大きかったでしょうね。

國松 姫の死を悲しみ近江第一の寺院を建立しましたが兵火で消失し、その跡に慈眼院が建てられました。今は、尼がひっそりと千代姫塚を守っています。

ツルの供養に建立

93

領民一人一文、26万人の寄進

彦根市・大洞弁財天堂

北脇 彦根城下を静かに見下ろす大洞《おおほら》弁財天堂。一説では、ツルの供養のために建てられたとか。

國松 彦根藩主四代井伊直興《なおおき》（一六五六〜一七一七）は大の狩猟好きで、あるとき一羽のツルを射止めたのですが、見ると脚《あし》に金の札が結び付けてあったのです。これはもしや、源頼朝が富士の裾野で大巻狩を行った際に捕らえた千羽の鶴の一羽ではないかと直興は思ったのです。実は、そのツル一羽ずつに金の札を付けて放したというういい伝えがありました。

北脇 頼朝といえば鎌倉時代ですが……。

國松 なんと五〇〇年も生きのびたツル、これは霊鳥にちがいないと直興は深く後悔して、ツルのために寺を建立して弁財天を祀《まつ》ったといいます。

北脇 華やかな色彩の建築ですね。さぞ、お金がかかったことでしょう。

國松 直興は日光東照宮修造の総奉行をしたあとだったので、当時の甲良大工を招いて「彦根の日光」と呼ばれるような豪華なお堂を建てたのです。元禄八（一六九五）年、この大洞弁財天堂を建てるために、領内の老人から赤ちゃんまで一人残らず一文ずつ喜捨《きしゃ》を集めました。その数なんと二六万人！

北脇 すごいですね！　赤ちゃんまでも……。

國松 喜捨の記録は、今も井伊家に大切に保管されています。

北脇 弁財天はふっくらとしたお顔で、福も財もたまりそう。

國松 約一・八メートルの座像で、両脇に一五童子、四天王像を従えた華麗なものです。お堂を出ると正面に楼門がさながら額縁、その中に天守閣がピタリと入り、見事な風景です。

94

法界坊の釣り鐘

寄進した吉原遊女ら数百人

鳥居本・上品寺

國松　破れ衣に身を包み、雨の日も風の日も、江戸の町を托鉢《たくはつ》して歩く僧がいました。

北脇　そんなみすぼらしい僧に喜捨《きしゃ》する人々はいたのですか。

國松　この僧の本名は了海、法名を法海坊（一七五一～一八二九）といい、若いが全国を行脚して多くの人々を教化した名僧でした。中村勘三郎がよく歌舞伎で演じているので、知っている人も多いかしれません。

北脇　どこから来たのですか。

國松　江州彦根、鳥居本宿の上品寺《じょうほんじ》の住職で、修業のために全国を行脚してきたのです。江戸八百八町喜捨を求めて歩き、法界坊の名は知れ渡っていました。吉原へも足を運び、仏法を説いて聞かせていたのです。

北脇　吉原といえば、貧しい村々から売られてきた遊女たちのいる郭《くるわ》ですね。

國松　色街は二〇〇〇～三〇〇〇人の遊女をかかえ、一大享楽地であり社交場、お金もたくさん集まるところでした。

北脇　法界坊の法話に、遊女たちは耳を傾けたのですか。

國松　新吉原大文字屋の花魁《おいらん》である花里と姉の花扇は法界坊の法話に感動し、熱烈な信者となって釣り鐘の寄進を願い出ています。

北脇　それは大変な額でしょう。

國松　郭内の遊女たちから喜捨を集める世話役も引き受けています。ところが、花里は病にかかって他界し、姉の花扇が妹の遺志を継いで、ついに明和六（一七六九）年に釣り鐘ができあ

鳥居本
上品寺
法海坊旧跡.
2007.6.24.

がりました。

北脇 江戸で鋳造した大釣り鐘を、どうやって近江まで運んだのですか。

國松 法界坊は四ツ車の大八車に鐘を積んで、江戸から一二〇里（四八〇キロ）、東海道から中山道を通って上品寺《じょうぼんじ》まで曳いて帰ったのです。このとき花扇は、鐘の上に花魁花里の打掛《うちかけ》を着せたということです。

北脇 遊女たちの喜捨は身を結んだということですね。

國松 釣り鐘は高さ一・二メートル、全面にぐるりと、花扇をはじめとした寄進者数百名の名前が刻まれています。

北脇 打掛は今もあるのでしょうか。

國松 袈裟に仕立て替え、法界坊が法要のときに着用したといわれ、鐘を運んだ四ツ車なども宝物として秘蔵されています。

北脇 鳥居本は、昔の中山道の景観の残る所ですね。

國松 「赤玉神教丸」の有川家の豪壮な屋敷もすぐ近くにあります。寺は、近江鉄道や国道によって境内を切り取られて狭くなりましたが、一四代住職の現在、法要のときと大晦日にはこの鐘の音が響きわたります。

北条の命運尽きる　95

援軍来ず自害した432人

米原市・蓮華寺

北脇 北条氏の力がゆらぎ、争いが絶えなかった南北朝時代。

國松 分裂や裏切りが多く、だれが味方か敵かがわからない暗い時代でした。

北脇 人々の苦悩は大変だったでしょうね。

國松 天下を狙う武将たちが、雌雄を決する重要な場所だった近江は、彼らの喜び、悲しみ、苦しみ、痛ましさの入り交じったドラマが繰り広げられました。

北脇 中山道番場の宿、美しい名の蓮華寺、ここにも哀しい話があると聞きましたが。

國松 元弘三（一三三三）年、足利尊氏が寝返り、京都の六波羅探題、いわば幕府の出張所を攻めたのです。探題の北条仲時（一三〇六～一三三三）は、北朝の光厳《こうごん》天皇（一三一三～一三六四）らを奉じて鎌倉へ逃げる途中にここまで来ました。

北脇 一行の人数は？

國松 四三二名、ここで後続部隊を待つことにしたのです。

北脇 援軍は来ましたか。

國松 部隊は、「六波羅勢は討たれた」という誤報を受けてすでに降伏していたのです。

北脇 行く手にも難儀が……。

國松 近江に勢力をもつ佐々木一族の京極道誉《どうよ》（一二九六～一三七三）、そして彼の息のかかる将兵が待ちかまえていました。実は道誉は、尊氏に「北条の時代はもう終わりだ」とそそのかしたらしいのです。

北脇 なんと！

2005.9.19 蓮華寺 六波羅探題 北条仲時以下殉死の墓.

國松 仲時以下四三二名は蓮華寺の庭で全員自害し、寺の前を流れる川が血で染まったといいます。

北脇 同行していた天皇、上皇や貴族たちはどうなったのですか。

國松 本堂から自害のさまを見たあと、天皇や貴族たちは京極軍に投降しました。これが切っかけとなって、鎌倉幕府の崩壊につながったということです。

北脇 いったい、どんな気持ちで眺めていたのでしょう……。

國松 そのとき、自害した一行の年齢、法名を記した過去帳（紙本墨書陸波羅南北過去帳・重要文化財）がつくられ、境内に墓地を造って弔っています。そこには、身元のわかった一八九人の名が記されています。この寺は意外と古く、聖徳太子が建立し、落雷で焼失後に一向上人が再興しました。

96

鳶職人・林武右衛門

名声得た「夫馬の鳶さん」

米原市

國松 江戸時代、この大鳥居をどのように建てたかわかりますか。

北脇 さあ、現代ならクレーンですね。

國松 古代から巨大な建造物はありました。藤つるや太い縄を何本も使って、数十人、数百人が引っ張って上に乗せたり立てたりしていました。

北脇 この大鳥居もそうした手法で建てられたのですか。

國松 いいえ、日撫《ひなで》神社の大鳥居は、名鳶職人である林武右衛門によって建てられたものです。享保六（一七二一）年、上夫馬《かみぶま》（米原市）の材木商の子として生まれ、大勢の人が汗まみれで木材を運び出す作業を見て育ちました。もっと楽に動かす方法はないかと考えつづけ、やっとロクロ仕掛けの機械を考案しました。

北脇 鳶口を使う江戸職人のイメージとはちょっと違いますね。

國松 武右衛門は次々と新たなロクロ機械を考案し、普請や架橋などに必要な技術者を育てました。高いところでの作業を得意とする彼らは全国各地から招かれ、「夫馬の鳶さん」と呼ばれるようになったのです。

北脇 ほかには、どんな大工事を手がけましたか。

國松 仙台藩の河川架橋、浅草の浅草寺、京都仏光寺の本堂などです。地元では、日撫神社の大鳥居をはじめ城櫓、堂塔の移動においても大変な功績を残しています。

北脇 現在、夫馬の鳶は？

國松 作業内容は大きく変わり、技術を引き継ぐ鳶職人は一〜二人といいます。

97

清瀧寺徳源院

宝篋印塔　京極氏の歴史伝える

米原市清滝

北脇　境内裏の山すそにずらりと並ぶ宝篋印塔《ほうきょういんとう》、これはすごいですね！

國松　ここは、鎌倉時代から近江の守護職だった佐々木一族の一つ、京極氏の菩提寺です。始祖の氏信（一二二〇〜一二九五）を筆頭に、五代高氏《たかうじ》（道誉《どうよ》）など、一八代におよぶ歴代当主の墓が上段に並び、その下には、石廟《せきびょう》の中に祀《まつ》られている一九代高次（一五六三〜一六〇九）など、一か所に三〇余基もの宝篋印塔があります。

北脇　高氏（道誉）といえば、婆娑羅《ばさら》大名といわれて有名ですね。

國松　卓越した武将で、京極氏繁栄の基を築きました。派手好みで人を驚かせ、能、狂言、茶道、華道に長じ、境内には道誉が植えたという桜（二代目）もあります。

北脇　一九代高次は、関ヶ原の合戦のときは大津城主でしたね。

國松　浅井三姉妹の初《はつ》と結婚し、関ヶ原では敗れましたが、中興の祖といわれています。そういえば、今年（二〇一一年）のＮＨＫ大河ドラマは『お江』、初の妹が主人公です。ひょっとしたら、この辺りのことがドラマに映るかもしれません。

北脇　ところで、ずいぶん長い年月にわたって京極氏はつづいています。

國松　そうですね。本家に当たる六角氏は信長に滅ぼされましたが、京極氏は江戸時代も大名家としてつづきました。巧みな処世術で生き抜いてきた京極家、大小の宝篋印塔は、山あり谷ありの歴史を語っているようにも思えます。

98

優しい曲線を描く街道

艾《もぐさ》の亀屋左京六代目七兵衛　CMソングの元祖

伊吹山麓・柏原宿

北脇　柏原の、街道のたたずまいはいいですね。

國松　美濃、不破の関を越えて、伊吹山南麓《ろく》にある柏原宿は、中山道六七宿の六〇番目、宿高は道中四番目の大きな宿場でした。

北脇　優しい曲線を描く街道です。

國松　この街道を、将軍から大名、外交使節、庶民までの多くの人々が行き交い、大名行列となると一〇〇〇人以上もの人が列をなし、休泊していました。そのために費やすお金も労力も、莫大なものでした。

北脇　あらっ、松並木の向こう……。

國松　侍でもいましたか？　当時の姿を思い起こせるように、本陣、問屋場、旅籠《はたご》、煮売屋、艾屋……と書いた板がぶら下げてあります。

北脇　えらい人から庶民まで、旅の土産に大人気だった伊吹艾の店が今も一軒あります。

國松　伊吹もぐさ本舗「亀屋左京」。左京の六代目松浦七兵衛（一八一五～一八五〇）は、ただものではなかったのです。

北脇　どんなすごい人だったのですか。

國松　♪江州柏原伊吹山のふもと亀屋左京のキリモグサ♪と、吉原の遊女に唄《うた》わせて、あっというまに伊吹艾を一大人気商品に仕立て上げたCMソングの元祖ともいう人です。

北脇　大きな福助人形が、今も往来を見つめています。

99

三島池と比夜叉姫

人柱となった領主の乳母

米原市

北脇　うっすらと伊吹山を水面に映す静かな三島池。

國松　雪化粧した逆さ伊吹が映る冬の風景は素晴らしいです。カモの飛来地としても知られ、近くの大東中学校科学クラブの生徒たちが、カモの研究と保護をつづけています。

北脇　池の西岸に神社がありますね。

國松　三島神社です。古くはこの辺りを「大原の荘」といい、佐々木源氏信綱（一一八〇～一二四二）の嫡子大原氏の勢力下にありました。

北脇　神門の扉には佐々木家の大きな四ツ目結紋がついていますね。

國松　神殿の彫刻もなかなか見事なものです。当時の様子がしのばれます。毎年の祭礼は大変な賑わいでした。この祭礼にまつわる昔話が伝わっています。

北脇　鳥居の近くに五輪塔がありますが、関係があるのですか。

國松　昔話の主人公、比夜叉姫《ひやしゃひめ》の墓と伝えられています。七〇〇年前のことです。祭りが近づくのに日照りつづきで池の水が涸れ、神に供える浄水もままならない。このままでは祭りを取りやめるしかないと、人々の心配は大変なものでした。

北脇　――領主の大原氏はどうしましたか。

國松　巫女《みこ》に占わせたのです。すると、「女を一人、生き埋めにせよ」とのお告げがあった。

北脇　そんな痛ましいことを……。

國松　もちろん、誰一人申し出る女はいなかった。金品を出して遺族の生計を保証するとまでいったが無駄でした。ところが、いよいよ祭礼は明日という日の夕暮れ、一人の女が池の中に

奉
2007. 9. 5.

姿を消したのです。

北脇 誰だったのでしょう。

國松 領主の育ての親、乳母の比夜叉姫でした。姫は機織りに余念がなく、ふと耳にした人柱の話にいてもたってもいられず、わが子同様の領主のため、そして村人のためにと織り機を抱いて入水したのです。

北脇 池の水はどうなりましたか。

國松 翌朝、池には水があふれていました。人々は旱魃《かんばつ》の害から救われました。三島池は「夜叉ヶ池」ともいわれ、池の傍の松は「機織り松」といわれています。雨の降る日の深夜、水底から機織りの音が聞こえてくるそうです。

100

春照公民館（旧会議所）

富築き故郷へ贈り物

米原市春照

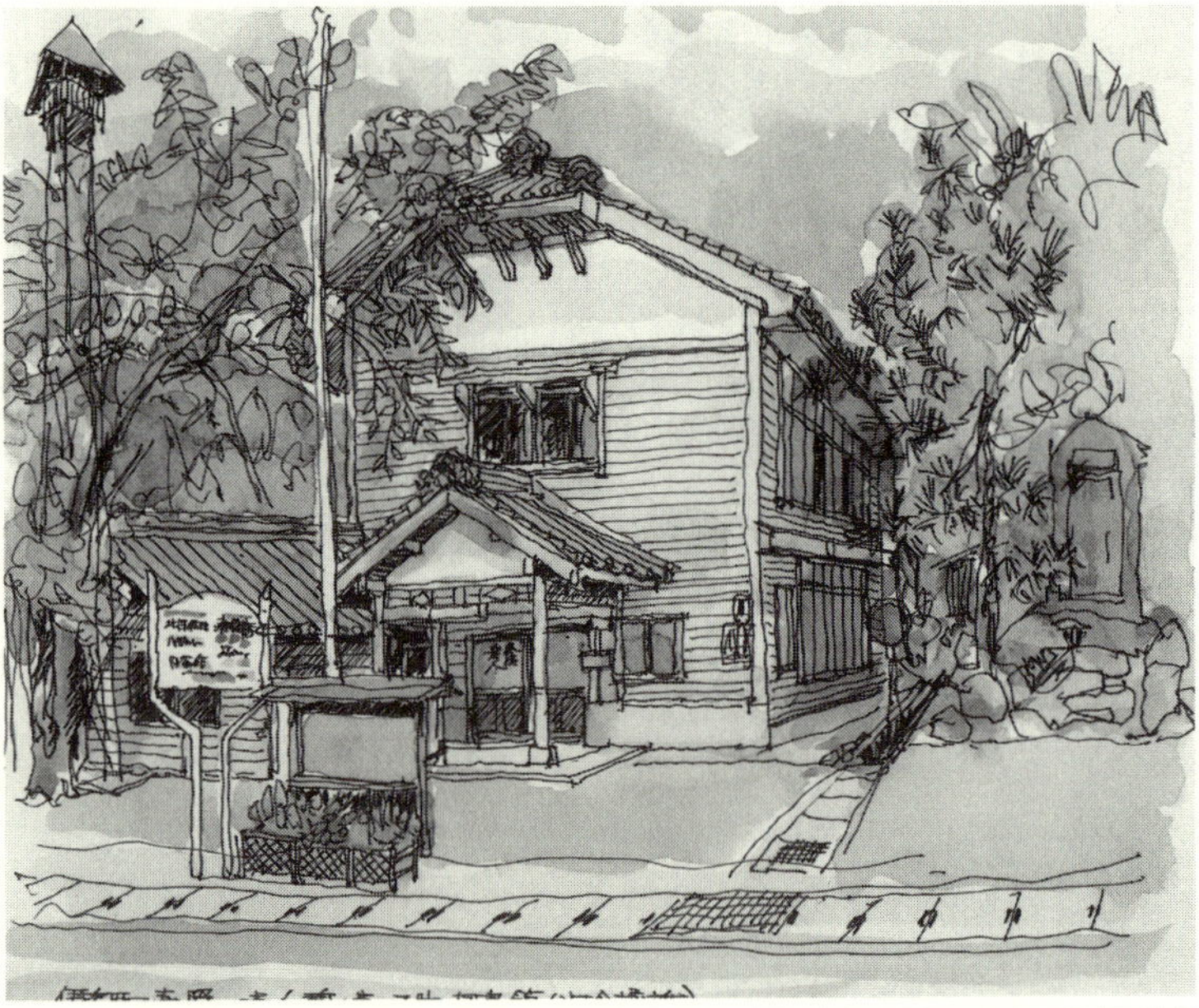

北脇 春照《すいじょう》、美しい地名ですね。

國松 伊吹山扇状地に広がる春照地区は、豊かな水源に恵まれていたことから「水上《すいじょう》」、「神所《しんじょ》」などと呼ばれていました。村はずれのウス谷は「小碓《こうす》の清水」と呼ばれ、ヤマトタケルが目覚めたのはこの清水という伝説もあります。

北脇 古くから開けていた……。

國松 天智七（六六七）年に応神天皇を祀《まつ》った春照八幡宮が創建され、中世には佐々木氏が領して「春烝郷」となり、江戸時代に「春照」となりました。

北脇 宿場町だったと聞きましたが。

國松 北国脇往還春照宿。本陣、脇本陣、問屋、旅籠《はたご》などが軒を連ね、鍵曲りという直角に折れる道もあり、昭和初めごろまでは風情があったといいます。

北脇 ところで、この建物は？

國松 春照公民館（旧会議所）は山田留次郎氏からの寄贈で、あまり見かけなくなった懐かしいスタイルの戦前の木造建築です。

北脇 山田留次郎氏とは？

國松 春照に生まれ、一二歳で京都に奉公に出、よく働き「良質、薄利多売」を信念に成功を遂げ、神社、学校、病院、社会事業……と広く浄財を郷土に贈ったといいます。

北脇 汗を流して築いた富を惜しげもなく郷土のために使ったのですね。

國松 ひと昔前はこういう人がたくさんいました。今も町の発展に大きな役割を果たしています。

101

「弥高いも」で村を豊かに

近江の甘藷先生、松本五郎平

米原市伊吹町

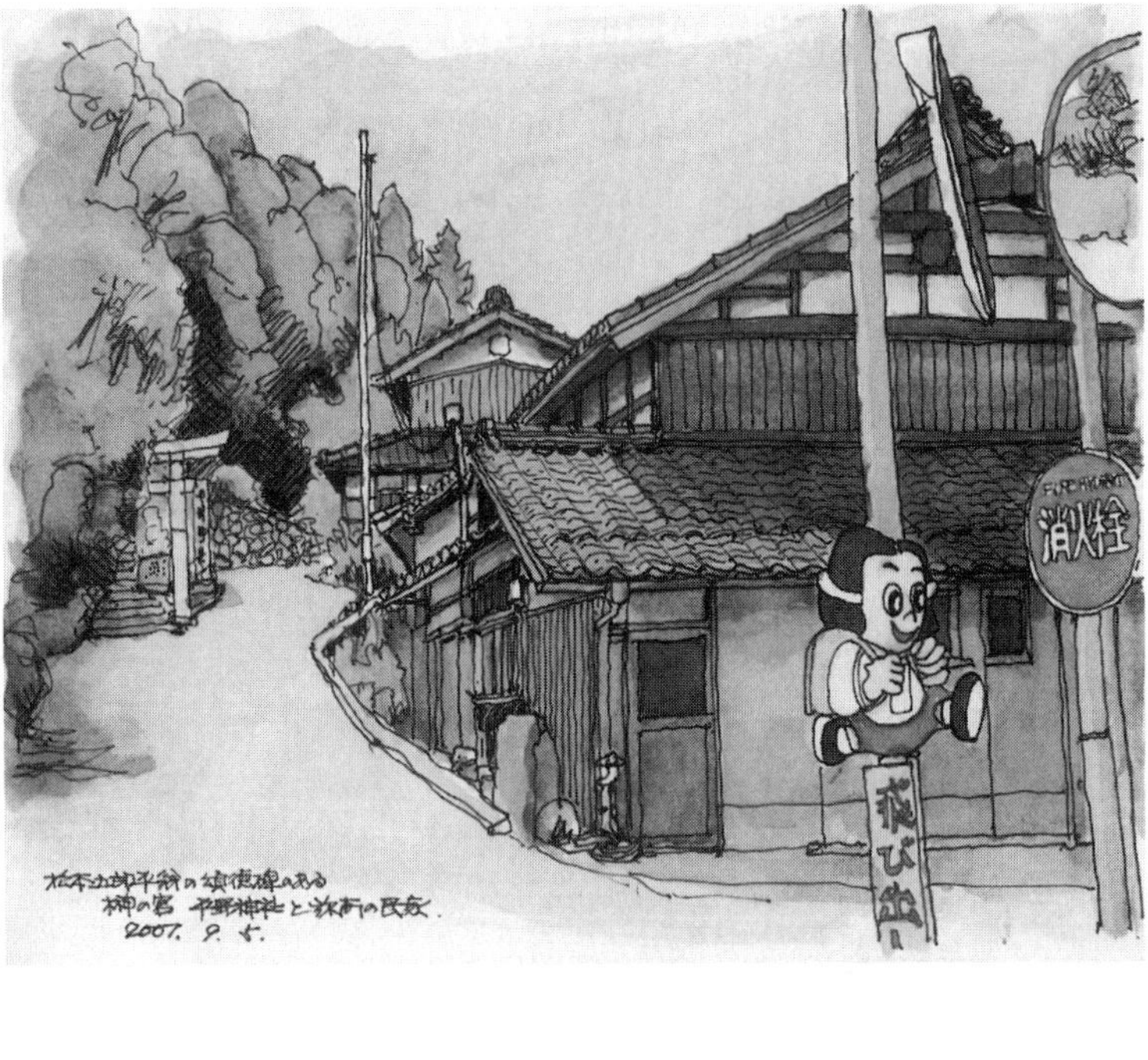

國松 江戸時代、伊吹山麓の「弥高」という集落に、「近江の青木昆陽」といわれる松本五郎平（一八〇八～一九〇二）なる人がいました。

北脇 青木昆陽（一六九八～一七六九）といえばサツマイモの栽培を奨励した甘藷先生ですね。

國松 当時、農民の暮らしは大変苦しいものでした。五郎平は村の暮らしをよくしたいという一心で、この土地に合う作物を見つけようと若いころから真剣に取り組んでいました。

北脇 この村はどんな所でしたか。

國松 典型的な扇状地で、痩せた砂礫質、石ころばかりの土地でしたから水田が少ない所でした。人口が一五〇～一六〇人で、当時の石高が三〇石余り、大人一人の米の消費量は一石（約一五〇キログラム）といわれ、三〇人位しか食べられませんでした。

北脇 全然足りませんね。

國松 飢饉《ききん》にも備えられ、この土地にあう作物は何か。尾張から持ち帰ったサツマイモの種苗がこの地に合い、五郎平は村人たちに熱心に栽培をすすめ、栽培方法も指導しました。

北脇 そうなるまでに長い年月かかったのですか。

國松 家計も傾き、村人たちには馬鹿にされるといった苦労の末、九〇歳を超えていました。

北脇 苦労の甲斐がありましたか。

國松 周辺の村々も競ってつくり、「弥高いも」として名が知られ、村人の暮らしもよくなりました。明治三五（一九〇二）年、村民あげて生前の功績を讃え、後世に伝えようと生地に頌徳碑が建てられました。

近江の高峰　伊吹山

102

日本武尊伝説の山

米原市伊吹

北脇 ヤマトタケルノミコト（日本武尊・倭建命）の名はみんながよく知っています。

國松 古代史の有名人です。父景行天皇の命で九州征伐し、そのときに熊襲《くまそ》の首長が武勇を讃えて贈った名が「ヤマトタケルノミコト」です。

北脇 伊吹山頂（一三七七メートル）に石像があるのはなぜですか。

國松 西へ東へと戦《いくさ》つづきのヤマトタケルが東国征伐の帰路、尾張国のミヤズヒメノミコトに草薙剣《くさなぎのつるぎ》を預けたまま伊吹山の荒ぶる神退治に出かけました。ところが、山の神は白猪《いのしし》の姿で現れ、ヤマトタケルは惑わされてフラフラになって麓《ふもと》の湧《わ》き水に辿り着き、足を冷やして水を飲むと、ようやく熱が下がって苦しみから醒《さ》めることができたといいます。

北脇 その清水が醒《さめ》ケ《が》井《い》の「居《い》醒《ざめ》」の水ですね。

國松 伊吹山は近江一の高峰で、古来より神の山として信仰されていました。奈良時代に役行者《えんのぎょうじゃ》によって開山され、山岳仏教の聖地でもあります。

北脇 伊吹艾《もぐさ》も有名です。

國松 信長がポルトガル人宣教師に命じて薬草園を開いたといわれ、伊吹艾は中山道の名物となり、「さしも草」といって歌枕としても著名です。

北脇 この辺りは豪雪地帯としても知られています。

國松 大正七（一九一八）年、山頂に測候所が設置され、昭和二（一九二七）年に測定された一一・八二メートルの積雪量は日本記録です。冬はスキー、春から秋には山野草ファンが多く訪れています。

103

長浜城の今昔

豊公園を開いた吉田作平

長浜市

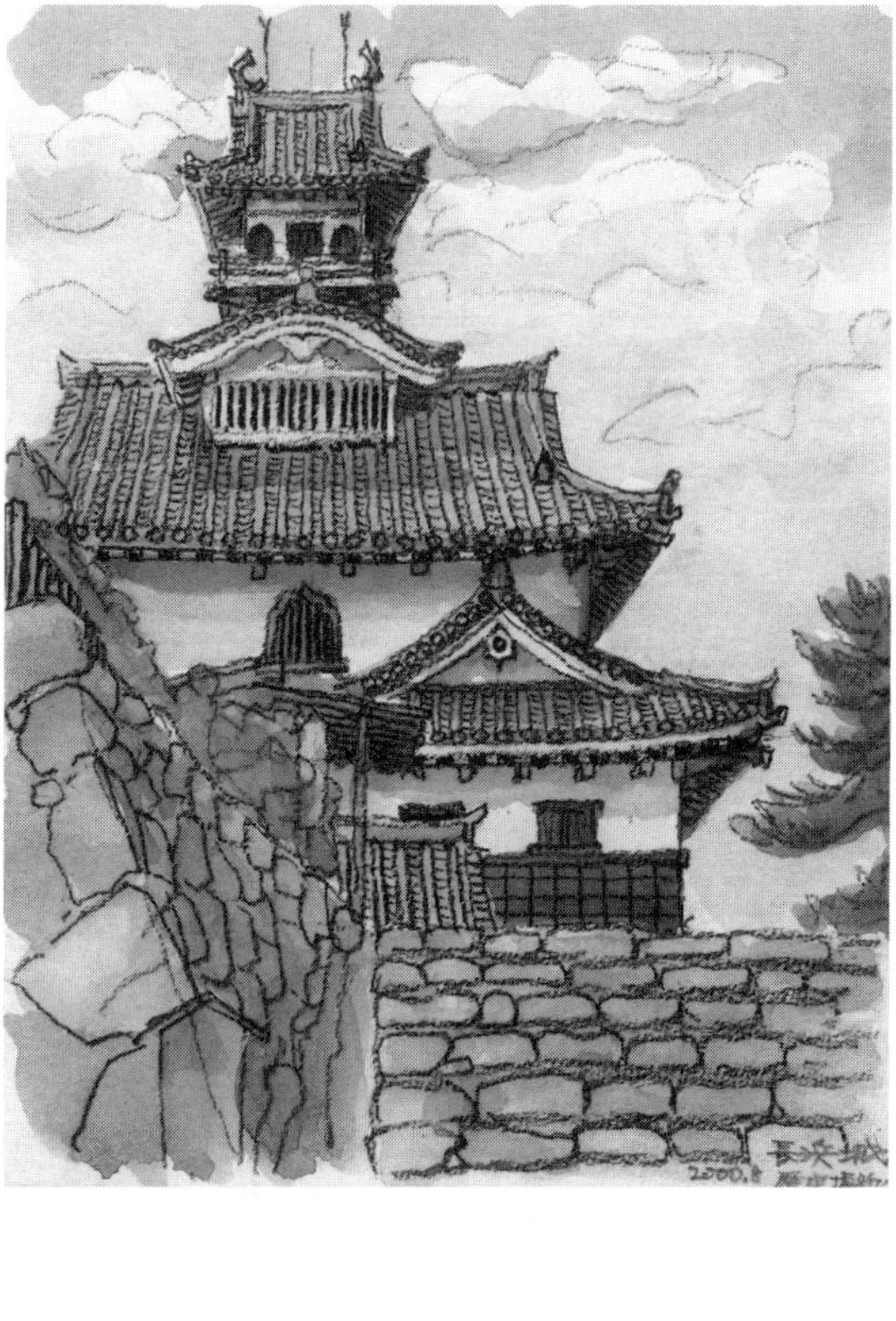

國松 『坂田郡志』に「古之今浜なりしに天正二年、羽柴秀吉古城を修築し江北の政所となりし時、武運長久を祝し長浜と改む」とあります。

北脇 最初に、この地に築城したのは誰ですか。

國松 南北朝時代、「バサラ大名」として有名な京極道誉の家臣、今浜六郎左衛門です。

北脇 長浜を天下に知らしめたのは秀吉ですよね。

國松 秀吉は浅井長政の旧城下町小谷から町々を移転させ、商人も招きました。天正三（一五七五）年から一〇年まで在城し、町民の年貢を免除して、それが町の発展の大きな要因となりました。

北脇 その後は……。

國松 柴田勝家の甥、勝豊が入城するも、秀吉はすぐに勝豊を攻めて、勝家との賤ヶ岳の合戦の拠点としています。その後、山内一豊が城主となり五年間在城し、大阪夏の陣のあと内藤信正が高槻城に移封されて廃城となり、湖北支配の役割は彦根城に移ったのです。

北脇 築城から四〇年、城はどうなりましたか。

國松 大半の石垣や櫓《やぐら》材などは彦根城に運ばれました。彦根城の天秤《てんびん》櫓、大通寺の台所門、知善院の表門などは、その遺構と伝えられています。

北脇 広大な城跡はどうなったのですか。

國松 桑畑と化し、面影はわずかに残った濠《ほり》のみです。

北脇 そこが、現在の豊公園ですか。

國松　明治四二（一九〇九）年、長浜町長の吉田作平は、「公園など無用の長物」と町議会で否決までされながらも、原案通りに断行したのです。

北脇　吉田作平とは、どういう人だったのですか。

國松　長浜片町の人で、家業は書籍商の文泉堂でした。明治一九（一八八六）年、二三歳のとき、これからの時代に適していると着目し、新聞販売をはじめました。

北脇　先を見る目があったのですね。

國松　家業の文泉堂を発展させ、町会議員として活躍し、町長に就任後は長浜の将来を

見据えた町政に尽くしています。

北脇　というと……。

國松　豊公園の開設、鐘紡長浜工場の誘致、女子教育の学校設立、電話の架設など、多方面にわたって功績を残しました。

北脇　秀吉にはじまり、明治の吉田作平。町の発展も人次第ということですね。

國松　自らを節制し、決意したことは達成に努める強い意志と実行力をもった人でした。豊公園にある長浜城の天守閣は、昭和五八（一九八三）年に再興され、歴史博物館となっています。

104 ドイツ・ゴシック様式公民館

ヤンマー創業者の郷土愛

高月町東阿閉

國松 ヤンマーディーゼル創業者である山岡孫吉は、小谷城跡近くの寒村東《ひがし》阿閉《あつじ》で明治二一（一八八八）年に生まれました。

北脇 ――「ヤン坊マー坊天気予報」のヤンマーですね。

國松 一六歳のとき、母が工面した米一俵を三円六〇銭の現金に替えて大阪へ行き、辛苦の末、百姓出身の自分にふさわしい農業用石油エンジンメーカーになろうと決心したのです。

北脇 農家の仕事の厳しさを知りつくしていたのですね。

國松 ドイツの見本市へ行き、ルドルフ・ディーゼル博士(*)のつくったエンジンを基に、昭和八（一九三三）年、超小型のディーゼルエンジンの開発に成功しました。

北脇 このモダンな建物は何ですか。

國松 「美しい世界は感謝の心から」を座右の銘として、故郷を忘れず、農村家庭工場を建てて地域の人々に働く場をつくったほか、いろいろな寄付もしました。東阿閉の、ドイツ・ゴシック様式の公民館もその一つです。恩義のあるドイツから金賞牌や勲章をもらい、石庭苑を造っていますが、それは日独友好の礎石として今に残っています。

北脇 ところで、「ヤンマー」の由来は？

國松 トンボの親玉ヤンマからです。「今年はトンボがたくさん飛んでいる。きっと豊作やで……」といった父のセリフから名付けたそうです。

（＊）(Rudolf Christian Karl Diesel,1858～1913) ドイツの機械技術者で発明家。

105

近江青の洞門　西野水道

村を救った恵荘上人

高月町西野

國松 今から一五〇年ほど前の話です。余呉川沿いの高月町西野は北と西に山があり、昔から洪水の被害が多く、水が引くのをじっと待つしかないという土地でした。

北脇 村民の苦労は大変だったでしょうね。

國松 雑草、マムシ、ヒルに悩まされ、沼地のような田畑での辛い農作業を見てきた西野充満寺の住職であった西野恵荘（一七八〇～一八五〇）は、山の麓に岩穴を掘り、水を琵琶湖へ流そうと決意しました。日夜村民を説得し、費用の捻出と石工探し、隣村の承諾などに奔走してやっと天保一一（一八四〇）年着工にこぎつけました。

北脇 石工というと、手で掘ったのですか！

國松 堅い岩盤に能登の石工は挫折し、あとを三重の石工三人が引き受けて村民や他村からの人足一万人余が働き、六年の歳月をかけて二五〇メートルの水道を貫通させて難を救ったのです。

北脇 ずいぶんと費用がかかったでしょう。

國松 一二七五両、今のお金にすれば約五億円です！　一〇〇戸ほどの村民が財産を使い果たしたといい伝えられています。

北脇 先人の苦労の賜物《たまもの》、青々とした苗がそよぐ農地が広がっています。

國松 井伊大老は恵荘の功績を讃え、「上人」の称号を贈りました。

北脇 近年、「近江青の洞門」といわれているそうですね。

國松 懐中電灯、長靴、ヘルメット着用で、琵琶湖をのぞむ二五〇メートルの探検をすることができます。

106

余呉湖の羽衣伝説

天女から生まれた子どもたち

余呉町

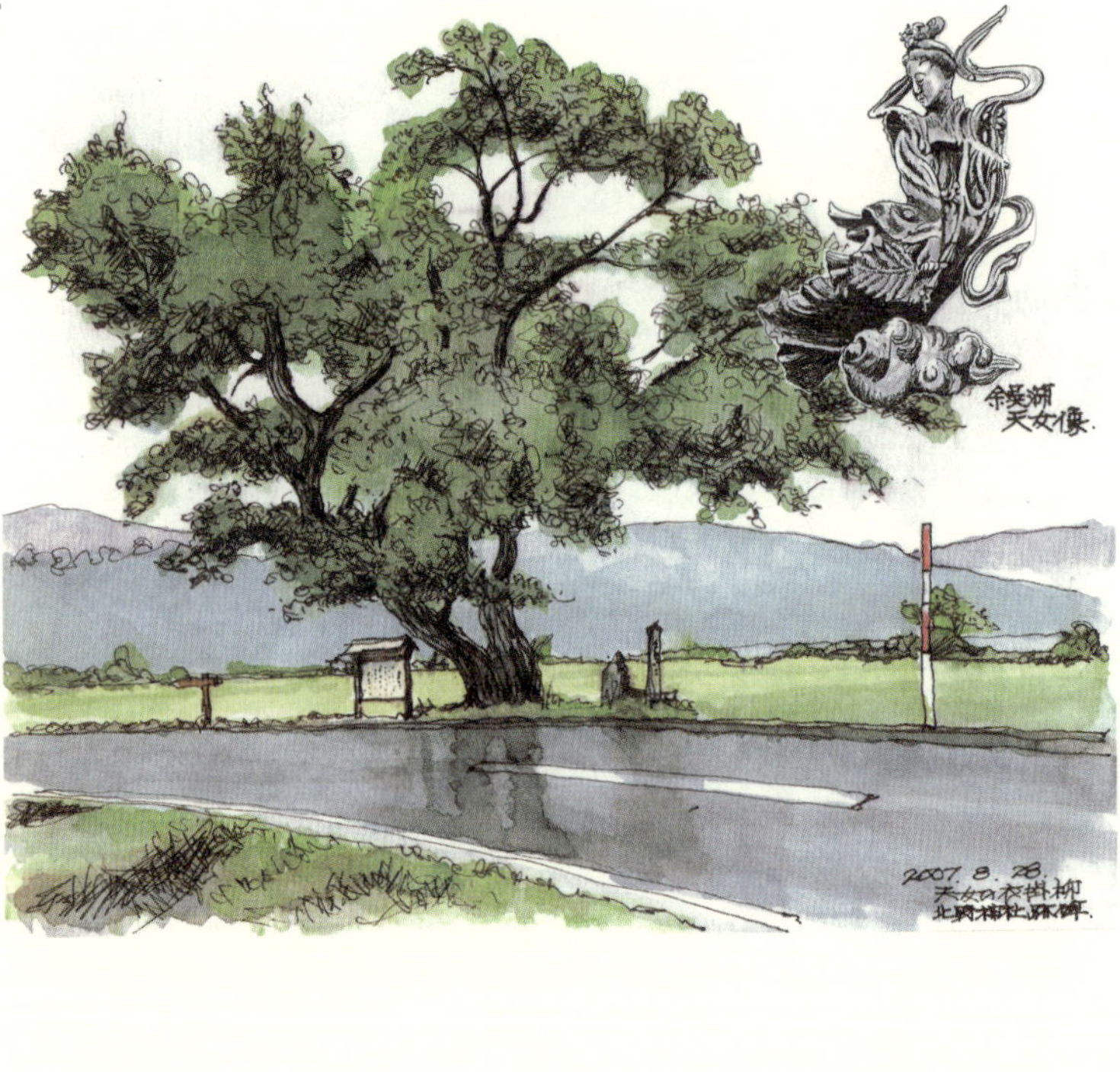

北脇 天女と羽衣の話、子どものころに聞いたのは三保の松原の話でした。

國松 北は青森から南は沖縄まで羽衣伝説はあり、外国にもあります。

北脇 余呉湖の羽衣伝説はどんなお話ですか。

國松 余呉湖の西北岸、川並という村に、都落ちしてきた桐畑太夫《きりはたたゆう》という人がいました。釣りをしていたとき、柳の木の枝に美しい羽衣を見つけ、家に持ち帰ろうとそっと近づいて手にすると、水浴をしていた天女が驚いて、「その衣がなくては天に帰れません。どうかお返し下さい」と頼んだのですが……とうとう桐畑太夫の妻になってしまったという話です。

北脇 似たような話ですね。

國松 余呉湖の話はここからが違います。天女の産んだ二人の子ども、菊石姫と陰陽丸にまつわる話がおもしろい。

北脇 なんか、童心に帰って聞きたいです。

國松 天女である母は、ある日、干してある羽衣を見つけると、我が身の上を子どもに話し、涙を流しながら天へと飛び去っていった。

北脇 幼くして母と別れた子どもたち……。

國松 悲しみに暮れる太夫は二人を可愛がり、育てていました。ところが、菊石姫は、成長すると美しい肌にヘビの模様が現れた。大変な干ばつの折、世話になった乳母に自分の片目を抜き取り、「大切にせよ」と言い残して湖に姿を消したのです。

北脇 すると雨が降ってきたのでは……。

菊石姫と蛇の目玉石
余呉湖の羽衣伝説
2007. 8. 28.

國松 そうです。村人たちは大喜びです。そのうえ、姫の目玉は霊験あらたか、病も治すとの噂が広がり、話を耳にした都の貴人が取り上げて、「もう一方の目玉も献上せよ」と厳しく攻めたてました。

北脇 湖に沈んだ姫なのに。

國松 思いあまって乳母は岸部に立ち、菊石姫の名を呼ぶと、なんと姫が現れたのです。残った目を岸に向かって投げ、「昼夜も分かりません。堂を建てて鐘をついてください」といって湖に消えたのです。

北脇 そのお堂は建ちましたか。

國松 桐畑大夫は湖の周りに七つの鐘堂を建て、朝夕、鐘をつかせました。湖畔には菊石姫の目玉石と、祈ると雨が降るといわれる枕石があります。

北脇 男の子のほうはどうなったのですか。

國松 幼いときから賢く、菅山寺に入って学を修めた陰陽丸は立派に成長し、みなさんがよく知っている偉い人物になりました。

北脇 誰ですか?

國松 菅原道真です。このつづきは次のページで。

107

道真のふる里

天女の子の伝説　今もなお

余呉町・菅山寺

北脇 学問の神様、菅原道真が天女の子どもとはビックリですね。

國松 幼いときから大変賢かった陰陽丸を、菅原是善卿（八一二〜八八〇）が見込んで京に連れて帰り、養子としたのが道真といわれています。

北脇 都から遠い余呉の地が道真のふる里とは！

國松 菅山寺以外にも菅並《すがなみ》、菅浦という所があり、菅原という姓は何やら関わりがありそうです。

北脇 わぁー、ものすごい大樹！　圧倒されますね。

國松 道真が右大臣になってまもなく、寺再興のときに自ら植えたと伝えられている樹齢千余年の大ケヤキです。菅山寺の山門を守るようにそびえています。うっそうとした老樹に覆われた境内、菅原公が姿を映してみたというヒシの自生する神秘的な朱雀池、本堂、護摩堂、経堂、鐘楼などが立ち並び、鎌倉中期の作銘をもつ銅の鐘は国の重要文化財です。池の前に立つ天満宮には、道真自作という像が祀られています。

北脇 山路を踏みしめてやっとたどり着くと、タイムスリップでもしたような別世界ですね。創建はいつですか。

國松 奈良時代です。「龍頭山大箕寺」と称し、平安前期に道真が再興し、大箕山《だいきざん》菅山寺となりました。天女の子どもの話は、この寺に伝わっているのです。

北脇 桐畑太夫と天女の話、本当かもしれないと思えてきました。

國松 川並には桐畑太夫の宅跡があり、同じ地区八〇戸のうち七〇戸が桐畑さんだそうです。まちがえないようにそれぞれ屋号があり、お話をうかがった桐畑さんの屋号は「仲太夫」です。

皇子と母、陰明門院 108

皇子が残した小原籠

余呉町小原

北脇　菅山寺に、小さな宝篋印塔《ほうきょういんとう》が並んでいますね。

國松　八〇〇年ほど前の、後嵯峨天皇（一二二〇～一二七二）の皇后陰明《おんみょう》門院と白子皇子の墓です。皇子は幼いときに母と別れ、余呉の奥山里小原《おばら》に数人の僕《しもべ》と暮らしました。

北脇　余呉のどの辺りですか。

國松　高時川の上流が菅並、さらに川沿いを行くと小原です。奥の村々も集団移転して廃村になっています。豪雪地の奥山里。村人たちは皇子を温かく見守りました。そして賢い皇子も、村人にさまざまなことを教えました。その一つが「小原籠《かご》」です。

北脇　それはどんな籠ですか。

國松　イタヤカエデの皮を薄くはぎとって編んだ籠で、白い木肌が美しく丈夫です。冬の間はこの籠をつくることで村の暮らしはずいぶん楽になったといいます。茶摘み籠、桑籠、豆籠、子守用のフゴ、とくに針籠は嫁入りに持参した最高級の籠でした。技術は伝えられ、籠は今も使われています。見せていただいた茶摘み籠は、五〇年も使っているそうです。

北脇　それにしても、皇子は寂しかったでしょうね。

國松　母陰明門院はわが子が気がかりで、都の華やかな暮らしを捨て、墨染の衣で菅山寺に身を寄せてずっと皇子を見守ったのです。

北脇　今の小原は……。

國松　ススキが風にゆれ、「小原」と書かれた小さな標識が立っています。御所ヶ平、屋敷下、君ケ谷など、皇子ゆかりの小字名が残っています。

109

深坂峠の掘止地蔵

敦賀―塩津　運河計画いずれも幻

西浅井町沓掛

北脇　紫式部も通ったという古道ですが、思いのほか道幅が広く、側溝には石が敷きつめられ、立派な石垣も残っていますね。

國松　紫式部は、父藤原為時が越前へ赴任するとき、この深坂峠を越えていきました。古代から敦賀と塩津を結ぶ要路で、多くの人やモノ、越前の塩や海産物などが行き交い賑《にぎ》わいました。

北脇　今は峠近くの深坂地蔵への参詣の道ですが、この地蔵を「掘止め地蔵」というのはなぜですか？

國松　平安時代、平清盛の命令で長男重盛が日本海と琵琶湖を運河で結ぼうとしたのですが、巨石に阻まれ断念したときに祀《まつ》った地蔵で、「コノ事人力ノ及ブベキ事ニアラズ」と刻んだ石が地蔵の前にあったといわれています。

北脇　以後、人々は運河開削の計画を諦めたのでしょうか。

國松　いやいや、秀吉も、江戸時代にも、明治時代にも何度もチャレンジしています。昭和三七（一九六二）年には、愛知、三重、岐阜、滋賀、福井の五県の知事と、四日市、名古屋、敦賀の三市長により「中部運河計画協議会」が結成されましたが、「政治生命をかけて」とまで言って先頭に立っていた自民党副総裁の大野伴睦の急死もあり、敦賀湾－琵琶湖－伊勢湾を結ぶ計画も夢、幻に終わりました。

北脇　日本海と太平洋をつなぐロマンあふれる壮大な計画、見てござるのはお地蔵さんだけなのですね。

村落の入り口に四足門 110

伝説と歴史の里

西浅井町菅浦

北脇 竹生島の真北、山と湖に挟まれ、岬の突端は葛籠尾崎《つづらおざき》という菅浦は、万葉集にも詠まれていますね。

國松 歴史は古く、淳仁天皇（七三三〜七六五）伝説や菅浦文書、四足門《しそくもん》など、他の集落には見られない歴史を今に伝えています。

北脇 四足門の形ですが、変わっていますね。

國松 屋根の中心から柱がずらして造られていて、石をどけると倒れる仕組みです。村の入り口に設けられ、昔は四か所にありましたが、今は東西の二か所が残っています。

北脇 菅浦文書というのは……。

國松 鎌倉以降一〇〇〇年近い間書き留められた古文書のことで、「惣《そう》」という掟《おきて》をもつ村民の自治組織が中世からあったということがわかる貴重な資料です。

北脇 なぜ、そういうものがここにあるのですか。

國松 古くは「浦」というように漁業を生業とした集落ですが、猫の額ほどの畑地以外に水田がなく、死活にかかわる水田を取り合って隣の大浦と二〇〇年もの間争ってきたことや、供御人として天皇の食膳を献上してきたことなど、淳仁天皇伝説ともかかわりがあるのかもしれません。

北脇 「大津から来たんですか。隣町や、船に乗れば」といった土地の人の感覚がおもしろいですね。

國松 陸の孤島も便利になり、奥琵琶湖パークウェイからの風景、湖の色、ここは別天地です。

111

伝　在原業平の墓

「いい墓はいらぬ」と言い残し

マキノ町在原

北脇 茅葺《かやぶ》き民家が残り、最近、スケッチや写真の愛好家が訪れているという在原はどの辺りにあるのですか。

國松 高島市北部の山間部で、福井県に接し、地域内を竜田川が流れ、標高三〇〇メートルの盆地にあります。

北脇 在原、竜田川というと、平安時代の歌人、在原業平を連想しますが……。

國松 その通りです。山麓《さんろく》の林の中に在原業平の墓と伝承されている宝篋印塔《ほうきょういんとう》があります。業平は（八二五〜八八〇）平城天皇の息子、阿保《あぼ》親王の第五子で、「在原」の姓を賜り、六歌仙、三十六歌仙の一人として有名です。

北脇 そのような高貴な人が、なぜこの奥山里に？

國松 都落ちした貴族や、戦いに敗れた武士の隠れ里であったのではないでしょうか。

北脇 「小倉百人一首」に、竜田川を詠んだ和歌がありますね。

國松 「千早ぶる神世（代）もきかず　たつた川から紅に水くくるとは」。在原という集落の中を今も流れている竜田川、このことが伝承に結び付いているのでしょう。

北脇 思っていたより明るくて広い盆地です。

國松 茅葺き民家は一〇軒ほど残っています。

北脇 その中に、おじいさんから業平の話を聞いた方がおられるとか。

國松 「死んでもいい墓はいらない」と、業平が言い残したと聞かされたそうです。年月を感じさせる大樹に囲まれ、高さ六〇センチほどのささやかな業平の墓です。

112

青蓮山酒波寺

都人が噂するほどの壮大さ

高島市今津町酒波

北脇　青蓮山酒波《さなみ》寺は古い寺だそうですね。

國松　天平一三（七四一）年、行基が開いたこの寺は「照光観音堂」といい、観音堂の素晴らしさは、遠く都の人々の噂になるほどであったと伝えられています。江戸時代に酒波寺となりました。

北脇　箱館山東の山麓に、本堂、書院、庫裏、護摩堂、鐘楼などが立っていますね。

國松　昔は七堂伽藍四九の末寺があり、一五〇〇人のお坊さんがいました。寺領は、若狭三方五湖の辺りから白鬚神社の手前までありました。

北脇　壮大なものですね。

國松　ところが、元亀三（一五七二）年に津田信澄（一五五五～一五八二）が焼き打ちして、寺領は没収されたのです。現在の観音堂は、江戸時代に再建されたもので、当時の様子を絵師に描かせた古絵図があり、各末寺の御本尊も合わせて描かれた貴重なものです。

北脇　平安時代に書かれたという「大般若経」が所蔵されていると聞きましたが。

國松　六〇〇巻五〇〇〇万字に上るという「大般若波羅密多教」は、一〇〇巻ずつ経櫃《きょうびつ》に収められています。奈良時代は六〇〇人のお坊さんに一巻ずつ読ませたといわれ、今も八月九日、昔の川上庄内の安全と発展を祈る護摩祈祷の折に転読されています。

北脇　転読？

國松　全巻を読まずに各巻の経題と数行を読んでそれで読んだことにする方法です。もちろん、あまりにも量が多いからです。

日置神社
2008.2.7.

北脇 酒波という地名に、いわれがあると聞きましたが。

國松 酒波寺の近くにある日置神社は、その昔、岩剣大明神といって由緒ある神社でした。大昔、この辺りに村人や旅人を困らす大蛇がいて、酒を飲ませて退治したことから「酒波」というようになったようです。この折、退治した大蛇の尻尾が若狭国倉見荘に飛んだそうで、倉見とのつながりも深いようです。

北脇 出雲の大蛇伝説と似ています。

國松 高島には、ほかにもスサノオノミコトと大蛇の話が残っています。若狭からこの辺りを通り、琵琶湖を渡って奈良の都へ物資や文化の流れは今も継承され、東大寺二月堂の「お水取り」のときには、若狭で汲んだ水が運ばれています。

北脇 焼き討ちにあったあとも生き残ったサクラがあると聞きましたが。

國松 樹齢六〇〇年、高さ二〇メートルもの江戸彼岸桜です。半分焼かれながら蘇生したサクラ、土地の人々が、毎年、春を楽しみにしています。

113

魅力的で町並みに融和

内容あるヴォーリズ建築

高島市今津町

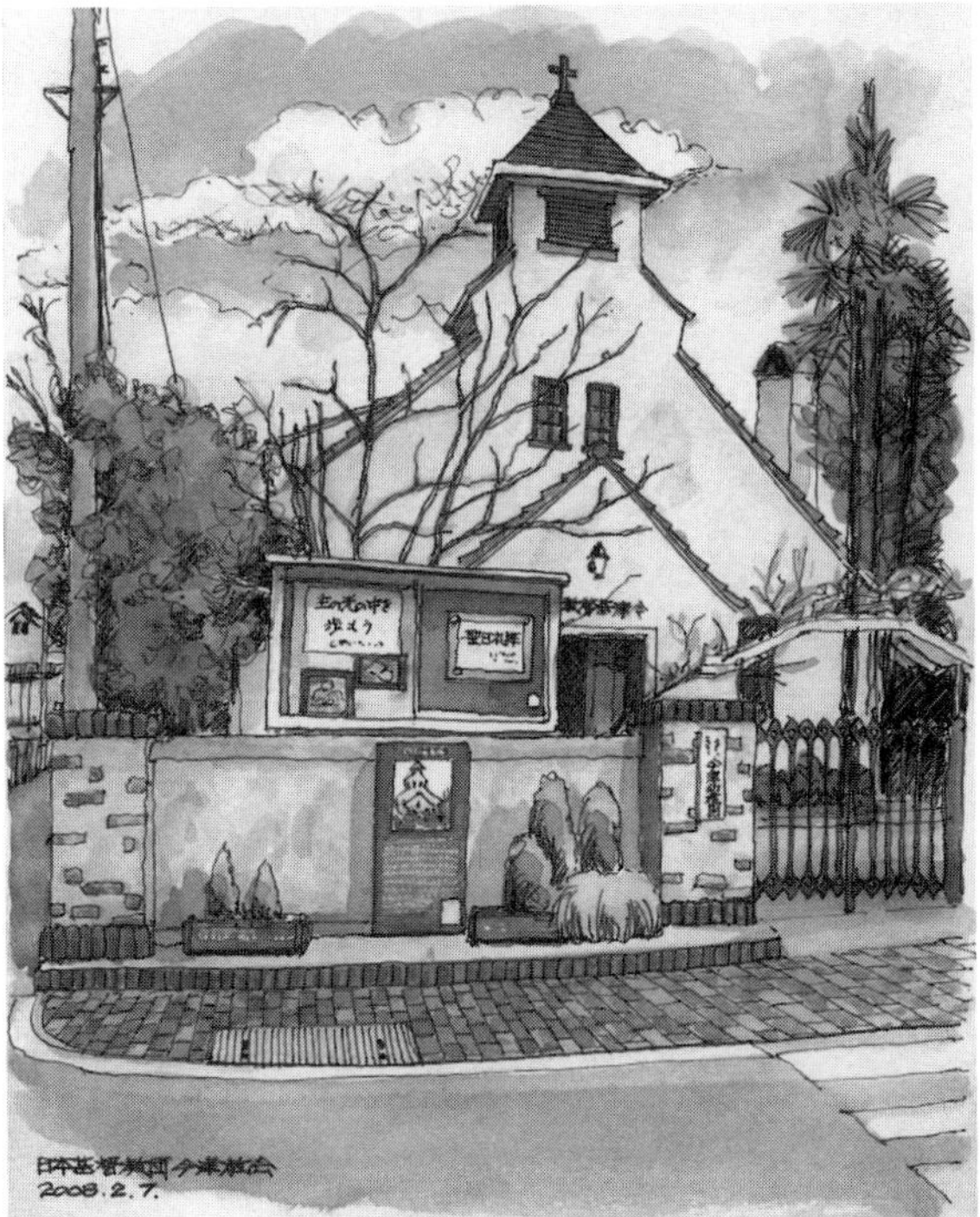

北脇「どうぞ、どうぞ」。日本基督教団今津教会の玄関を入ると、右に事務室、左に畳敷きの読書室、この時期（二月）ならではのコタツが置かれていました。

國松 昭和九（一九三四）年、ウイリアム・メレル・ヴォーリズ(＊)が建てた教会は、木造平屋瓦葺き、頂部には鐘塔、中央に礼拝堂、講壇の額縁にはチューダー様式アーチを用い、ヴォーリズ設計の特徴がよく表れています。

北脇 今も健在で、教会、幼稚園としても当時のまま使われているのは素晴らしいですね。

國松 辻川通り（ヴォーリズ通り）にはヴォーリズの建物がもう二つ、教会を挟んであります。旧今津郵便局と滋賀銀行の前身、百三十三銀行の今津支店です。

北脇 元銀行は美しく改修されていますね。

國松 大正期の、洋風のクラシックな建物で、現在はヴォーリズ資料館となっています。

北脇 ヴォーリズがこんなに今津とかかわりが深かったとは……。

國松 大正三（一九一四）年、モーターボート「ガリラヤ丸」を進水させ、湖西地区への布教をはじめています。

北脇 布教のために船まで造るとはすごい人ですね。

國松 明治三八（一九〇五）年、二四歳で県立商業学校（現・八幡商業高校）の英語教師として赴任したヴォーリズは、伝道が熱心すぎてわずか二年で解雇されるのですが、近江八幡を拠点にさまざまな事業を展開し、建築の知識を生かして生涯に一六〇〇軒余りの建築を手がけました。その活動は、伝道のよき源泉ともなりました。

（＊）（William Merrell Vories,1880～1964）アメリカに生まれ、日本で数多くの西洋建築を手懸けた建築家。また、近江兄弟社の創立者の一人としてメンソレータム（現メンターム）を広く日本に普及させた実業家でもある。それ以外にも、YMCA 活動を通してプロテスタントの伝道に従事した。

2008.2.7.
今津ヴォーリズ資料館.

北脇　長い年月を経ても建物はしっかりしていて、魅力的で町並みにも溶け込んでいますね。

國松　阪神・淡路大震災（一九九五年）のときにも彼の手掛けた建物は残ったのですが、それは基礎の堅牢さにあったと評価されました。「建築は外観より内容にある」と、彼自身が語ったとおりです。

北脇　日曜日の礼拝が終わり、信者の方々が三々五々お話しされていました。当時から使われているシンプルな木の椅子、紐を引くと天井の一部が開き、上部は物入れになっている。恰好だけでなく、本当に使いよい建物だなと思いました。

國松　日本基督教団今津教会は、平成一五（二〇〇三）年、国の登録有形文化財となっています。

清水安三の銅像　114

志貫き「北京の聖者」に

高島市新旭町

北脇 立派な銅像ですね。近江の人ですか。

國松 桜美林《おうびりん》大学の創設者、清水安三です。明治二四（一八九一）年、新旭町北畑の生まれです。旧膳所中学校時代、若きウイリアム・メレル・ヴォーリズとの出会いがその後の人生に深く影響しました。

北脇 それは信仰だったのでしょうか。

國松 同志社大学神学部へ進み、苦学しながら近江八幡の教会へ通っていたころ、心を強く動かされることがありました。それは、徳富蘇峰（一八六三～一九五七）の本に「わが国の宗教家で一生を中国に尽くした人がいるだろうか」と書かれていたことや、唐招提寺に参拝したときに鑑真（六八八～七六三）の日本渡来の苦難を知ったことです。

北脇 中国に心引かれたのですね。

國松 宣教師として中国へ行き、中国のために尽くそうと決心しました。大正八（一九一九）年、中国北部で大飢饉《ききん》に襲われた多くの子どもたちを収容所に預かり、親を助け、中国から叙勲と報奨金を受けました。それを基に「崇貞《すうてい》学園」を設立し、中国人、韓国人、日本人を分けへだてなく教育し、「北京の聖者」と称されたそうです。戦後、日本に引き揚げ、桜美林学園を創立し、教育、人材育成に貢献しました（一九八八年没）。

北脇 中国の学校はどうなりましたか。

國松 太平洋戦争中に接収されて「陳経綸中学校」と名前が変わりました。新旭町の中学校との交流が今もつづいています。

継体天皇のふる里　115

出生にまつわる伝承が残る

高島市安曇川町田中、三尾里

國松　湖西、安曇川町の田中古墳群の中に「王塚」と呼ばれている古墳があります。

北脇　王とは誰のことですか。

國松　継体天皇（四五〇？〜五三一）の父、彦主人王《ひこうしおう》といい伝えられています。

北脇　継体天皇……？

國松　古墳時代、六世紀初めの大王といわれ、応神天皇の五世孫、当時は「男大迹《おほど》の大王《おおきみ》」と呼ばれていました。謎の多い大王ですが、近江と深くかかわりがあり、天皇にまつわる伝承地がこの辺りにたくさん残っています。

北脇　近江とのかかわりというと……。

國松　彦主人王は近江の三尾（高島）にいたとされ、越前三国から振媛《ふりひめ》をめとり、振媛は三つ子を産んだといいます。その末子が継体天皇で、「オホド王」といいました。

北脇　継体天皇は、ここで育ったのですか。

國松　幼いときに父彦主人王が死に、母振媛は実家のある越前へ帰り、オホド王はそこで育てられたといいます。王塚の近くにある三尾《みお》生神社ですが、ここの祭神は継体天皇の父母、彦主人王と振媛です。男大迹の后妃には近江出身者が多く、彦主人王のあとをついで近江を基盤とした近江出身の天皇といってもいいかもしれません。

北脇　王塚は、今はどうなっているのですか。

國松　明治三八（一九〇五）年、宮内省が陵墓参考地として買収しました。静まりかえった檜の参道の奥に、彦主人王は眠っています。この王塚の近くには、振媛が出産の際にもたれたと

2005. 7. 13

2005. 8. 20

いう「安産もたれ石」もあります。現在も、安産祈願に妊婦さんが訪れています。

北脇 天皇にまつわる伝承地がいろいろありますね。

國松 三尾里に「胞衣《えな》塚」という円墳があります。農地の一角に、ポコンとある小さな円墳です。胞衣とは胎盤のことで、継体天皇出産の際の胞衣を埋められたと伝えられています。塚の上に生えている一本松を「ごんでんまつ（御殿松）」と呼んでいます。すぐ南を流れる川は御殿川、上御殿、下御殿という小字名もあり、高島町の鴨川に架かる橋は天皇橋といいます。

北脇 次々と連想ゲームのようで、興味深いです。それにしても、のどかな田園風景が広がっていますね。

國松 この辺りは、安曇川と鴨川によってつくられた広大な三角州です。天皇橋を渡った所に鴨稲荷山古墳があります。今は古墳の姿はなくて、建物の中に大きな家形石棺が置かれています。

北脇 そこから何が出てきたのですか。

國松 明治三五（一九〇二）年に発見された石棺の中は朱で真っ赤であったと伝えられ、中から出てきた見事な細工の金銅製の冠や装飾品のレプリカが、近くの高島町歴史博物館に展示されています。

北脇 よほどの人物が葬られていたのでしょうか。

國松 絢爛豪華な副葬品から継体天皇を擁立したこの地の豪族、三尾氏の首長ではないかと考えられています。この辺りは継体天皇の生まれ故郷です。

あとがき

淡海《おうみ》の海《うみ》、夕浪千鳥《ゆうなみちどり》、汝《な》が鳴けば、心もしのに、古《いにしえ》思ほゆ（柿本人麻呂）

「淡海の海」、「近つ淡海《あわうみ》」、「鳰《にお》の海」――。琵琶湖は万葉の時代からさまざまな呼び名で歌われ、人々の心をとらえてきた。母なる湖は自然の恵みを湖国にもたらし、先人はそこに豊かな歴史と文化を築いてきた。近江の国に伝わる文化遺産や伝承など、民衆の息吹を國松巖太郎さんの精緻で味わい深いスケッチと、北脇八千代さんの軽妙な紀行文でたどったのが本書『足のむくまま――近江再発見』である。

滋賀県は平城京や平安京より時代が古い大津京が置かれたことに象徴されるように歴史の懐が深い土地柄で、古来から文人墨客に愛されてきた。重要文化財（国宝を含む）の数は東京、京都、奈良に次いで全国四位。人口一〇万人当たりの仏教寺院数は全国トップを誇る（山川出版社『滋賀県の歴史』）。ところが、これらを紹介するガイドブックとなるとあまりにも少ない。

このことは体験的に語ることができる。今から五年ほど前、大津支局転勤の内示を受けたときのことだ。「滋賀県ってどんなところだろう」と、当時勤務していた岡山でガイドブックを探し求めて途方に暮れた。ピッタリくる本がないのである。京都、奈良、大阪の本はあれだけ山積みされているのに……。見知らぬ土地への憧憬を膨らませていたのだが、あちらこちらの書店を回るうちに見る見るしぼんでいった。

もちろん、そんな心配は着任してすぐに吹き飛んだのだが、これだけの豊かな観光資源をもちながら近江の人は奥ゆかしいのか、ＰＲが苦手なのか。それにしても「もったいない」とつくづく思ったものだ。それだけに、毎日新聞大津支局の書庫にあるスクラップブックで「足のむくまま――近江再発見」の連載を読んだときは、思わずうなってしまった。探し求めていた書物にようやく出会えた思いがしたからだ。

このシリーズに登場するのは、観光客がどっと押しかけるような名所旧跡ではない。また、時の為政者がその権勢を誇示するために遺した壮麗な建造物でもない。あるのは、その土地土地にひっそりとたたずみ、それこそ注意しなければ見過ごしてしまうような社や石碑がほとんどである。でも、そこには「えっ！」と驚くような史実や、今も語り継がれる民話の世界が広がっている。

たとえば、本多神社（大津市御殿浜）に建つ、膳所藩が輩出した大学者、黒田麹廬《きくろ》の顕彰碑（八五ページ）。連載の第一回に登場したこの人物は、あの福沢諭吉も「天下に恐るべきはただ黒田あるのみ」と一目置くほどの語学の天才にして、なんと『ロビンソン・クルーソー』を日本で最初に翻訳した人物でもある。少年時代、胸躍らせながら読んだ冒険小説の初訳者がこんな身近にいたなんて！

私も後日、本多神社を訪れてみたが、目指す顕彰碑は、気に留めなければ通り過ぎてしまうような場所に建っていた。

「よく見つけましたね」

私の問いに、國松さんの答えは含蓄に富む。

「好奇心さえあれば、道を歩いていても、向こうから目に飛び込んでくるのです。関心の多少が人生の勝負です」

國松さんは車を運転しない。今年喜寿を迎えるが、少々遠くてもさっそうと自転車をこぐ。リュックに絵の具と筆などの七つ道具を詰め、気ままに街を歩き、心引かれるものをスケッチする。ときには地元の古老に話を聞き、気になったことは図書館で調べる。しかし、資料は決してコピーしない。新聞活字のような丹精な文字で、一字一字をスケッチブックに書き写すことを流儀としている。

「手を動かすことで脳に伝わってくる」という信念を決して曲げない。もちろん、携帯電話もパソコンも持たない。世に氾濫するデジタル時代の〝文明の利器〟をすべて拒み、「自分の足で歩き」、「自分の目で見て」、「自分の手で記録する」ことを愚直に実践しているのだ。このような國松さんの一連の所作を、私たち編集局では、ひそかに「國松ワールド」と呼んで畏敬の念を抱いていた。それは新聞記者の原点であり、年とともにフットワークの衰えを感じるわが身にとっては、背筋がピンと伸びるような警句に感じたからだ。

「番町皿屋敷」で知られるお菊の墓石を供養する彦根の長久寺（二一四ページ）や、平清盛が計画した日本海と琵琶湖を結ぶ運河工事にまつわる掘止地蔵の縁起（二六六ページ）などは、地元で語り継がれるお話を丹念に掘り起こした「國松ワールド」の面目躍如といったところだろう。

このようにして収集したテーマのうち、一一五点をまとめたのが本書である。二〇〇六年一二月に大津市歴史博物館で、新聞に掲載した原画九五点を一堂に展示した「足のむくまま――近江再発見」原画展を開催したところ、滋賀県はもとより、関西一円からたくさんの人が訪れ、好評を博した。そのときに、館長の松浦俊和さんから「ぜひ出版して多くの人に見てもらうべきだ」とアドバイスをいただいた。出版化の話は何度か浮かんだが、その都度、立ち消えになり、私も後ろ髪を引かれる思いで、二〇〇七年秋に転勤で大津を後にした。

その後、北脇さんが主宰する俳句ギャラリー「淡淡美術館」（大津市中央）で再び原画展が開かれることを聞き、懇意にしていた「たねや近江文庫」専務理事の川島民親さんに「時間があったらぜひ会場をのぞいてほしい」とお誘いしたところ、後日、「行きましたよ。ぜひ本にしましょう」と心強い返事があった。

曲折を経ながらもようやく出版にこぎ着け、積年の宿題をようやく成し遂げたという安堵感でいっぱいである。改めて、ご協力をいただいた関係各位に感謝申し上げたい。

願わくば、一人でも多くの人が本書を手に取り、この書を道標に、足のむくまま、気の向くまま、近江路をぶらぶらと歩いてほしい。必ずや、これまで知らなかった湖国の魅力を再発見するに違いない。

二〇一一年　二月

毎日新聞大阪本社編集局次長（元大津支局長）

黒川　昭良

参考文献一覧

・秋里籬島編『新訂　東海道名所図絵（上）』（復刻版）羽衣出版、一九九九年
・秋里籬島編『新訂　東海道名所図絵（下）』（復刻版）羽衣出版、一九九九年
・淡海文化を育てる会編『湖西湖辺の道――近江歴史回廊』淡海文化を育てる会、一九九七年
・今津町教育委員会編『今津町歴史散歩』今津町、二〇〇四年
・大津市歴史博物館編『大津　歴史と文化』大津市歴史博物館、一九八二年
・大津市歴史博物館編『大津の道』大津市歴史博物館、一九八五年
・大津市歴史博物館編『大津の歴史』（上・下）大津市歴史博物館、一九九九年
・大津と芭蕉編さん委員会『大津と芭蕉』大津市役所、一九九一年
・近江八幡郷土史会編『はちまん今むかし物語』近江八幡郷土史会、二〇〇二年
・笠原一男編『物語　日本の歴史』木耳社、一九九二～一九九八年
・木村至宏『滋賀県の歴史』河出書房新書、一九八七年
・京都新聞滋賀本社『ふる里散歩』京都新聞社、一九八三年
・黒岩重吾『古代史の真相』ＰＨＰ研究所、二〇〇三年
・黒岩重吾『ワカタケル大王』（上・下）文春文庫、二〇〇三年
・小河四良『沖島に生きる』サンライズ出版、一九九六年

・江南良三『近江八幡人物伝』近江八幡郷土史会、一九八一年
・小林博編『滋賀県地名辞典』角川書店、一九八九年
・駒敏郎・中川正文『近江の伝説』（日本の伝説19）角川書店、一九七七年
・シガアララギ会『萬葉の近江』白川書院、一九七一年
・滋賀県小学校教育研究会国語部会『滋賀の伝説』日本標準、一九八一年
・滋賀県小学校教育研究会社会科編『滋賀の歴史ものがたり』日本標準、一九八〇年
・司馬遼太郎『街道をゆく――近江・奈良散歩』朝日新聞社、一九八八年
・司馬遼太郎他『近江路散歩』（とんぼの本）新潮社、一九八八年
・白洲正子『近江山河抄』講談社、一九九四年
・白洲正子『かくれ里』講談社、一九九一年
・杉本苑子『穢土荘厳』（上・下）文藝春秋、一九八九年
・瀬戸内寂聴『古都旅情』平凡社、一九七九年
・徳永真一郎『滋賀県人』新人物往来社、一九七六年
・徳永真一郎『近江歴史散歩』創元社、一九七六年
・成沢邦正『琵琶湖の浮城――水茎岡山城攻防史』近江八幡郷土史研究会、一九七八年
・馬場秋星『近江長浜・坂田郡の昔話』イメーディアリンク、一九九三年
・原田敏丸・渡辺守順『滋賀県の歴史』山川出版社、一九七二年

・樋上亮一『湖国夜話――伝説と秘史』立命館出版部、一九三五年
・平井清隆『近江大衆の伝説民話』サンブライト出版部、一九七七年
・びわ湖放送編『近江歴史紀行』秋田書店、一九七五年
・マキノ町誌編纂委員会『マキノ町誌』マキノ町、一九八七年
・水谷千秋『謎の大王――継体天皇』文春新書、二〇〇一年
・宮田思洋『伝説の彦根』彦根史談会、一九五四年
・余呉町教育委員会編『余呉の民話』（ふるさと近江伝承叢書）余呉町教育委員会、一九八〇年
・「今津町歴史ガイドブック」今津町
・「今津ヴォーリス資料館のパンフレット」今津町
・「高島古代史　探訪ガイドマップ」高島市

「シリーズ近江文庫」刊行のことば

美しいふるさと近江を、さらに深く美しく

海かともまがう巨きな湖。周囲230キロメートル余りに及ぶこの神秘の大湖をほぼ中央にすえ、比叡比良、伊吹の山並み、そして鈴鹿の嶺々がぐるりと周囲を取り囲む特異な地形に抱かれながら近江の国は息づいてきました。そして、このような地形が齎したものなのか、近江は古代よりこの地ならではの独特の風土や歴史、文化が育まれてきました。

明るい蒲生野の台地に遊猟しつつ歌を詠んだ大津京の諸王や群臣たち。束の間、古代最大の内乱といわれる壬申の乱で灰燼と化した近江京。そして、夕映えの湖面に影を落とす廃墟に万葉歌人たちが美しくも荘重な鎮魂歌（レクイエム）を捧げました。

源平の武者が近江の街道にあふれ、山野を駈け巡り蹂躙の限りをつくした戦国武将たちの国盗り合戦の横暴のなかで近江の民衆は粘り強く耐え忍び、生活と我がふるさとを幾世紀にもわたって守ってきました。全国でも稀に見る村落共同体の充実こそが近江の風土や歴史を物語るものであり、近世以降の近江商人の活躍もまた、このような共同体のあり様が大きく影響しているものと思われます。

近江の自然環境は、琵琶湖の水環境と密接な関係を保ちながら、そこに住まいする人々の暮らしとともに長い歴史的時間の流れのなかで創られてきました。美しい里山の生活風景もまた、近江を特徴づけるものと言えます。

いささか大胆で果敢なる試みではありますが、「ＮＰＯ法人　たねや近江文庫」は、このような近江という限られた地域に様々な分野からアプローチを試み、さらに深く追究していくことで現代的意義が発見できるのではないかと考え、広く江湖に提案・提言の機会を設け、親しき近江の語り部としての役割を果たすべく「シリーズ近江文庫」を刊行することにしました。なお、シリーズの表紙を飾る写真は、本シリーズの刊行趣旨にご賛同いただいた滋賀県の写真家である今森光彦氏の作品を毎回掲載させていただくことになりました。この場をお借りして御礼申し上げます。

2007年６月

ＮＰＯ法人　たねや近江文庫

理事長　山本徳次

著者紹介

國松巖太郎（くにまつ・げんたろう）

1934年生まれ、大津市在住。

大阪にて、日用雑貨メーカーの工業デザインを担当。

退職した2000年よりスケッチをはじめる。スケッチブックに、スケッチとともにその場で知ること、調べたことなどを書き込むことを楽しんでいる。

現在、地域活動の一つ、南大萱資料室にもかかわっている。

北脇八千代（きたわき・やちよ）
東京都出身。大津生まれ育ちの夫との結婚を機に大津に暮らして47年、自然に恵まれ、歴史と文化を身近に感じる大津が気に入っています。
子どものころから万年筆で原稿用紙に何か書いている父の姿を見て育ちました。「ペンより重いものを持たない」と家族に言われた父は、終戦の昭和20年に、雑誌「平凡」を創刊した初代編集長です。子育てが終わりふと気づいたら、私も万年筆で駄文を書いていました。
父は晩年、俳句はともだちといい、夫と私の経営する店に、「俳句ギャラリー淡淡美術館」を造りました。今このギャラリー、カフェボンテ、そば処風亭などを夫と二人で運営しています。

《シリーズ近江文庫》
足のむくまま—近江再発見—

2011年４月30日　初版第１刷発行

スケッチ　國松巖太郎
文　北脇八千代
発行者　武市一幸

発行所　株式会社 新評論

〒169-0051 東京都新宿区西早稲田３-16-28
電話　03(3202)7391
振替・00160-1-113487

落丁・乱丁はお取り替えします。

定価はカバーに表示してあります。

http://www.shinhyoron.co.jp

印刷　フォレスト
製本　桂川製本
装幀　山田英春

Printed in Japan
ISBN978-4-7948-0869-1